성경은 하나님의 말씀이고 자연은 하나님의 작품이다. 성경과 자연 사이에 모순이 있을 수 없다. 이 책은 여전히 창조와 진화의 대결 구조에 빠져 있는 우리에게 해결의 실마리를 던져 준다. 성경은 '누가 왜'라는 것을 이야기하고 과학은 '언제 어떻게'에 초점을 맞춘다는 점이 그 실마리일 것이다. 과학적 사실에 두려움을 가질 필요가 없다. 정말로 복음을 신뢰한다면 말이다.

이정모 서울시립과학관장, 『저도 과학은 어렵습니다만』(바틀비) 저자

우주와 인간 생명의 기원에 대한 논쟁은 종교 공동체들 안에서 한 세기 이상 치열하게 이어져 왔다. 그리고 오늘날 그 격론은 어느 때보다 뜨겁다. 많은 그리스도인들은 종교와 과학이 양립 불가능하다는 인상을 주면서, 과학을 신뢰하는 믿음의 사람들을 진퇴양난의 곤경에 빠뜨렸다. 이 책은 이 잘못된 이분법을 해소하고자 노력한다. 이 책은 성경을 존중하는 동시에 과학의 결론들을 깎아내리지 않는다. 이 책은 성경적으로 건전하고 과학적으로 진지한 자료를 찾는 이들에게 훌륭한 출발점이 될 것이다. 설득력 있는 아이디어들과 희망으로 꿈틀거리는 개념들이 적절한 난이도의 문체로 잘 버무려져 있기 때문이다.

조나단 메리트 *Atlantic* 지의 종교 분야 필자, *Jesus Is Better Than You Imagined*의 저자

삶의 경험담을 모아 엮은 이 책은 성경이 진리를 말한다는 확고한 믿음이 최상의 과학적 조사를 저해하기는커녕 증진한다는 것을 보여 준다는 점에서 그 의미가 크다. 이 모음집은 또한 과학과 종교를 전쟁터에서 유익한 지적 대화의 장으로 불러들이기 위해 바이오로고스가 행하는 선한 일에 대한 확실한 증거이기도 하다.

마크 놀 노터데임 대학교, 역사학 프랜시스 맥캐내니 석좌 교수

기독교 신앙과 과학 사이의 갈등은 깊은 역사만큼이나 중요성도 크다. 팽팽한 긴장이 감도는 그 갈등 한가운데에 진화가 있다. 이 반가운 에세이 모음집에서 선도적 기독교 사상가들은 왜 자신들이 믿음에 굳게 서 있는 동시에 진화를 긍정하게 되었는지 그 이유를 설명한다. 나는 이 책이 널리 읽히기를 바란다. 특히 여러 가지 과학적 합의를 신앙과 조화시키기 위하여 고투를 벌이고 있는 사람이라면 꼭 읽어 보기 바란다.

존 프랭크 인디애나폴리스 제2장로교회, 상주(常住) 신학자

대화를 원한다면, 경청과 이해의 자세가 선행되어야만 한다. 그런데 이 책이 하는 말에 귀 기울이는 것은 어렵지 않다. 워낙 흡입력 있게 잘 쓰였고 헌신적 신앙이 진하게 묻어나는 이야기들을 담고 있기 때문이다. 저자들의 사고 과정을 조금씩 들여다보면 어느새 그들이 좋아질 것이다. 신앙과 과학을 공부하고 그 분야의 사역에 종사하는 사람으로서 나는 이 훌륭한 책을 만든 저자들과 편집자들을 칭찬하지 않을 수 없다.

존 '잭' 콜린스 커버넌트 신학교 구약학 교수

이 책은 학문과 사색과 신앙과 공동체를 통하여 하나님이 창조 과정에서 진화를 사용하셨다고 깨닫게 된 다양한 그리스도인들의 이야기를 들려주고 그들이 무엇을 확신하는지 말해 준다. 그들의 이야기를 곰곰이 생각해 보라. 그들의 확신을 곱씹어 보라. 아무쪼록 당신의 여정이 경이와 경배와 과학적 발견을 향해 활짝 열린 길이 되기를 기원한다.

마크 래버튼 풀러 신학교 총장, 설교학 교수, 『제일 소명』(한국 IVP)의 저자

철학적 구조물로서의 과학에 관심을 갖는 사람은 극소수이지만, 과학적 발견이 삶, 사랑, 의미, 신앙에 미치는 영향에 관심을 갖는 사람들은 많다. 진화만큼 깊은 궁리의 자리로 우리를 이끄는 과학적 개념도 없을 것이다. 진화는 우리와 하나님의 본질에 대하여 심대한 질문을 던진다. 이 책은 귀한 보물과도 같다. 우리가 어떻게 여기까지 왔는지 그리고 우리의 진화 역사가 하나님, 성경, 그리고 우리의 살아온 경험의 깊이와 어떤 관련을 갖는지를 놓고 치열하게 씨름한 뛰어난 지성들을 이 책에서 만날 수 있다. 나는 당신이 이 책의 거의 모든 지면에서 새로운 통찰을 잇달아 발견하면서 치열한 도전을 마주하게 될 것이라고 확신한다.

앤드류 루트 루터 신학교 '청소년 및 가족 사역' 캐리 올슨 바알슨 석좌 부교수, '청소년 사역을 위한 과학' 최고 지도자

무신론자들은 진화에 대한 종교계의 반대를 자신들이 신앙을 갖지 않는 이유로 대곤 한다. 성경을 믿는 그리스도인들이 쓴 에세이들을 모아 편집한 이 훌륭한 모음집은 믿음의 이름으로 진화를 반대할 필요가 없음을 보여 준다. 이 책의 저자들에 대하여 실로 놀라운 점은 과학과의 화해로 나아오는 그들의 영적 여정이 참으로 다채롭고 광범위하다는 것이다. 일부 그리스도인들은 진화를 믿음에 대한 위협으로 인식한다. 나는 그런 인식이 종식되고, 진화가 하나님의 창조 질서의 필수적 일면으로서 인식되며, 그리스도인들이 그 창조 질서와 관련하여 하나님께 올바른 찬양을 올려 드릴 수 있기를 기도한다.

데니스 앨리그잰더 패러데이 과학 종교 연구소 명예 이사

진화는 어떻게 내 생각을 바꾸었나?

**How I Changed My Mind
About Evolution**

IVP(InterVarsity Press)는
캠퍼스와 세상 속의 하나님 나라 운동을 지향하는
IVF(InterVarsity Christian Fellowship)의 출판부로
생각하는 그리스도인을 위한 문서 운동을 실천합니다.

How I Changed My Mind About Evolution
Copyright © 2016 by Kathryn Applegate, James Stump and BioLogos Foundation
Translated and printed by permission of InterVarsity Press
P. O. Box 1400, Downers Grove, IL 60515-1426, USA
www.ivpress.com
All rights reserved.

Korean Edition © 2019 by Korean InterVarsity Press
156-10 Donggyo-Ro, Mapo-Gu, Seoul 04031, Republic of Korea

이 책은 한국교회탐구센터의 지원으로 번역·출간되었습니다.

진화는 어떻게 내 생각을 바꾸었나?
신앙과 과학의 통합을 추구한 우리 시대 기독 지성 25인의 여정

리처드 마우·제임스 스미스·스캇 맥나이트·톰 라이트·프랜시스 콜린스·존 오트버그 외 지음
캐서린 애플게이트·짐 스텀프 엮음 | 안시열 옮김

Ivp

차례

머리말 — 데보라 하스마		11
감사의 글		15
들어가는 글 — 캐서린 애플게이트, 짐 스텀프		19
1	문화 전쟁에서 공동의 증언으로 나아가다	25
	: 신앙과 과학의 순례 길 — **제임스 스미스**	
2	과학을 두려워하는 자 누구인가? — **스캇 맥나이트**	37
3	필연적 귀결 — **켄 퐁**	45
4	진화로 인하여 하나님을 찬양하기를 배우다	53
	— **데보라 하스마**	
5	창조를 예찬하는 구약학 교수 — **트렘퍼 롱맨 3세**	65
6	생명의 주 — **제프 하딘**	75
7	평화 — **스티븐 애슐리 블레이크**	87
8	하나님의 언어를 배우다 — **프랜시스 콜린스**	97
9	믿음, 진리, 신비 — **올리버 크리스프**	107
10	경이로운 우주에 감탄하다 — **제니퍼 와이즈먼**	117
11	끓는 주전자와 개조된 유인원 — **존 오트버그**	127
12	지적 설계에서 진화적 창조로 방향을 전환하다	137
	— **데니스 베니머**	

13	어느 과학자의 사색적 신앙으로의 여정 — 프러빈 셋후파티	147
14	더듬어 길을 찾는 여정 — 도로시 보오스	155
15	성경적으로 충족된 진화 창조론자 — 짐 스텀프	165
16	실재의 진실한 해석 — 대니얼 해럴	175
17	영국인이 본 미국의 진화 논쟁 — 톰 라이트	185
18	개인적 진화: 진화 과학과 기독교의 화해 — 저스틴 배럿	195
19	어느 진화 창조론자의 진화 — 데니스 래머로	201
20	별들의 가르침 — 로라 트루액스	215
21	그래서 진화를 믿는다는 겁니까? — 로드니 스콧	223
22	진화하는 창조 세계의 영: 오순절주의 신학자의 의견 — 아모스 용	233
23	두 권의 책 + 두 개의 눈 = 기독교 증거를 위한 필수 요소 네 가지 — 리처드 달스트롬	241
24	쉬운 답에 안주할 것인가, 그리스도 안에서 안식을 누릴 것인가 — 캐서린 애플게이트	251
25	안전한 곳 — 리처드 마우	261

바이오로고스 재단   273

우리 자녀들의 세대는 신앙과 과학 사이에서
양자택일을 강요받는 일이 없기를 바라며,
우리의 아이들,
캐서린의 루시와 조시아 그리고 짐의 케이시와 트레버와 코너에게
이 책에 사랑을 듬뿍 담아 바칩니다.

머리말

데보라 하스마

바이오로고스 대표

이 책을 집어 든 당신은 아마도 어떻게 과학이 기독교와 어울릴 수 있는지에 대하여 호기심을 품고 있을 것이다. 어쩌면 당신은 어떻게 복음주의 그리스도인이 진화 같은 '무신론적' 개념을 고려할 수 있는지 의아해할 수도 있다. 아니, 어쩌면 당신은 성공적인 과학자가 기독교 같은 '미신적' 생각을 받아들일 수 있다는 점에 대해 회의적일지도 모른다.

바이오로고스(BioLogos)에 있는 우리는 이와 같은 질문들을 귀가 닳도록 듣는다. 어찌 보면, 이러한 질문들은 지적 질문이다. 과학적 증거와 신학적 논증과 성경을 깊게 파고들지 않고서는 그 답을 찾을 수가 없다. biologos.org에 가면 그러한 탐구를 도와줄 자료를 많이 찾아볼 수 있다.

그러나 또 어찌 보면, 이러한 질문들은 인격적 질문이기도 하다. 이 질문들은 우리의 지성뿐만 아니라 마음과 영혼까지 총동원하고, 단순한 아이디어의 차원을 넘어서 가족과 공동체 내에서 우리가 맺는 인간관계에도 영향을 끼친다. 지적 논증만을 통해서는 이 질문들에 대한 답을 찾아낼 수 없다. 증거를 차곡차곡 쌓아도 별 소용이 없을 때도 있다. 이 책은 당신을 그 답을 찾는 탐색의 길로 초대하면서, 그 길을 앞서 걸었던 스물다섯 명의 개인적 이야기를 들려준다.

책장을 넘기면서 당신은 과학자들과 신학자들을 비롯한 기고자들이 진화와 기독교 신앙을 만나면서 실제 삶에서 겪은 경험을 읽게 될 것이다. 그들의 이야기는 혼란과 갈등에 대해 들려줄 것이다. 그러한 갈등의 소용돌이 속에서 희생된 사람들이 갖는 반(反)진화론적 관점에 대한 날카로운 비평도 간간이 들릴 것이다. 그러나 이 책의 지면들은 예수 그리스도를 개인적 구원자로서 **그리고** 창조 세계 전체의 주인으로서 받아들인 사람들의 돌이킴과 새로워짐에 대해서도 말할 것이다. 이 책에 담긴 이야기들은 소망과 기쁨에 대해 말하면서, 창조 세계의 경이에 대해 그리고 우리가 서로 다름에도 불구하고 그리스도의 몸의 구성원들로서 함께하는 법을 배우는 것에 대하여 하나님을 찬양한다.

예수님은 말씀하셨다. "네 마음을 다하며 목숨을 다하며 힘을 다하며 뜻을 다하여 주 너의 하나님을 사랑하고 또한 네 이웃을 네 자신같이 사랑하라"(눅 10:27). 이 책에 실린 이야기들에서 우리는 기고자들이 그들의 마음과 영혼뿐만 아니라 지성―현대 과학의 모든 증거를 아우르는 지성―을 총동원하여 하나님을 사랑하는 자리로 나아오게 된 과정을 볼 수 있다. 성령의 인도를 확신하면서 겸손한 마음으로 우리가 함께 이 질문들을 탐색할 때, 하나님의 말씀에 충실하고 **동시에** 창조 세계에 계시된 그분의 일과 일관성을 갖는 새로운 이해 방식이 그 모습을 드러낼 것이다.

진화와 기독교에 대한 당신의 관점이 어떠하든지, 나는 이 이야기들을 통해 당신이 타인들의 삶에 걸어 들어가 그들의 고민과 동기와 신앙을 더 잘 이해할 수 있게 되기를 바란다. 서로의 이야기를 귀담아 들으면서 우리는 예수님이 명령하신 대로 이웃을 우리 자신처럼 사랑하는 법을 더 잘 체득하게 될 것이다. 교회는 창조 세계에 대한 관점에서는 하나 될 필요가 없지만, 그리스도 안에서는 반드시 하나가 되어야 한다. 예수님은 "너희가 서로 사랑하면 이로써 모든 사람이 너희가 내 제자인 줄 알리라"(요 13:35)고 말씀하셨다.

감사의 글

이 책의 대략적 구상은 2011년으로 거슬러 올라간다. 철학자이자 신학자인 토머스 오어드(Thomas J. Oord)가 바이오로고스의 지도자들과 출판업자인 마크 러셀(Mark Russell)에게 이 책의 콘셉트를 제안한 것이다. 원래 계획은 진화를 수용하는 복음주의자들이 쓴 짧은 에세이 50-60편을 모아서 책을 내자는 것이었는데, 이 계획은 토머스가 셰리 워커(Sherri B. Walker)와 함께 『진화를 탐색하는 나사렛 교인들』(*Nazarenes Exploring Evolution*, SacraSage Press, 2013)이라는 책을 엮어 냄으로써 (순전히 그가 속한 교단 내에서만!) 실현되었다. 그로부터 다시 시간이 흘렀고, 우리는 미국 IVP와의 협의를 통해 에세이의 수를 반으로 줄이는 대신 각 저자에게 더 많은 지면을 할당하기로 결정했다. 옳은 결정이었다. 대부분의 저자들이 걸어간 성경과 진화 과학의 화해를 향한 여정은 복잡다단했기 때문이다. 우리는 토머스와 마크뿐 아

니라, 당시 바이오로고스를 이끌고 있던 데럴 파크(Darrel R. Falk)에게도 신세를 졌다. 그들은 기초 작업을 담당했고 프로젝트를 진행하는 내내 꾸준한 지원을 아끼지 않았다.

이 책의 거의 모든 장(章)은 이 책을 위해 새롭게 집필된 에세이로 채워졌고, 몇몇 장은 바이오로고스 블로그에 실렸던 내용을 담고 있다. 프랜시스 콜린스와 톰 라이트의 글은 허락을 받고 그들의 저서에서 뽑아 왔고, 존 오트버그의 에세이는 그가 전했던 설교 중 한 편을 다듬은 글로서 역시 사용 허락을 받았다. 기고자들은 하나같이 함께 일하기가 즐거운 사람들이었다. 그들의 이야기들을 읽고 또 읽으면서 우리의 인생 이야기도 풍성해졌다. 우리는 자신들의 이야기를 많은 이들에게 들려주기로 한 그들의 용기에 힘입어 더 많은 사람들이 같은 일을 할 수 있게 되기를 기도한다.

미국 IVP에게 감사하지 않을 수 없다. 특히 앤디 르 포(Andy Le Peau)에 대한 고마움은 말할 것도 없다. 그는 목자가 양 무리를 이끌 듯이 이 프로젝트를 완성의 단계로 이끌어 갔다. 우리는 '과학과 기독교에 대한 바이오로고스의 책들'(BioLogos Books on Science and Christianity)이라고 명명된 미국 IVP의 새로운 시리즈의 첫 번째 책을 내놓게 되어서 얼마나 기쁜지 모른다(더 자세한 내용은 책의 뒷면에 실린 설명을 참조하기 바란다). 미국 IVP와 같이 명망 높은 기독교 출판사와 협업하는 것은 바이오로고스에게는 큰 영광이다. 우리는 앞으로도 미국 IVP와 함께 새롭고 흥미로운 도서를 많이 펴낼 수 있기를 기대한다.

바이오로고스는 지극히 보람찬 일터다. 데보라 하스마 대표는 우리가 충분한 자원을 가지고 중요한 프로젝트를 진행할 수 있는 환경을 조성해 준다. 나머지 직원들도 우리의 작업을 향상시키고 바이오로고스 사무실이 더 즐거운 곳이 되도록 꾸준하게 기여한다.

바이오로고스는 프랜시스 콜린스를 비롯한 여러 그리스도인의 비전이 없었다면 존재하지 못했을 것이다. 이 책은 프랜시스가 2007년에 바이오로고스를 세울 때 시작한 일이 지금도 왕성하게 진행되고 있다는 증거다. 그 일 덕분에 미국의 복음주의 내에서 과학에 대한 대화의 문이 열리게 되었다. 그러한 대화가 없었더라면 여기 실린 이야기들도 빚어지지 않았을 것이다.

끝으로, 우리가 이 책을 엮어 내기 위해 고군분투하는 동안 우리 곁에서 인내심을 갖고 지원을 아끼지 않은 우리 각자의 가족에게 참으로 고맙다는 말을 하지 않을 수 없다. 사실 우리가 기한에 맞추어 작업 일정을 소화하면서도 따뜻한 가정을 유지할 수 있었던 것은 가족들의 격려와 지지 덕분이었다. 실로 진정한 의미에서, 캐서린의 남편인 브렌트와 짐의 아내인 크리스는 이 프로젝트에 대한 공로를 우리와 함께 인정받아 마땅하다.

• 일러두기
이 책에서 저자의 주는 번호로, 옮긴이 주는 •기호로 표기되어 있다.

들어가는 글

캐서린 애플게이트
짐 스텀프

누구나 이야기를 좋아한다. 독서 인구 사이에서 회고록이라는 장르는 그 인기가 날로 높아지고 있다. 어떤 이야기는 우리 자신의 이야기와 너무 달라서 흥미를 끈다. 우리는 서커스 단에서 성장기를 보낸 경험, 네팔 여행기, 1년간 인터넷 없이 살기 같은 타인의 체험담을 읽는다. 흥미진진한 이야기는 우리의 관심을 잡아끌고 타인의 시선을 통해 세상을 바라보게 해 준다. 또 어떤 글은 우리 자신의 어떤 경험의 일면을 거울을 보듯이 들여다보게 해 주는 까닭에 우리의 마음을 사로잡는다. 그런 이야기들은 우리가 혼자가 아님을 알려 주고, 무엇보다도 우리가 보고 느꼈던 것을 삶을 풍성하게 하는 방식으로 탐색하고 해석하도록 도와준다.

우리는 이 책이 앞의 두 가지 목적을 다 달성할 수 있기를 바란다. 이 책의 독자들 중에는 진화를 마음속 깊이 의심하는 사람들이 분명히 있을 것이다. 아마도 그들은, 진화의 열렬한 옹호자로서 종교를 "정신의 바이러스"라고 부르면서 조롱하는 리처드 도킨스(Richard Dawkins)를 알고 있을 것이다. 또 어떤 독자들은 켄 햄(Ken Ham)의 글을 읽었을 것이다. 수백만 명의 독자를 거느린 이 젊은 지구 창조론자는 "진화와 수백만 년의 시간"―그는 이것을 한낱 "인간의 말"이라고 주저 없이 폄하한다―이 근거 없는 아이디어로서 창세기의 명확한 메시지에 반하고, 그것을 받아들였다가는 위험한 비탈길로 미끄러져 무신론, 더 나쁘게는 자유주의적 기독교라는 파국으로 치닫게 될 것이라고 경고한다. 이 양극단에서 쏟아 내는 이분법적 말의 폭포 사이에서 세미한 차이를 지닌 관점들은 종종 익사하고 만다.

바이오로고스는 제3의 관점을 대변한다. 우리의 사명은 교회와 세상을 한자리로 초대하여 하나님의 창조에 대한 진화적 이해를 제시함으로써 과학과 성경적 신앙이 조화를 이루는 모습을 보여 주는 것이다. 우리들 중 어떤 이들은 기독교 신앙을 가진 과학자들로서 진화의 증거력이 워낙 강력하기 때문에 우리가 목소리를 내지 않는다면 그것은 창조 세계에 심긴 하나님의 메시지를 부당하게 대우하는 것이라고 생각한다. 또 우리들 중 일부는 성서학자나 신학자인데(그들 중에는 아담과 하와의 역사성을 강력하게 부르짖는 이들도 있다), 그들은 인간의 생물학적 진화를 포함하여 모든 생물학적 진화를 부인할 성경적 근거가 없다고 믿는다. 그들은 성경이 결코 애초에 의도되지 않은 방식으로 21세기의 질문들에 대해 답하도록 빈번히 강제된다는 사실 앞에서 슬픔을 금치 못한다. 우리 공동체에 소속된 목회자들과 교육자들은 우리의 기독교 하위문화가 전적으로 받아들인 창조 아니면 진화라는 그릇된 이분법의 처절한 결과를 직접 목도한다. 그들은 젊은이들이 강력한 진화의 증거를 마주할 때 과학과 신앙의 갈림길에서 양자택일을 해야 한다는 심리적 압박감을 느끼며 괴로워하는 것을 본다.

최근의 갤럽 조사 결과에 따르면, 매주 교회에 출석하는 미국인들의 69퍼센트가 하나님이 만 년이 채 안 되는 세월 전에 인간을 현재의 형태로 창조하셨다고 믿는다고 한다. 사실 헌신된 그리스도인들의 대다수가 예수 그리스도를 구세주로 믿는 믿음을 굳건히 지키면서도 진화에 대한 압도적으로 강력한 과학적 증거를 받아들이는 것이 가능함을 알지 못한다. 지난 해 50만 명이 넘는 사람들이 바이오로고스의 웹사이트를 방문하였고, 새로운 바이오로고스 독자들은 최근까지 진화를 수용하는 그리스도인을 만나 본 적이 없다는 말을 하곤 한다. 만일 당신이 그런 사람들 중 한 명이라면, 당신에게 소개해 줄 사람들이 있다! 이 책에서 펼쳐지는 1인칭 시점으로 써 내려간 소회고록(小回顧錄)이라고 칭할 법한 스물다섯 편의 이야기는 진화 과학을 수용하는 신실한 그리스도인들의 눈을 통해 바라보는 과학과 신앙의 모습을 얼핏이나마 엿볼 수 있게 해 줄 것이다. 다채로운 배경을 가진 기고자들은 다양한 여정을 통해 진화의 수용이라는 지점에 이르렀다. 이 이야기들은 진화의 진실에 대한 기술적 증거를 쏟아 내지 않는다(그러한 증거는 다른 많은 곳—예를 들어, biologos.org—에서 찾아볼 수 있다). 그 대신에 이 이야기들은 예수님을 사랑하고 성경의 권위를 절대적으로 믿는 진지한 그리스도인들도 진화를 받아들일 수 있다는 사실에 대한 압도적으로 강력한 증거를 제시한다.

이 책에서 대변하는 진화 창조론을 받아들인 독자라면 이 책의 이야기들에서 자신의 이야기와 공명하는 요소를 발견하게 될 것이다. 우리 모두에게는 모범 — 우리보다 앞서 길을 걸어간 선배들 — 이 필요하다. 기고문들 중 몇 편은 길을 안내해 주는 선배나 스승의 중요성 내지는 아이디어의 자유로운 탐색을 격려하는 따뜻한 기독교 공동체의 필요성에 주목한다. 바이오로고스는 많은 사람들에게 그러한 종류의 공동체가 되어 주고 있다. 누구나 우리의 웹사이트에서 벌어지는 대화에 참여하거나, 자신의 이야기를 우리에게 보내서(stories@biologos. org) 바이오로고스의 활동에 참여할 수 있다.

좋은 이야기를 판가름하는 하나의 요소는 주인공의 발전(이야기의 여정 가운데 주인공이 변해 가는 모습)이다. 이 책의 제목이 주는 인상과 달리, 모든 기고자들이 젊은 지구 창조론이나 다른 형태의 반진화적 관점으로부터의 완전한 방향 전환에 대하여 이야기하는 것은 아니다. (영국의 저명한 신약학자인 톰 라이트는 미국의 반진화 정서를 이국적인 특이함이라고 기술한다.) 하지만 기고자들의 과반수는 흩어진 조각들을 맞추어 기독교 신앙과 진화 과학을 아우르는 통일성 있는 세계관을 만들어 가는 동안 경험한 인지적 불협화음에 대하여 말한다. 이러한 불협화음은 과학과 기독교는 전쟁 중이라는 널리 확산된 문화적 메시지에 그 뿌리가 있다. 그 메시지는 과학과 기독교가 같은 질문에 대하여 상반된 답변을 내놓기 때문에 우리는 무엇을 신뢰할지를 놓고 양자택일의 기로에 서게 된다고 말한다. 종교가 과학을 이기거나 과학이 종교를 이긴다는 가정은 우리를 딜레마에 빠뜨린다.

사색적 그리스도인이라면 누구나 금세 과학도 종교도 **모든 답을** 제시할 수 없음을 깨달을 것이다. 과학은 예수 그리스도에 대하여 우리에게 많은 말을 해 줄 수 없다. 하나님과 어떻게 관계를 맺을 것인지에 대해서도 들려줄 말이 별로 없다. 창세기에서 요한계시록까지 성경을 샅샅이 뒤져 보아도 DNA나 양자 역학에 대해서는 아무것도 찾아내지 못할 것이다! 어떤 질문들은 명백하게 과학에 관한 것이고, 또 어떤 질문들은 명백하게 종교적이다. 그런데, 인류의 기원에 대한 질문처럼, 과학과 종교 모두와 관련성을 갖는 것으로 보이는 질문의 경우 우리는 곤란에 처하게 된다. 그런 경우에 앞으로 나아가려면 과학과 신앙 사이에 대화가 이루어져야 한다. 최상의 과학을 배워야 한다. 신뢰하는 종교적 사상가들과 이야기를 나누어야 한다. 앎에 대한 인간의 시도가 잠정적이고 유한함을 기억하고 모든 사람을 너그러움으로 대해야 한다.

스물다섯 편의 이야기를 읽을 때 계속 수면 위로 떠오르는 관련 주제가 하나 있다. 그것은 모든 진리가 하나님의 진리라는 신념이다. 진리가 성경에서 발견되든 자연 세계의 세심한 연구를 통해 발견되든(심지어는 그 연구의 수행자가 신앙이 없는 과학자들이라도!), 우리의 기고자들은 하나님이 모든 진리의 궁극적 원천이시라는 입장에 선다. 이것은 우리에게 궁극적으로는 과학과 신학의 사이에 아무런 모순이 없게 될 것이라는 흔들리지 않는 확신을 갖게 한다. 과학도 신학도 집필자는 하나님이시다. 때때로 이 두 가지는 계시를 담은 '두 권의 책'이라고 지칭된다. 시편 19편은 "하늘이 하나님의 영광을 선포하고"(1절) "여호와의 율법은 완전"(7절)하다고 노래함으로써 이 두 가지 모두를 담아 낸다. 둘은 상호 보완적이다.

끝으로, 이 두 권의 책—하나님의 말씀과 하나님이 지으신 세상—

은 우리 기고자들을 경이와 경배로 이끌고 간다. 우리는 하나님이 우리에게 지성과 호기심을 주셨음을 믿는다. 우리의 지성과 호기심을 과학적 노력에 활용하는 것은 하나님에 대한 사랑의 표현이 될 수 있다. 자연 세계의 작동법에 대한 과학적 이해는 창조 세계에 대한 경외심을 없애 버리기는커녕 자연 세계를 창조하신 분에 대한 감탄을 증폭시킨다. 신앙을 가진 과학자가 현장이나 실험실에서 연구를 하면서 하나님께 더 가까이 나아가게 되었다는 이야기를 접하는 것은 드문 일이 아니다. 겸손과 경이감과 경배는 이 책을 꿰뚫고 흐르는 공통 주제들이다.

우리는 당신도 이 이야기들을 읽어 나가면서 하나님께 더 가까이 나아가게 되기를 바란다. 우리는 당신이 당신과 세상을 향한 하나님의 사랑과 섭리를 더 잘 이해하고 고맙게도 이 책에서 자신들의 이야기를 풀어 놓은 사람들의 삶에서 하나님이 어떻게 일해 오셨는지를 보게 되기를 바란다.

1
문화 전쟁에서 공동의 증언으로 나아가다

신앙과 과학의 순례 길

제임스 스미스

제임스 스미스(James K. A. Smith)는 캘빈 대학(Calvin College)의 철학 교수이며, 골로새 포럼(The Colossian Forum)의 선임 연구원이기도 하다. 최근작으로는 『상대주의를 두려워하는 자 누구인가?』(*Who's Afraid of Relativism?*, Baker Academic, 2014)가 있다. 그와 아내 디나는 네 자녀를 두었으며 열정적인 도시 농부로서 살아가고 있다.

참으로 얄궂게도(그리고 슬프게도), 내게 투쟁을 가르친 것은 그리스도인들이었다. 기독교 가정에서 자라나지 않은 까닭에 나는 전형적인 복음주의 신앙 양육[기독교 학교 교육, 청년회, 마이클 스미스(Michael W. Smith)가 부르는 가슴 뭉클한 노래로 마무리되는 여름 수련회]을 받지 않았다. 그러다 보니 우리의 문화를 가로지르는 분열의 여러 '단층선'(斷層線, fault line)들에 대한 복음주의 공통의 이해도 나의 일부로서 흡수되지 않았다.

하지만 열여덟 살에 그리스도인이 된 뒤 나는 이 모든 것을 재빠르게 따라잡았다. 나는 성경을 들이마셨고, 여러 가지 형태로 제공된 성경에 대한 가르침을 흡입했다(고백하건대 나는 이러한 가르침의 대부분을 유명한 성경 교사들의 무수히 많은 카세트테이프를 통해 접했을 정도로 나이가 꽤 들었다). 나는 성직의 소명을 바로 감지하고는, 건축가의 꿈을 접고 성경 대학에 등록하였다. 성경 대학에서의 첫해는 그야말로 신병 훈련소에서의 삶과 같았다. 후에 깨달은 것인데 그 생활은 가히 '문화 전쟁'이라고 칭할 만했다.

다소 희한하게도, 과학에 관심을 기울일 필요를 처음으로 배운 곳이 다름 아닌 성경 대학이었다. 이 말에 고개를 갸우뚱할 사람도 있을 것이다. 성경 대학이란 모름지기 과학에 대해 적대적인 반(反)지성적 구역이라고 빈번히 인식되기 때문이다. 하지만 이 그림에는 약간의 수정이 필요하다. 나는 성경 대학에 다니면서 과학에 관한 관심에 새롭게 불이 붙었기 때문이다. 그 관심은 변증론 선생님의 열의와 의욕이 내게 불어넣은 것이었다. 화학 공학 박사 학위를 소지한 전직 해군 엔지니어였던 '데이브 박사님'은 극적 회심을 체험한 뒤 나처럼 성직으로의 부르심을 느끼셨다. 그분은 신학 대학을 마친 뒤 가르치는 사역에 헌신하셨고 그러다가 마침내 내가 다니던 성경 대학에 몸담게 되셨는데, 그곳에서 맡은 책무는 변증학과 '기독교 험증학'(基督敎驗證學, Christian evidences)에 관한 것이었다.

선생님의 열의와 지식은 전염성이 강했다. 선생님은 (역사적 과학인) 고고학에 단단히 매료되셨고 나도 그 열정에 빠져들었다. 선생님이 노아 홍수에 대한 지질학적 증거와 천지창조에 대한 우주론적 증거를 제시하실 때면, 나는 경이로움에 사로잡혔다. 내가 탄소 연대 측정과 도플러 효과와 퇴적 지질학에 대해 생각해 보라는 도전을 받은 곳도 다름 아닌 성경 대학이었다(세인트헬렌스 산의 화산 작용 효과는 늘 매력적인 사례 연구 주제였다). 과학에 대해서는 거의 또는 아무런 관심도 주지 않고 고등학교를 다녔던 내가, 성경 대학에 진학하면서 기대치도 않게 작은 분자에서 광활한 은하에 이르는 모든 것에 과학적 흥미를 느끼게 된 것이다.

데이브 박사님은 나의 호기심을 눈여겨보고는 개인적 관심을 표명하면서, 나를 일종의 도제로서 보살피기 시작하셨다. 내가 '창조 과학'에 강렬한 호기심을 품게 된 데는 지적 요소가 분명히 작용하였지만 인격적·목회적 요소도 관여하였으며, 그 영향은 결코 가볍게 볼 것이 아니라고 생각한다. 분명 내가 창조 과학에 몰두한 이유는 나를 향한 데이브 박사님의 마음 씀씀이가 확연하게 보였기 때문이다. 내가 지적 확신의 자리에까지 나아갈 수 있었던 것은 바로 데이브 박사님의 목자로서의 심정이 나에게 전달되었기 때문이다. 내가 창조 과학에 마음을 열었던 까닭은 그분이 나의 영혼을 향해 내비치신 사랑과 관심 때문이었다. 그분이 이언 테일러(Ian Taylor)의 (다소 악명 높은) 저서인 『인간의 마음속에서: 다윈과 새로운 세계 질서』(*In the Minds of Men: Darwin and the New World Order*)를 건네주셨을 때, 이 모든 과정에서 상징적 절정의 순간이 찾아왔다. 그 책은 지금도 나의 서재에 곱게 꽂혀 있다. 내가 그 책에 담긴 논쟁들을 아직도 소중히 여겨서가 아니라 그 책을 건네주신 분의 사랑에 대한 고마움 때문이다.

얼마 되지 않아 나는 우리 성경 대학의 교육이 과학을 문화 전쟁에서 사용할 탄알로서 주로 취급하고 있음을 알아차렸다. 그렇다고 해서 그곳의 교육이 하나님의 창조가 갖는 특징과 물리적 세상의 복잡다단함에 대한 진정한 흥미나 호기심을 완전히 결여하고 있었다는 말은 아니다. 호기심이 존재하기는 했다. 단지 제약의 굴레 아래에서 선택적으로 발휘되고 도구화되었을 뿐. 과학은 문화 전쟁의 논쟁에서 승리를 쟁취하고 대적을 격파하며 '입장'을 공고히 해 줄 '험증학'에 기여하는 한도 내에서만 관심의 대상이 되었다. 과학은 그리스도인들을 향한 소명이나 천직으로서는 권장되지 않았다. 과학은 우리가 **이용할** 수 있는—그것도 무기로서 이용할 수 있는—그 무엇에 불과했다.

게다가 내게 제공되었던 '과학'은 데이터와 증거의 매우 선택적인 표본들로 구성되어서 일종의 확증 편향을 띠고 있다는 사실이 점차 명확해졌다. 다시 말해서, 물리적 세상에 대한 진정한 과학적 탐구를 특징짓는 열린 호기심—그리고 **틀릴 수 있음**에 대해 열린 자세—과는 달리, 우리 선생님들이 과학에 가지셨던 관심은 주로 성경의 특정한 해석(구체적으로는, 젊은 지구 창조론에 따른 창세기의 해석) 방식을 확인하려는 의도를 바탕에 깔고 있었다. 내가 전체 이야기를 파악하지 못했을지도 모른다는 느낌—과학에는 홍수 지질학과 탄소 연대 측정에 대한 비판적 질문 외에 훨씬 많은 것이 있을 수 있다는 느낌—이 차츰 들기 시작했다.

나는 이런 종류의 '과학'으로부터 비평적 거리를 두게 되었다. 참으로 흥미롭게도 그 씨앗이 뿌려진 곳 역시 성경 대학이었다. 그곳에서 이루어진 '구 프린스턴'(Old Princeton) 학파와 연관된 기독교 신학자들과의 만남이 발단이 되었다. [아우구스티누스(Augustine)는 영감 넘치는 자서전 『참회록』(The Confession) 제8권에서 자신을 회심으로 이끈 몇 권의 중요한 책과의 만남을 회상한다. 신앙과 과학에 관한 나의 '회심'도 중요한 책들과의 만남의 역사를 갖고 있다. 도서관이 전도자가 될 수 있음을 누가 알았을까?] 내가 수강한 조직 신학 강좌들 중 일부에서, 교수님들은 벤자민 워필드 (Benjamin Breckinridge Warfield, 1851-1921), 찰스 핫지(Charles Hodge, 1797-1878), 아치볼드 핫지(Archibald Alexander Hodge, 1823-1886)를 포함한 개혁주의 사상가들의 풍성한 유산을 수시로 언급하시곤 했다. 성경과 신학에 흠뻑 빠져 있던 나는 이 존경스러운 학자들과 성경 주석가들이 남긴 말들을 남김없이 찾아보고자 대학 도서관을 샅샅이 훑었다. 나는 그들의 저서에 둘러싸인 채 지하 도서관에서 몇 시간이고 죽치고 있곤 했다. 돈이 얼마라도 모아질 때면, 나는 워필드나 핫지의 책을 사서 점점 빽빽해져 가는 나의 서재에 꽂아 넣었다. 성경 대학의 강의실에서 이루어진 '위층' 교육은 그것과 병행된 '구 프린스턴' 학파의 개혁주의 신학에 관한 '아래층' 교육으로 보완되었다. 그리고 이미 1800년대에 저술된 그들의 저서에서 나는 과학에 대한 상당히 색다른 태도를 발견하였다.

이 모든 것이 명확해진 것은 마크 놀(Mark Noll)의 탁월한 선집인 『1812-1921 프린스턴 신학: 성경, 과학, 그리고 아치볼드 앨리그잰더에서 벤저민 브렉큰리지 워필드까지의 신학 방법론』(The Princeton Theology 1812-1921: Scripture, Science, and Theological Method from Archibald Alexander to Benjamin Breckinridge Warfield, 2001)과 맞닥뜨렸을 때였다. 이 선집에서 나는 진화 과학의 전개에 열린 마음을 가진—그리고 긍정하는 자세를 지닌—정통·보수·개혁주의 복음주의자들의 글을 난생처음 접하였다. 사실 워필드는 성경 무오설의 위대한 옹호자로서 교수님들의 입에 오르내리곤 했다. 하지만 교수님들이 말씀하시지 않은 것이 하나 있었는데, 그것은 진화에 대해 지극히 우호적인 그의 입장이었다. 이제 내가 확신에 차 마지 않던 것들 중 몇 가지가 무너지기 시작했다. 나는 과학이 내가 배운 것보다 더 크다는 것과, 복음주의 그리스도인들이 특징적으로 갖는 과학에 대한 두려움이나 방어적 자세가 불필요하며 새로운 과학적 논의를 호기심 어린 열린 마음으로 대할 수 있다는 것을 느끼기 시작했다. 무엇보다도 나는 과학이 변증론적 무기에만 머물러야 할 필요가 없음을 깨닫기 시작했다. 과학적 탐구가 우리를 이끌고 가는 곳이 불안으로 요동치는 땅일 수 있을지라도 과학적 탐구는 그 자체로서 좋은 것이지 않을까.

　내 인생에서 이 시절은 많은 면에서 전환기였다. 특히, 믿음의 순례자로서 내가 개혁주의 전통의 길에 접어든 것도 다름 아닌 이 때였다. [나는 이 방향 전환에 대해 나의 다소 짧은 저서인 『칼빈주의와 사랑에 빠진 젊은이에게 보내는 편지』(Letters to a Young Calvinist: An Invitation to the Reformed Tradition, 새물결플러스)[1]에서 더 자세히 논의하였다.] 이것은 나의 사고의 모든 영역에서 변화의 물결을 일으켰고, 과학에 대한 나의 사고방식도 예외가 아니었다. 그런데 내가 개혁주의 전통으로부터 얻은 것은 이뿐만이 아니다. 역사에 대한 새로운 태도를 배우고 기독교 전통의 역사적 풍요로움을 호흡하였다. 종교개혁은 가톨릭 교회를 새롭게 하는 운동으로서 개혁주의자들이 아우구스티누스와 크리소스토무스(Chrysostom) 같은 교부들의 지혜의 광맥을 파헤쳐 옛 기독교의 자료를 재발견하면서 태동되었다. 이 말은 어떤 면에서 옛것에 대한 존중—설사 그 옛것이 참신한 신학적 관점에 대해 제기되었던 건전한 회의론을 의미하는 것일지라도—이 개혁주의 전통의 특징임을 뜻한다.

이러한 의식은 나의 순례 길에서 만난 또 다른 중요한 책과 공명한다. 『창조론자들: 과학적 창조론에서 지적 설계론까지』(*The Creationists: The Evolution of Scientific Creationism*, 새물결플러스)라는 상세한 역사서에서 로널드 넘버스(Ronald Numbers)는 젊은 지구 창조론이 얼마나 참신한 성경 해석학인지를 잘 드러낸다(이것은 성경의 종말론을 이해하는 방식으로서의 세대주의의 참신함에 직접 견줄 만하다). 개혁주의 전통을 따라 순례의 길을 걸으며 그 역사적 기독교 신앙의 풍성한 유산에 빚진 마음이 차오르던 나는 '과학적 창조론'의 새로움과 참신함 앞에서 심각하게 망설일 수밖에 없었다. 그리고 선택적으로 제시된 과학 데이터를 바탕으로 내가 배웠던 성경 읽기의 방식이 사실 기독교 역사의 선상에서 상당히 빗겨 나간 것으로서, 아우구스티누스에서 장 칼뱅(John

---

1   James K. A. Smith, *Letters to a Young Calvinist: An Invitation to the Reformed Tradition* (Grand Rapids: Brazos Press, 2010).

Calvin)에 이르기까지 성경을 읽어 온 방식과 충격적으로 다른 근대의 해석학적 발명이라는 점을 깨닫기 시작했다. 그러므로 어떤 의미에서, 정통적 그리스도인이 되려면 젊은 지구 창조론자가 되어야 한다는 생각에 내가 의심을 품게 된 것은 기독교 정통에 입각한 아우구스티누스와 칼뱅과 워필드의 목소리 때문이었다.

순례 길에서, 풍성한 개혁주의 전통과 유산을 만나면서 나는 과학을 폭넓게 긍정하게 되었다. 이것은 [프린스턴 신학교(Princeton Seminary)에서 열린] 아브라함 카이퍼(Abraham Kuyper)의 1989년 스톤 강연(Stone Lectures),* 특히 네 번째 강연인 '칼빈주의와 과학'(Calvinism and Science)에서 강력하고 명확하게 표현되었다. 그 강연에서 카이퍼는 종교개혁이 어떻게 과학 탐구에 불을 지폈는지 보여 준다. 카이퍼에 따르면, 그것은 창조가 "속속들이" 하나님께 속한다는 개혁주의 주장에 뿌리를 두고 있으며, 이 주장은 우리의 문화 노동—그 주체가 농부든 약사든, 혹은 기업가든 곤충학자든—이 그리스도인의 소명의 정당한 표현이며 창조주를 섬기는 방식의 하나임을 의미한다. 개혁주의 전통이 과학 탐구를 장려했고 핫지나 워필드 같은 개혁주의 신앙의 위인들이 진화 과학을 긍정하는 것을 문제 삼지 않는 것으로 보였기 때문에, 나는 개혁주의 신앙을 따르는 순례 길에서 이전에는 상상조차 못했을 정도로 진화론에 대해 마음이 열리게 되었다. 나는 신앙의 선배들이 이끄는 곳으로 나아갔고, 그곳에서 정통 기독교 신앙 고백이

* L. P. Stone Foundation의 후원으로 저명한 학자들이 프린스턴 신학교에서 행하는 강연. 1989년에 아브라함 카이퍼가 행한 6회의 스톤 강연은 국내에도 『칼빈주의 강연』(CH북스)이라는 제목으로 번역 출간되어 있다.

그와 같은 사안들에 대해 편협한 성경 해석을 요구하지 않음을 알게 되었다. 아니, 어쩌면 내가 개혁주의 신앙의 순례 길을 걸으며, 그리스도인들이 이견을 표출할 수 있는 부차적 문제로부터 역사적·본질적 정통성의 문제를 구별하는 법을 배웠다고 말할 수도 있을 것이다. 역사성을 갖춘 기독교 신앙은 내게 닻이 되고 안내자가 되어서, 젊은 지구 창조론 같은 신학적 혁신을 과도하게 부풀려서 정통성을 결정 짓는 리트머스 테스트의 위치로 격상시키지 않도록 막아 주었다.

하지만 나 자신의 '진화'(즉 신앙과 과학의 만남을 향한 나만의 순례 길)에 있어서 중요한 단계가 기다리고 있었다. 아우구스티누스와 칼뱅과 워필드 같은 역사적 인물들의 발자취를 따라 나는 정통 그리스도인들이 창조와 진화 그리고 인간의 기원에 대해 다양한 입장을 취할 수 있음을 마침내 알게 되었다. 그리하여 신실한 자들의 장막은 젊은 지구 창조론자들의 작은 무리 너머로 확장되었다. 그것은 단순한 입장 변화의 문제라기보다는 다양한 견해들이 정통 기독교 신앙 고백과 마찰 없이 공존할 수 있다는 깨달음의 문제였다.

그러나 나는 모든 동료들이 이 '큰 장막' 개념을 좋아하는 것은 아님을 눈치 채었다. 진화적 창조를 확신 있게 주창하는 일부 동료들은 으레 다양한 입장에 대한 개방성을 보이지 않았고, 그 모습은 내게 완전히 낯설지만은 않았다. 진화 창조론자들인 친구들과 동료들 일부는 내가 성경 대학에서 배운 것과는 매우 다른 종류의 과학의 편에 서 있지만 그들과 성경 대학 교수님들은 과학을 **이용하는** 방식이 유사하다는 점에서 사실상 서로 **닮았음**을 나는 깨닫기 시작했다. 입장만 바뀌었을 뿐(그들 중 많은 이가 이전에는 젊은 지구 창조론자들이었다), 그들은 똑같은 문화 전쟁 태도를 견지했다. 과학은 여전히 전쟁 무기로 이용되고 있었다. 초점은 증거하는 데 있지 않고 **승리하**는 데 있었다.

그리고 내가 보기에 전투적 태도를 강화시키는 것은 두려움이었다. 젊은 지구 창조론자들은 성경적 신앙이 와해되고 복음이 훼손될까 봐 두려움을 느꼈고 이 두려움은 '문화 전쟁' 태도를 부추겼다. 또 한편 진화 창조론자 동료들 중 일부는 순진한 사람이나 근본주의자로 인식되고 학계 동료들이나 문화계 오피니언 리더들의 존경을 잃을까 봐 두려워하는 것 같았다. 두려움의 대상은 매우 다르지만 두려움에 대한 반응은 유사해 보였다. 양편 모두 '과학'을 **승리하기** 위한 무기로 휘두르고 있었다.

내게 싸움을 가르친 것은 (일부) 그리스도인들이었는지 몰라도, 그리스도의 영은 내게 '두려워하지 말라'고 가르쳐 왔다. 이 말은 내가 투쟁 아니면 도피(fight or flight)라는 정신 상태에 빠져서 두려움이 지휘하는 대로 모든 위협을 쳐부수거나 아니면 난제를 피해 꽁무니를 뺄 필요가 없음을 뜻한다. 이 말은 또한 특정 입장을 예수님을 따르는 **유일한** 길과 혼동할 필요도 없음을 뜻한다. 그리스도인들은 신앙과 과학이 만나는 교차점에서 난제와 씨름하며 해답을 찾아야 하겠지만, 그러한 지적 수고는 그리스도 안에서 만물이 함께 선다는(골 1:17) 핵심적 확신을 바탕으로 두어야 한다.

나의 친구이자 동료인 골로새 포럼 회장 마이클 걸커(Michael Gulker)는 이렇게 말하곤 한다. "진정한 제자도는 '예수님처럼 싸우기'를 배우는 것이다." 이것은 물론 예수님의 본과 모범을 바라볼 때 그분이 져 줌으로써 이기신다는 점을 알게 될 것임을 상기시키는 역설

적이고도 도발적인 진술이다. 톰 라이트는 『예수의 도전』(The Challenge of Jesus, 성서유니온선교회)에서 "십자가는 살아 계신 사랑의 하나님의 심장과 성품을 가장 확실하고도 진실하며 심오하게 들여다볼 수 있는 창문이다"라는[2] 흥미로운 말을 한다. 그러므로 우리의 모든 문화 노동—과학과 신학, 그리고 그 둘 사이의 대화가 이에 포함된다—은 "메시지뿐만 아니라 방법 면에서도 반드시 철저하게 십자가 모양을 띠어야 한다."[3] 다가올 왕국에 대해 증거함으로써 우리는, 그리스도처럼, 승리하고 군림하고 통제하고자 하는 성향을 버림으로써 그리스도 안에서 형제자매들의 증인 혹은 문화의 증인이 될 것이다. 예수님을 따르는 것은 칼을 쳐서 쟁기를 만들고 현미경을 예배와 찬양의 도구로 만드는 것이다. 또한 옳다 여김을 받거나 존경을 받는 것보다 공동의 증언(common witness)을 더 소중히 여기는 것이다. 이것은 문화 전쟁의 당사자들이 그러한 싸움을 멀리하고 평화의 왕자를 따름으로써 과학을 도구화하기를 거부하는 것을 의미한다. 그분 안에서 만물이 함께 선다.

---

[2] N. T. Wright, The Challenge of Jesus: Rediscovering Who Jesus Was and Is (Downers Grove, IL: InterVarsity Press, 1999), 94-95.
[3] 같은 책.

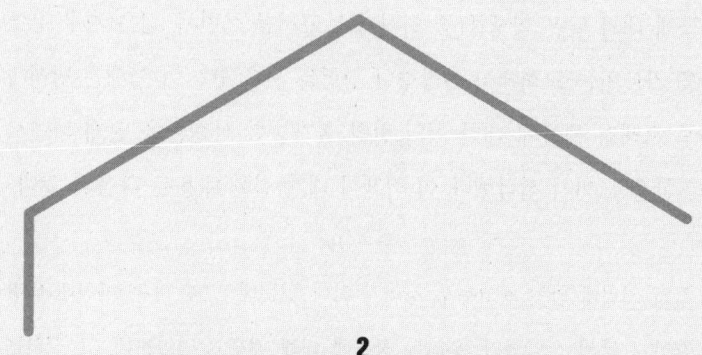

2
과학을 두려워하는 자 누구인가?

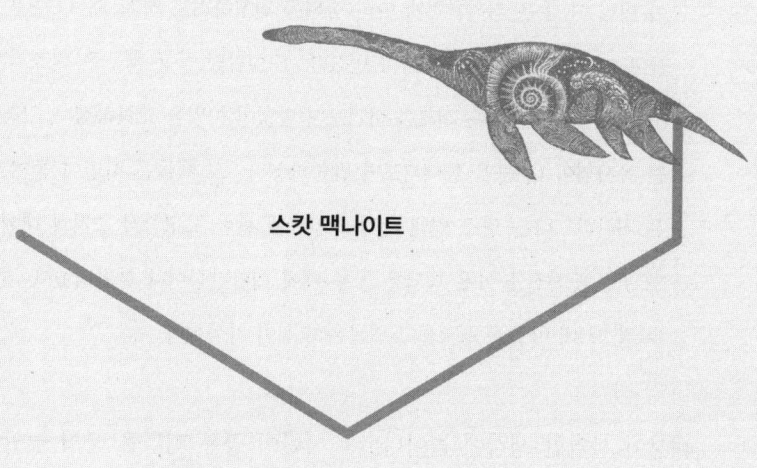

스캇 맥나이트

스캇 맥나이트(Scot McKnight)는 노던 신학교(Northern Seminary)에서 신약학 줄리어스 맨테이 석좌 교수(Julius R. Mantey Professor of New Testament)를 맡고 있다. 그는 마태복음에 대한 논문으로 노팅엄 대학교(University of Nottingham)에서 박사 학위를 받았다. 일리노이 주 토박이인 그는 아내 크리스와 시카고 북쪽 교외에서 살고 있으며 장성한 두 자녀와 두 손주가 있다. 그들은 정원 가꾸기를 즐기고, 걷고 여행하기를 좋아한다. 맥나이트는 50권이 넘는 책을 저술했다.

최근에 내가 맡은 학생들 중 하나가 보고서를 쓰면서, 젊은 지구 창조론을 가르치는 교회에서 성장했던 경험을 서술했다. 이 학생은 당시에 아주 오래전 세상에 대한 거의 반박 불가능한 사실들을 알게 되면서 불편함을 느끼기 시작했다. 이 학생이 내게 전한 내용은 다음과 같다.

특히 기억에 남는 중고등부 강의가 하나 있는데, 그때 나는 마침내 벼랑 끝까지 몰리고 말았다. 우리는 창조에 대해 배우고 있었는데, 그 강의는 현재 젊은 지구 창조론이라고 불리는 관점에 입각하고 있었다. 우리는 중고등부 지도 선생님과 목사님이 고르신 비디오를 보았다. 그리고 그분들이 미리 짜 놓은 커리큘럼에 따라 강의를 진행하려고 하실 때, 나는 손을 들고 아주 간단한 질문을 하나 던졌다. "그렇다면 공룡 뼈들은 뭐죠?" 지도 선생님과 목사님은 서로를 바라보며 말없이 눈빛을 교환하셨다. 그러고는 목사님이 내 눈을 들여다보며 말씀하셨다. "그 뼈들은 사탄이 묻어 놓은 거란다." 나는 탄소 연대 측정과 인간에 관한 고고학적 증거에 대해서도 질문했는데, 돌아온 대답은 공룡 뼈에 대답만큼이나 불합리했다. 집으로 갈 때 내 마음은 동요했고 얼굴은 수심이 가득했다.

세상이 사악한 생각에 놀아나도록 사탄이 공룡 뼈들을 묻어 놓았다고 생각하고, 온 세상이 속아 넘어갔다고 생각하고, 우리만이 성경을 올바르게 해석한다고 생각하는 지경에까지 이르렀다면, 나는 우리에게는 더 많은 자신감이 아니라 더 많은 겸손이 필요하다고 주장하고 싶다. 올바르게 성경을 해석하고 있는지 확인하기 위해 다시 한 번 성경을 읽어 볼 만큼 충분한 겸손이 우리에게 필요하다.

나는 젊은 지구 창조론을 신봉하는 환경에서 자라났지만, 나의 어린 시절 목사님이 고립된 기독교 대학(college)이 아닌 대학교(university)를 나오셨던 까닭에, 우리는 우리가 믿는 바에 대해 다소 온건한 태도를 갖고 있었다. 그렇다. 우리는 하나님이 세상을 창조하셨음을 굳게 믿었다. 물론 진화론이 불신앙에 뿌리를 두고 있고 무신론과도 강력하게 관련되기 일쑤라고 믿었던 것도 사실이다. 그러나 우리는 앞서 언급한 학생이 어린 시절 들어야 했던 설명과는 다른 방향으로 나아갔다. 나는 기독교 대학에서 단 한 번도 그러한 얼토당토않은 설명을 들은 적이 없었고 창조론에 대한 변론은 탄탄한 증거에 근거했다. 대학을 다닐 때 나는 프랜시스 쉐퍼(Francis Schaeffer)의 『창세기의 시공간성』(Genesis in Time and Space, 생명의말씀사)을 읽으면서 나의 뇌가 확장의 임계점에 도달했다고 느꼈다. 그리고 우주가 내가 배운 것보다 더 오래되었을지도 모른다는 생각이 비로소 들었다.

이후에 신학교를 다니면서 나는 드웨인 서먼(L. Duane Thurman)의 『진화를 비롯한 성경과 과학 사이의 논쟁에 대해 어떻게 생각할 것인가』(How to Think About Evolution and Other Bible-Science Controversies, IVP, 1978)를 읽었는데, 이 책은 앞서 언급한 책보다 미묘한 뉘앙스를 훨씬 더 세세히 살리고 과학을 존중하는 자세를 드러내는 동시에 신학적 기민함을 잃지 않았다. 그 후에 나는 **증거에 근거한 믿음**이라는 단순한 차원의 사고에 점점 더 익숙해졌다. 진짜 기묘하게도, 나는 이것을 근본주의적 성향의 성경 대학 선생님들로부터 배웠다. 그분들은 성경을 스스로 읽고 증거를 찾고 증거를 정리하고 증거, 오직 증거 위에만 자신의 신학을 세워야 한다고 가르치고 또 가르치셨다. 그렇다.

그분들은 입이 닳도록 그 원칙을 설파하셨다.

그것은 **과학적 방법**의 해석학적 등가물이었다. 나는 단지 교회가 가르쳤다는 이유만으로, 사도신경이 그렇게 말했다는 이유만으로, 혹은 전통이라는 이유만으로 무언가를 믿어야 한다는 가르침을 단 한 번도 받지 않았다. 분명 내가 속한 전통에 스스로 동의할 수 없을 때 어느 정도의 긴장이 불가피하게 형성되었다. 예컨대, 대학에 다닐 때 나는 휴거에 집착했고 한 보따리의 책─말하고 싶지 않을 정도로 많은 책─을 읽었으며, 그러다가 마침내 '환난 후 휴거설'이라고 불리는, 조지 엘든 래드(George Eldon Ladd)의 유명한 항변인 『축복된 종말의 소망』(The Blessed Hope, 엠마오)을 읽고는 그의 지지자가 되었다. 성경 대학 교수님 한 분은 내가 종말론 수업에 출석하는 것을 금지하기까지 하셨다. 교수님이 명확하게 말로 설명하신 바에 따르면 첫 번째 이유는 내가 그 문제에 대해 너무 많이 알고 있고 다른 학생들이라면 품지도 않을 질문을 너무 많이 던질 것이기 때문이고, 두 번째 이유는 내가 래드의 입장 쪽으로 지나치게 기울어 있기 때문이었다.

나는 이것을 자랑스럽게 여겼다. 내가 교수님의 가르침─**오직 성경의 증거에 기초하여 믿음을 세우는 것**─을 그대로 행하고 있다는 자부심이 있었고, 출석하지 않고 독서만으로 학점을 딸 수 있었기 때문이다. (나는 수업에 끼어들고 싶은 유혹을 받았지만 교수님은 내게 교실 근처에는 얼씬도 하지 말라고 하셨다. 교수님과 나는 여러 차례 만났다. 나는 나의 관점을 피력할 기회를 얻었고 교수님은 나를 더 세게 밀어붙이면서 장단을 맞추어 주셨다.)

이 접근법을 (내가 배운 대로) 성경과 기원에 대한 질문 둘 **다**에 적용한다면 어떨까? 우리는 우리가 믿는 바―성경에 대해, 기원에 대해, 우주와 지구의 나이에 대해―의 기초를 오직 증거에만 두라고 배웠다. 그 후 10년에 걸쳐 나는, 성경을 골똘히 연구하고 교회의 믿음들에 도전하고 확증해 나가는 가운데 나의 신앙을 성경의 증거라는 기반 위에 세우려면 우주의 나이, 지구의 나이, 기원에 대한 질문들에 대하여 정직하고 공정하게 똑같은 접근법을 취해야 한다고 믿게 되었다.

그 결과, (설령 당시의 나로서는 매우 자유주의적으로 지구의 나이를 넉넉히 2만 년이라고 잡는다 해도) 내가 기원과 나이에 대해 배운 것과 내가 배웠던 방식대로 성경에서 읽은 것 사이에는 갈등이 빚어질 수밖에 없었다. '갈등'이라는 말은 아마도 너무 부드러운 표현일 것이다. 때때로 나는 **나의 성경**이 틀렸을지도 모른다는 결론에 도달하곤 했다. 그러고 나서 나는 다른 방식을 제시하는 고무적인 책과 글과 대화를 순차적으로 만나게 되었다(여기서 언급하기에는 너무 많을 정도였다). 나는 '나의 성경'이 사실 나의 성경 **해석**임을 알게 되었다. 어쩌면 잘못된 것은 성경 자체가 아니라, 나의 성경 읽기 방식은 아닐까. 성경을 역사적·신학적 맥락에서 읽는 법을 배워서 품게 된 질문들이 아니라 진화에 대한 걱정 때문에 갖게 된 질문들이라는 렌즈를 통한 **나의 성경 해석법**이 문제인 것은 아닐까.

내가 찰스 다윈(Charles Darwin)의 『종의 기원』(The Origins of the Species)을 처음부터 끝까지 통독한 것은 아니다. 그저 여기저기 부분적으로만 읽었다. 하지만 그 책에 대한 글은 엄청나게 많이 읽었다. 그러다 보니 그 책의 장단점을 파악할 수 있었다. 에이드리언 데스먼드(Adrian Desmond)와 제임스 무어(James Moor)의 두꺼운 『다윈 평전: 고뇌하는 진화론자의 초상』(*Darwin: The Life of a Tormented Evolutionist*, 뿌리와이파리)을 읽는 와중에 진화의 일반적 방향에 대해 차츰 편안함을 느끼게 되었다. 그 시절로부터 지금까지 거의 20년이 흘렀고, 나는 여러 권의 책을 섭렵하면서 과학과 진화에 대한 비판적 사고력을 키워 왔다. 그중에 에드워드 라슨(Edward J. Larson)의 『진화의 역사』(*Evolution: The Remarkable History of a Scientific Theory*, 을유문화사)만큼 유용하고 이해하기 쉬운 책은 없었다.

내 전문 분야는 과학이 아니라 성경이다. 과학에 대해 공부하면서 나는 성경에 대해 덜 과학적으로가 아니라 더 과학적으로 접근해야 함을 알게 되었다. 과학을 공부하면서 나는 성경에 대한 단순한 이론들에 굴종해서도 안 되고, 창세기 1-3장이 말하는 바에 대해 엄밀하지 못한 해석에 만족해서도 안 되며, 창세기라는 고대 근동 본문을 현대 과학적 사고의 양상과 범주에 억지로 끼워 맞추어서도 안 된다는 것을 깨달았다. 과학을 공부하면서 나는 겸허한 자세로 성경을 읽어야 함을 배웠다. 과학 공부는 (증거를 통해 알 수 있는 한도 내에서) 성경이 기록되던 시대에 말하고자 한 바는 무엇이며 당시의 청자들은 그것을 어떤 식으로 이해했을지에 대해 다시 한 번 생각하고 다시 한 번 읽고 다시 한 번 질문하고 다시 한 번 궁금증을 갖도록 나를 밀어붙였다.

과학이 내게 가르친 것은 과학을 두려워할 필요가 없다는 것이다. 과학에는 숨은 의도가 없다. 최상의 과학 연구는, 그것이 성경을 들여다보는 일이든 우주를 내다보는 일이든, 강제적이지 않다. 그저 바라볼 뿐이다. 과학은 증거에게 말하게 하고, 증거에게 결정을 내리게 한다. 과학은 관찰자에게(그 관찰자가 성경 독자이든 우주 관찰자이든) 옆으로 비켜서서 거기에 있는 것을 듣고 보고 기록할 것을 요구한다. 과학은 거기에 무엇이 있든 그것을 두려움 없이 존중할 것을 요구한다.

과학은 내게 성경에 대해 다시 한 번 생각해 보라고 권면했다. 존 월튼(John Walton)이 최근 수행한 연구에 따르면, 우리는 창세기 1장이 기록 당시에 무엇을 의미했는지 재고해 보아야 한다.[1] 월튼의 이론을 구성하는 일부 요소들이 도전에 처해 있기는 하지만, 창세기 1장이 세상의 기원에 대한 것이 아니라 하나님의 세상이 하는 기능에 대한 것이라는 그의 주요 아이디어는 합리적이고 설득력 있다. 다시 말해서, 창세기 1장은 하나님이 세상을 자신의 성전으로 지어 가시는 모습을 제시하는데, 그 과정에서 우리는 그분의 영광을 반영하고 그분을 대리하여 그 좋은 세상을 다스리는 책무를 부여받는다. 즉, 우주는 하나님의 성전이고 우리는 예배와 일을 통해 하나님의 성전을 돌보라는 부름을 받았다.

과학적 방법은 성경을 더 새로운 눈으로 바라보도록 나를 독려하였고, 성경이 무슨 말을 하는지 재고할 수 있을 만큼 과학에 귀 기울일 용기를 주었다. 과학은 결국 하나님이 성경에서 하시는 말씀을 듣는 우리의 능력에 대해 새로운 자신감을 내게 심어 주었다.

---

[1] John H. Walton, *The Lost World of Genesis One: Ancient Cosmology and the Origins Debate* (Downers Grove, IL: IVP Academic, 2009). 『창세기 1장의 잃어버린 세계』(그리심).

3
필연적 귀결

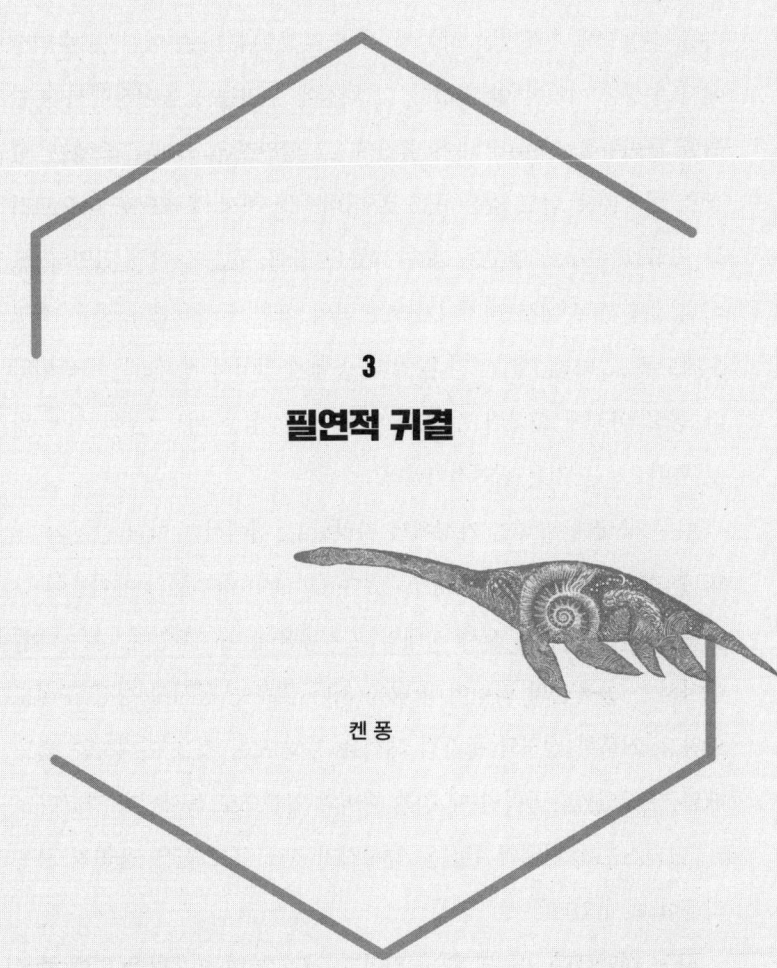

켄 퐁

켄 퐁(Ken Fong)은 1981년부터 캘리포니아 주 로즈미드에 있는 LA 에버그린 침례교회(Evergreen Baptist Church of LA)에서 목사로 재직하고 있다. 그가 섬기는 동안 에버그린 교회는 아태 지역 섬 출신의 미국인들이 주를 이루는 다세대·다인종 교회로 성장해 왔다. 켄 퐁 목사는 현재 풀러 신학교(Fuller Seminary, 패서디나)에서 '아시안 아메리칸 이니셔티브'(Asian American Initiative)의 대표 이사직을 수행하는 한편, 조교수로서 아시안 아메리칸 교회에 대해 연구하며 가르치고 있다. 그는 시에라마드르에서 아내와 딸과 함께 개 두 마리를 키우며 살고 있다.

다들 수영장에서 무엇을 하는지 잘 모르겠으나, 나는 어릴 때 수영장에서 수영한 기억이 별로 없다. 그 대신에 우리는 물놀이장에서나 할 법한 놀이들을 만들어 내어 즐겼다. 그 만만찮은 놀이들 중에는, 한 팔로 비치볼을 안고 깊은 곳으로 다이빙을 해서 부력으로 떠오르려는 공을 배수구에 놓고는 계속 그곳에 잡아 두는 놀이가 있었다. 물이 깊을수록 손에서 빠져나가려는 공의 힘은 드세어졌다. 공은 결코 오래도록 그 아래 머무르지 않았다. 공에게 있어서 제자리는 수면이었다. 공을 아래에 붙잡아 두려고 아무리 안간힘을 써도, 공이 수면 위로 솟아오르는 것은 필연적이었다.

나는 중국계 미국인 가정에서 자라났고, 집에서는 학교 공부와 교회 출석과 성경 공부가 늘 강조되었다. (그 당시) 대부분의 아이들이 그랬듯이, 나는 공룡과 선사 시대의 포유동물에 매료되었다. 나는 제일 좋아하는 동물들의 라틴어 학명을 죄다 외우는 동시에 성경 구절도 외웠고, 거룩한 성경의 문자적 해석을 통해 모든 것을 이해하는 법도 배워 가고 있었다. 9학년 때 침례 준비의 일환으로 목사님과 만났다.

"그리스도께 평생의 헌신을 약속하기 전에 묻고 싶은, 풀리지 않는 의문이 혹시 있니?"

나는 대답했다. "음, 딱 하나 있어요. 제가 느끼는 혼란을 없애 주시면 침례를 받아도 괜찮을 것 같아요. 그러니까, 공룡과 창세기의 여섯째 날의 창조를 설명해 주시겠어요?"

잠시의 머뭇거림도 없이 목사님은 간단하게 대답하셨다. "성경 말씀에 따르면, 하나님께는 하루가 천 년 같단다."

"그렇다면, 물에 들어갈 준비가 되었어요."

사실 목사님의 대답은 그 문제에 대해 벌겋게 이글거리는 나의 의심의 잉걸불을 꺼뜨리지 못했다. 그렇지만 나는 그런 **척했다**. 목사님의 사무실에서뿐만 아니라, 그 후 20년 동안 어디를 가든지 나는 괜찮은 척했다. 나는 1970년대 초에 캘리포니아 대학교(University of California, 버클리)에서 생물 과학(의예과/치의학)을 전공하면서 내적 투쟁을 겪었다. 그도 그럴 것이, 내가 배웠던 성경 해석 방법과 과학적 증거가 가리키는 것 사이의 모순들이 점점 더 크게 느껴졌기 때문이다. 뒤돌아보면, 나의 주된 관심사는 과학의 진실성보다는 성경의 진실성이었음이 분명하다. 성경의 권위가 위기에 처했다고 느낄 때마다, 나는 성경을 폄훼하고 그 신뢰성을 깎아내리려는 위협에 대항하여 집중 공격을 퍼부으면서 마음 깊은 곳에서 올라오는 심란한 생각과 감정을 억누르곤 했다. 나는 하나님이 엿새 만에(24시간 길이의 하루가 여섯 번 지나는 동안에) 모든 것과 모든 이를 창조하셨다고 믿어야만 했고, 그것을 증명해 주겠노라고 약속하는 모든 책을 기독교 서점에서 찾아내어 게걸스럽게 읽었다. 대학 시절과 그 후 몇 년에 걸쳐, 나는 교회와 교단 캠프에서 학생들에게 동일한 요점들을 가르쳤고, 창조에 대한 성경적 설명의 과학적 정확성을 강조하였다. 회상하건대, 나는 밖으로 나오기가 죽을 만큼 두려웠던 옷장 속에 숨은 진화론적 창조론자였던 것 같다.

학사 학위를 받은 뒤, 나는 온 우주의 하나님이 나를 목회자로 부르신다는 터무니없어 보이는 생각 앞에 무릎을 꿇었다. 그래서 신학교를 갔는데, 나는 여전히 젊은 지구 창조론으로 인해 겪는 내적 갈등을 억누르기 위하여 너무도 많은 에너지를 쏟아붓고 있었다. 구약

성경 개론 수업 중에 나는 의도적으로 노아의 홍수에 대한 과학적 기반을 긍정하는 편에서 논의를 전개하였다. 에덴동산 이후 지구의 먼 과거 어느 때에 거대한 파충류들과 커다란 포유동물들과 초기 인류가 모두 거의 전 지구를 뒤덮은 열대 우림에서 번성하며 살았음이 분명하다. 그러나 큼직한 소행성이 날아오는 바람에 대기 중에 비의 씨앗(응결핵)들이 뿌려지고 극심한 조수(潮水)의 조건이 형성되면서 유례 없던 전 지구적 홍수가 일어났다. 대부분의 공룡들은 노아의 방주에 승선할 수 없었고, 노아와 그의 가족과 그가 암수 한 쌍씩 구원한 종(種) 외에는 모두 그 공룡들과 같은 운명을 맞이해야 했다. 홍수물이 마침내 대양 분지들로 물러나면서, 헤아릴 수 없이 많은 익사한 생명체가 막 빠지기 시작한 강물에 쓸려 갔고, 그런 덩어리들이 쌓이면서 거대한 퇴적층을 형성하였다. 아, 그리고 물론 지자기극(地磁氣極)들 때문에 북극 근처에 살던 수많은 털북숭이 매머드가 순식간에 얼어붙었고, 그중 일부가 작은 미나리아재비를 온전한 형태로 입에 머금은 채 오늘날 발견되고 있다. 그리고 나는 1970년대 말에 화석 연대 추정에 이용한 측정법들을 비판하는 데에도 논변의 한 부분을 할애했다.

신학교를 다니던 중 어느 때인가는, 지적 설계(intelligent design) 접근법에도 천착하였다. 성경적 설명의 진리성을 변호하려고 애쓰는 대신 '논리'를 출발점으로 삼는 지적 설계론이라는 관점은 나의 설명에서 빠진 부분을 보충해 주는 퍼즐 조각으로 보였다. 그러나 지적 설계론에서 나의 달음박질은 머지않아 장벽에 부딪혔다. 이 접근법은 가장 회의적인 사람일지라도 지극히 지적인 신이 만물을 의도적으로 설계했음이 분명하다고 믿게끔 논리적으로 설득하는 과학적 증거에 대한 것이어야 한다. 그런데 그것이 과학보다는 변증론처럼 들리기 시작했다. 왜일까? 과학도들이 배우는 기본 원칙들 중 하나는 우리가 창안하는 이론은 반증 가능해야 한다는 것이다. 달리 말해서, 진정한 과학자라면 자신이 세운 가정의 증명을 확실히 보장하는 실험을 고안하지 않는다. 진정한 과학자라면 자신이 설계한 실험에 기초하여 자신의 생각과 반대되는 결론에 도달할 수도 있다는 가능성에 대해 열려 있어야만 한다. 신이 존재하고 신이 모든 만물을 존재하게 했다는 믿음에서 **빗나가는** 지점을 가리킬 만한 가능성이 약간이라도 있는 증거는 지적 설계론에 대한 나의 설명 어디에서도 찾아볼 수 없었다. 과학 교육을 받은 불신자들 중에 지적 설계론에 대한 나의 열정적 논증을 통해 그리스도를 믿는 믿음으로 이끌린 사람들이 거의 없었다는 것은 놀랄 일이 아니다.

나와 함께 사역했던 목사님도 생명 과학 전공자였다. 어느 날 주위에 아무도 없는 틈을 타서 나는 그에게 진화론을 믿는지 물어보았다. "믿긴 하지요. 적어도 종내 진화만큼은 믿어요. 그래도 강단에서는 그 말을 절대 하지 않으렵니다. 설교에서는 늘 젊은 지구 창조론과 지적 설계론을 옹호합니다."

나는 더듬으며 말을 이어 갔다. "그렇지만 하나님이 진화의 특정 형태들을 이용하신다는 증거를 실제로 보면서 어떻게 그 이야기를 절대 입 밖에 내지 않는다는 거지요?"

그는 확신에 찬 어조로 대답했다. "왜냐하면 사람들을 혼란에 빠뜨리고 싶지 않으니까요."

그의 사무실에서 천천히 걸어 나오면서 나는 숨죽여 중얼거렸다.

"아, 그래요, 다윈의 이론을 부분적으로 믿는다는 말을 하지 **않으신다면**, 과학적 발견과 창세기의 문자적 해석을 조화시키는 데 어려움을 겪는, 수많은 과학 교육을 받은 성도들은 계속 혼란 속에서 헤매게 될 거예요."

놀랍게도, 그 일이 나에게 큰 전환점이 되었다. 사람들을 혼란에 빠뜨리지 않기 위하여 자신이 창조론자라는 잘못된 인상을 주기로 마음을 굳게 먹은 동료 사역자에 관하여 곰곰이 생각하면서, 나는 설사 손해를 보게 될지언정 나의 의심을 밖으로 표현하고 확립된 과학적 사실들을 포용하기로 최종적으로 결심하였다. 그로부터 20년의 세월이 흐른 지금, 나는 그 교회의 담임 목사로 시무하고 있으며 그간 그 다짐을 지키기 위해 최선을 다하였다. 무엇보다도 먼저, 나는 창세기의 에덴동산을 다루는 설교를 할 때 새로운 해설의 틀을 적용했다. "우리 대부분은 하나님이 만물을 창조하신 방식에 대해 글자 그대로 해석하도록 배우며 자랐습니다. 그러나 긴 세월 창세기 본문을 놓고 궁리하면서, 저는 이 본문이 **언제**와 **어떻게**에 대한 것이 아니라 **누가**와 **왜**에 대한 것임을 알게 되었습니다." 이 말은 신학교에 다닐 때 나와 논쟁하곤 했던 어느 진화 창조론자가 한 말이다. 당시에 나는 그 사람의 관점을 배척하였었다. 그렇지만 이제 나는 창세기 1, 2장에 대해 그와 같은 사고의 노선을 자주 표방한다. 그 말을 하면 더 설득력 있게 들릴 것이라고 생각해서가 아니라, 이제는 내가 그렇게 믿기 때문이다. 나의 기독교 신앙과 나의 과학 정신을 통합하려는 오랜 세월에 걸친 투쟁을 되짚어 보다 보면 마침내 내 사고의 수면 위로 떠올라 모습을 드러낸 생각이 놀랍지 않다.

우리 교회 집사님 한 분은 나의 생각과 담대함에 큰 영향력을 끼쳤다. 그 집사님은 천문학을 공부하기 위해 캘리포니아 대학교(로스앤젤레스)에 입학할 때만 하더라도 그리스도인이 아니었다. 그러나 보수적 노선을 걷는 어느 대형 교회의 복음 전파를 통해 그리스도께 인생을 드리게 되었고 그 후로 17년 동안 그 교회에 출석하였다. 캘리포니아 공과 대학(Cal Tech)에서 박사 학위를 받고 NASA의 제트 추진 연구소(Jet Propulsion Laboratory)에 취직한 뒤에도 교회 출석은 이어졌다. 그러던 그가 근래에 우리 교회에 모습을 드러내었다. 나는 그에게 왜 신앙의 모태가 되어 준 교회를 떠나게 되었는지 물어보았다. "오해하지 말고 들어 주세요. 저의 논리적 두뇌는 올바른 교리와 조직 신학이 강조될 때마다 기뻐했습니다. 그렇지만 설교가 생명의 기원이나 지구의 나이에 대해 조금이라도 언급할라치면, 저는 펄쩍 뛰며 소리를 지르고 싶었습니다. '목사님은 지금 자기가 무슨 말을 하는지 모르시는군요!' 증거는 지구의 나이가 6,500년이 아니라 40-50억 년이라고 말합니다. 그러나 아무도 동료 신앙인이자 제트 추진 연구소의 과학자인 저에게 왜 성경에 나열된 족보에 따라 지구의 나이를 결정하는 것이 비과학적인지 물어볼 필요를 느끼지 못하는 것 같았어요. 교회 성도들과 우애가 돈독했지만, 제게는 하나님이 성경 밖에서 드러내시는 진리도 존중하는 교회가 필요했습니다."

그 후 내가 우주의 창조에 대한 메시지를 전할 때가 왔을 때, 이 명석한 과학자 집사님을 강대상에 세웠음은 두말할 나위가 없다. 우리는 허블 우주 망원경으로 찍은 먼 우주의 고해상도 사진들을 머리 위쪽의 와이드스크린에 띄워 놓고 시편 19:1을 함께 낭독하였다. "하늘이 하나님의 영광을 선포하고…." 그리고 나는 집사님에게 세계적 행성학자인 그의 눈에는 왜 우주를 창조하신 여호와 하나님을 믿는 믿음과 빅뱅이라고 불리게 된 경이로운 과정을 통해 우주가 형성되었다는 증거 사이에서 아무런 모순이 보이지 않는지 설명해 달라고 요청하였다. 메시지를 마친 뒤, 우리는 허블 망원경으로 찍은 사진들 위로 그날 예배의 폐회 찬양 가사를 비추었다. 나는 집회 후 과학계에 몸담고 있는 다양한 성도들의 뜨거운 반응을 접하고는, 우리들의 사고에 존재하는 두 개의 비평적 부분을 통합하는 일에 내가 일조할 수 있으리라는 확신이 더욱 굳건해졌다. 두 개의 비평적 부분 중 한 부분은 하나님에 대한 믿음이고 다른 한 부분은 진리를 찾는 데 헌신된 신실한 과학자들이 진행하는 연구에 대한 믿음인데, 그들이 찾는 진리는 성경에서 명시적으로 발견될 수도 있고 그렇지 않을 수도 있지만 여전히 하나님의 진리이다. 그 예배 후, 어떤 이들은 교회를 옮겼다. 우리의 신앙은 하나님이 만물을 만드셨다는 믿음을 촉구하지만 산더미 같은 증거는 그 기적을 이룩하는 과정에서 하나님이 빅뱅과 진화를 이용하셨음을 보여 준다는 말을 듣는 것이 그들에게는 지극히 불편한 일이었기 때문이다. 그러나 다른 많은 이들은 신앙을 지켜 나갈 것이다. 그뿐 아니라 하나님과 그분의 진리를 찾는 일에서 견고한 과학이 해낼 역할이 분명히 있다는 말을 듣고는 신앙으로 나아오는 사람들도 있을 것이다.

4
진화로 인하여 하나님을 찬양하기를 배우다

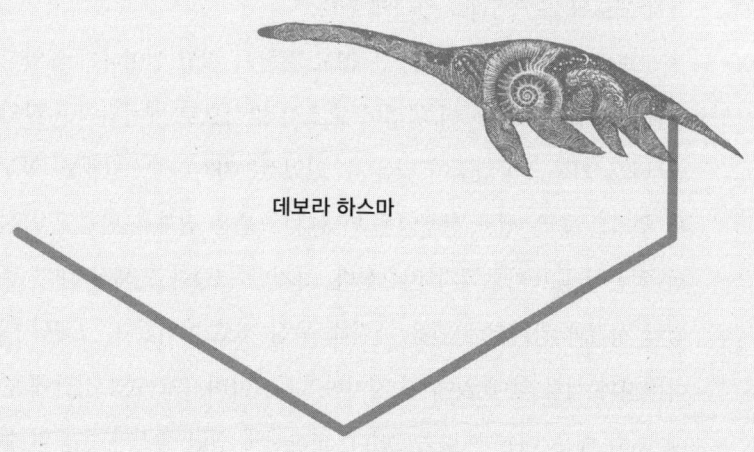

데보라 하스마

데보라 하스마(Deborah Haarsma)는 바이오로고스의 대표다. 그녀는 매사추세츠 공과 대학(Massachusetts Institute of Technology)에서 천체 물리학 박사 학위를 받았다. 그녀는 남편 로렌 하스마(Loren Haarsma)와 함께 『오리진: 창조, 진화, 지적 설계에 대한 기독교적 관점들』(*Origins: Christian Perspectives on Creation, Evolution, and Intelligent Design*, 한국 IVP)을 썼다. 두 사람 모두 공상 과학물과 고전 음악을 좋아한다. 그리고 데보라는 정원 가꾸기도 즐긴다.

나는 아버지와 주방 식탁 앞에 앉아 있었고, 식탁 위에는 나의 고등학교 생물학 교과서가 펼쳐져 있었다. 나는 공립 학교를 다녔는데, 생물 수업의 진도가 진화에 관한 단원으로 접어들면서 질문이 한가득 생겼다. 우리 부모님은 방과후 특별 활동에서부터 집에서의 수학 게임에 이르기까지 언제나 과학과 수학에 대한 흥미를 돋우어 주셨다. 부모님은 나와 남동생에게* 기독교 신앙의 본보기가 되어 주셨고, 우리 가족은 헌신적인 복음주의 교회에서 열심히 신앙 생활을 했다. 나는 어려서부터 예수님을 사랑하고 성경책을 좋아하게 되었고 그리스도께 나의 인생을 드리기로 다짐했으며, 성장하면서 그 헌신은 몇 차례에 걸쳐 새로워지는 계기를 만나게 된다.

교회에서나 집에서나 지구는 젊고 진화는 결코 일어나지 않았다고 믿는 사람들뿐이었다. 이 관점이 교조적 방식으로 제시되지는 않았지만, 다른 기독교적 관점이 있을 수 있었겠는가? 다행스럽게도, 학교에서 우리는 좋은 생물 선생님을 만났다. 그분은 진화를 반종교적 선동의 일종이라고 가르치지 않으셨다. 하지만 그렇다고 해서 내가 품고 있던 성경과 관련된 고민을 해결해 주신 것도 아니었다. 그래서 내가 아버지와 식탁 앞에 앉게 된 것이다. 나는 아버지께 수업 시간에 진화에 대해 배운 내용을 말씀드렸다. 교과서에 실린 증거와 논증의 설득력은 생각했던 것보다 훨씬 더 강력했다. 하지만 분명히 진화는 무신론적이고 성경에 반하는 이론이 아니던가? 우리는 교과서에 실린 개념들을 이리저리 뜯어보았는데, 그도 그럴 것이 우리 둘 다 진화에 대

• 영어 원문에서 오빠인지 남동생인지 확인되지 않는다. 편의상 옮긴이가 임의로 번역하였다.

해 문외한이었기 때문이다. 마침내 아버지가 의자에 등을 기대고는 말씀하셨다. "난 모르겠다." 나는 그때 느꼈던 **안도감**을 지금도 기억한다. 몰라도 괜찮은 거였어! 어른이 이것을 완전히 이해할 수 없다면, 나 같은 십대가 지금 당장 결론을 내릴 필요는 없었다. 하나님에 대한 아버지의 믿음이 그 대화 때문에 흔들리지 않았다는 점은 분명했다. 그렇다면 나도 진화에 대해 어떤 결정을 내리든 그것이 믿음을 지키거나 저버리는 결정에 영향을 주지는 않을 것이라는 확신이 들었다.

대학에서 나는 전공 선택을 고민하느라 기원에 대한 질문은 잠시 제쳐 두었다. 어떤 길을 선택해야 하나님을 가장 잘 섬길 수 있을까? 나는 미네소타 주 세인트폴에 있는 기독교 대학인 베델 대학교(Bethel University)를 다녔고, 거기서 물리학과 사랑에 빠졌다. 물리학이 모든 사람을 위한 과목이 아니라는 것을 알았지만, 나는 물리학이 좋았다. 1학년 물리학 실험실에서 여러 학생과 함께 실험을 설계하면서 이 혼돈의 실제 세상에서 무엇을 측정해야 할지 고민하던 일이 떠오른다. 우리는 그 실험을 기술해 줄 수학적 계산을 실시했다. 그리고 진실의 순간이 왔다. 우리는 계산 결과로 얻은 예측과 실제 세상의 데이터를 비교했고…그 둘은 맞아떨어졌다!

나는 홀렸다. 수학을 통한 자연 세계의 기술(記述)을 직접 체험한 것이다. 노벨상 수상자인 물리학자 유진 위그너(Eugene Wigner)는 이것을 "수학의 터무니없도록 놀라운 유효성"이라고 불렀다.[1] 그날 물리학 시간에, 나는 이성과 논리로 기술될 수 있는 질서와 규칙성의 우주

---

[1] E. P. Wigner, "The Unreasonable Effectiveness of Mathematics in the Natural Sciences", *Communications on Pure and Applied Mathematics* 13, no. 1 (February 1960): 1-14.

를 빚으신 하나님을 만났다. 그리고 나는 하나님의 형상대로 창조된다는 것의 한 측면을 경험했다. 하나님은 자신이 이 세상을 다스리는 방식에 관하여 (다는 아닐지라도) 무언가를 이해할 수 있는 능력을 우리에게 주신다. 과학이 어떻게 그리스도인의 천직이 될 수 있는지, 내가 어떻게 마음을 다할 뿐만 아니라 뜻을 다하여 헌신하는 그리스도인이 될 수 있는지 이해하게 되었다.

졸업 후 나는 매사추세츠 공과 대학에서 박사 과정을 밟기 위해 보스턴으로 갔다. 베델 대학교의 친밀한 기독교 학습 공동체에 속했던 나에게는 이 유명한 국제적 연구 대학교가 약간의 충격으로 다가왔다. 그러나 세계 최고의 과학자 반열에 오른 사람들과 함께 공부할 놀라운 기회도 찾아왔다. 나는 천체 물리학에 흥미를 느꼈고, 지구상에서는 그 작동이 상당히 잘 이해되고 있는 중력이나 자기 같은 물리법칙들이 우주에서는 블랙홀이나 중성자별같이 지극히 극단적인 형태로 펼쳐진다는 것을 알게 되었다. 천문학은 나에게 창조주가 우주를 풍성한 경이로 채워 놓으신다는 것을 보여 주었다. 나는 그 경이를 다른 믿는 이들에게 열심히 전파하여 그들과 함께 하나님을 찬양하고 싶었다.

하지만 천문학 공부를 시작하자마자, 지구와 우주의 나이가 수천 년의 수준을 넘어선다는 과학적 증거와 마주해야 했다. 나는 더 이상 기원에 대한 질문을 제쳐 놓을 수 없었다. 나는 과학적 증거를 열심히 들여다보았지만, 보면 볼수록 증거는 더 확고해졌다. 단 **하나의** 연대 측정법만 있는 것은 아니었지만, 몇 가지 독립적인 측정법들과 논증들이 모두 하나같이 수천 년이 아닌 수십억 년이라는 동일한 일반적 결론을 가리켰다.

이 발견은 나로 하여금 다시 성경책을 붙들게 했다. 나는 사랑하는 성경을 이해하기 위해 씨름했다. 창세기가 정말로 가르치는 바는 무엇일까? 바이오로고스가 창립되기 한참 전이다 보니, 답을 추적하는 과정은 더욱 힘겨웠다. 그럼에도 불구하고 나는 지구의 나이와 창세기에 관한 책들을 찾아낼 수 있었고, 책 속에서 과학적 증거를 서술하는 그리스도인 천문학자들과 지질학자들을 만날 수 있었다. 그들은 그 과학적 증거에 무신론이 채색될 가능성을 두려워하지 않았다. 그리고 우리 IVF 지부에서 대학원생으로 구성된 멋진 그리스도인 공동체에 들어갔는데, 다들 같은 문제를 안고 씨름하고 있었다. 나는 혼자가 아니었다.

나는 성서학자들의 글을 읽기 시작했고, 그러는 가운데 고대 이집트인들과 바빌로니아인들과 히브리인들이 평평한 지구가 단단한 반구형 하늘을 이고 있고 그 위로 대양이 펼쳐져 있다고 믿었음을 알게 되었다. 우리가 볼 때는 정말 이상한 그림이지만, 그들은 실제 그렇게 믿었다! 그들은 반구형 하늘에 난 구멍들이 열리면 거기로 물이 쏟아지면서 비가 내린다고 생각했다. 그러나 이 고대의 그림을 알고 난 뒤에 나는 비로소 창세기 1장의 둘째 날에 무슨 일이 있었는지 이해하게 되었다. 하나님은 "물 가운데 궁창이 있어 물과 물로 나뉘라"고 말씀하셨다. 나는 하나님이 과학적 그림에 대한 고대인들의 오해를 고치려 들지 않으셨다는 것을 깨달았다. 하나님은 대기나 증발이나 강수를 설명하려 들지 않으셨다. 오히려 하나님은 자신이 전달하고자 하는 메시지를 자기 백성의 제한적 이해의 틀 속에 녹여 넣으심으로써, 사람들이 메시지의 골자에만 집중할 수 있도록 하셨다. 세상은 많은 신으로 가득 차 있는 것이 아니라 오직 한 분이신 주권적 하나님에 의해 통치된다. 창조 세계는 좋은 것이고, 인간은 하나님의 형상을 담은 매우 좋은 존재이다. 나는 이것이 오늘날 창세기가 우리에게 던져 주는 주요 메시지임을 믿게 되었다. 그리고 성경은 창조를 **누가 왜** 했는지에 큰 관심을 가지는 반면, 우주는 하나님이 남겨 두신 **어떻게와 언제**에 대한 실마리를 간직한다고 믿게 되었다. 나는 지구의 나이가 많고 하나님이 빅뱅을 통해 수십억 년 전에 우주를 창조하셨음을 받아들이게 되었다.

하나님이 진화라는 도구를 통해 다양한 생명을 창조하셨음을 받아들이는 데는 더 오랜 시간이 걸렸다. 나는 어린 시절 그리스도인 스승들의 관점으로부터 더 멀어지는 방향으로의 발걸음을 선뜻 떼지 못했다. 그러나 그리스도인 생물학자들의 글을 읽은 뒤, 오랜 지구에 대한 증거만큼이나 진화에 대한 증거가 강력하다는 사실을 깨달았다. 연대에 대한 증거처럼 진화에 대한 증거도 여러 형태의 측정법으로부터 나오며 한결같이 동일한 방향을 가리켰다. 그것은 단순히 화석에 대한 것이 아니라 해부학과 전 세계에 걸친 생명체의 분포에 관한 것이기도 했다. 더욱이 예측과 확증의 인상 깊은 패턴이 눈에 들어왔다. 즉, 찰스 다윈은 DNA에 대해 아무것도 알려지지 않았을 때 진화를 들고 나왔다. 진화 모델이 내놓은 예언들은 지난 수십 년간 이루어진 많은 유전학적 발견에 의해 극적으로 확증되어 왔다. DNA 증거는 지구상의 모든 형태의 생명체들이 공통 조상을 갖는 계통수(系統樹)를 따라 진화로 엮여 있다는 것에 대한 풍부하고 확실한 증거를 제공한다. 나는 진화를 하나님이 종(種)을 창조하신 방법의 과학적 서술이라고 보게 되었다.

그러나 증거의 지적 수용이 이야기의 전부는 아니다. 세상에 관한 이 그림은 나를 온통 흔들어 놓았다. 그 그림은 내가 하나님의 창조 사역에 대해 그때까지 생각해 왔던 것과 너무도 달랐다. 그리고 그 그림에 따라 나의 예배 습관을 재형성하는 데 또다시 수년이 걸렸다. 예컨대, 다음과 같은 찬송가를 부르면서 나는 도대체 어떤 생각을 해야 하는 것일까?

눈부시고 아름다운 모든 것, 크고 작은 모든 생명체
지혜롭고 경이로운 모든 것—모두 다 주 하나님이 만드셨네.

피어나는 꽃 한 송이마다, 노래하는 작은 새 한 마리마다—
주님이 그 화려한 색깔을 만드시고, 그 조그만 날개를 지으셨네.

자줏빛 머리를 한 산, 그 곁을 흐르는 강물,
저녁 노을, 그리고 하늘을 밝히는 아침.

눈부시고 아름다운 모든 것, 크고 작은 모든 생명체
지혜롭고 경이로운 모든 것—모두 다 주 하나님이 만드셨네.

—세실 앨리그잰더(Cecil F. Alexander, 1848)

어린 시절 이런 찬송가를 부를 때면 나는 에덴동산을 거니시는 하나님의 손에서 새들이 한 마리 한 마리 날아가면서 각각의 특별한 기적이 이루어지는 모습이라든지 C. S. 루이스(Lewis)의 아슬란•이 노래를 할 때 존재하지 않던 바위들과 언덕들이 존재하게 되는 모습을 마음속에 그리곤 했다. 그러나 이제 하나님이 이 모든 것을 수백만 년의 시간에 걸친 자연 과정을 통해 만드셨다고 믿게 된 것이다. 만일 하나님이 새들과 산들을 진화적 생물학과 판 구조 운동을 이용하여 만드셨다면, 우리는 **무엇에 관하여** 하나님을 찬양해야 하는 것일까?

세월이 흐르면서 나는 이 질문에 대한 좋은 답변들을 만났다. 그중 일부를 남편(로렌 하스마)과 공저한 『오리진: 창조, 진화, 지적 설계에 대한 기독교적 관점들』에서 파고들어 보았다. 나는 이제 **오랜 세월에 걸쳐 일하시는** 하나님을 찬양한다. 예를 들어서, 산들을 창조하시는 하나님에 대한 찬송가를 부를 때면 나는 하나님이 지구의 맨틀에서 대류를 이용하여 인도 아대륙 판을 쳐서 아시아 대륙판으로 들어가게 만드시는 모습을 마음속에 그려 본다. 눈 덮인 히말라야 산맥이 매우 느리지만 매우 강력하게 밀려 올라가며 서서히 모습을 드러낸다. 이 과정에는 현기증이 날 정도로 무진장한 시간이 들고, 나는 "천년이 하루 같[은]" 하나님을 찬양하지 않을 수 없다(벧후 3:8). 하나님의 시간은 우리의 시간을 까마득하게 초월한다.

나는 전체적 시스템 안에 존재하는 개개의 것들에 관해서도 찬양하지만, 그 **시스템의 영광**에 관하여도 하나님을 찬양한다. 하나님은

• 『나니아 연대기』에 등장하는 사자.

각각의 산을 만드셨을 뿐 아니라, 지구 위에 그 모든 산들이 우뚝 솟아오르도록 하는 전체 시스템을 세심하게 설계하셨다. 꽃들을 창조하시는 하나님에 대해 찬송가를 부를 때면 나는 그분이 설계하신 진화 메커니즘에 대해 생각한다. 진화를 통해, 몇 종류의 꽃이 아니라, 크기와 모양과 색깔과 내음이 제각각인 놀랍도록 풍부한 종류의 꽃들이 탄생하였다. 하나님은 풍성한 아름다움을 창조하는 시스템을 설계하셨다. 창세기 1장의 언어도 그 시스템과 조화로운 울림을 자아낸다. 세 번째 날에 하나님은 "식물이 있으라"가 아니라 "땅은 식물을 내라"라고 말씀하신다(창 1:11, NIV). 하나님은 땅이라는 시스템을 통해서 모든 씨 맺는 식물이 나도록 일하고 계신다.

그리고 나는 이제 **자연 세계를 신실하게 유지하시는** 하나님을 찬양한다. 수십억 년의 세월에 걸쳐 날이 가고 해가 바뀌어도 지속적으로 기능하는 자연 세계야말로 하나님의 신실하심에 관한 굉장한 증거가 아닐 수 없다. 사실 예레미야 33:25에서 하나님은 밤과 낮의 규칙성과 "확립된 하늘과 땅의 법칙들"(NIV)을 자신이 약속을 얼마나 신실하게 지킬 것인지에 대한 증거로서 제시하신다. 하나님이 그 손으로 붙드시지 않는다면, 물리학의 법칙들은 더 이상 작동하지 않고 물질은 풀어져 흩어지고 에너지는 자취를 감추고 시간과 공간의 구조는 스러져 버릴 것이다.

나는 **하나님의 창조 세계 안에서 발견되는 영광스러움**—설령 그것이 기적적이지 않을지라도—으로 인하여 그분을 찬양하는 법을 배웠다. 하나님은 초자연적 행위를 하실 때와 마찬가지로 자연의 일상적 과정 중에도 함께하신다. "우주는 너무나 놀라워서 과학자들조차 이해하기 어렵다!"라는 말은 그럴싸하게 들린다. 이 말은 과학이 설명할 수 없는 것 안에서 하나님이 가장 잘 드러나신다는 뜻을 함축한다. 그러나 일개의 과학적 설명이 하나님을 대체할 수는 없다. 과학은 하나님이 **어떻게** 창조하고 유지하시는지에 대한 인간의 서술을 제공한다. 하나님이 어떻게 우주로 하여금 일하게 만드시는지가 희미하게나마 내 눈에 보이게 되면서, 과학적 설명은 우주에 관한 영적 시각을 지워 버리기는커녕, 사실상 나를 더 큰 경이와 경외로 인도해 간다.

끝으로, 나는 **성경을 조명해 주는 창조 세계의 여러 측면들**을 발견하고 있다. 우리는 어마어마하게 큰 우주 안에 살고 있다. 수십억의 수십억 배에 달하는 수의 항성을 품고 있는 우리 은하는 우주에 존재하는 수십억 개의 은하들 중 하나에 불과하다. 이 모든 것을 생각할 때 우리는 아주 작게 느껴진다. 천문학자인 칼 세이건(Carl Sagan)은 이것에 관하여 무신론적 관점을 표명하면서, 그의 저서 『코스모스』(*Cosmos*, 사이언스북스)에서 이렇게 썼다. "우리는, 우주에 사람들보다 훨씬 더 많은 은하들이 있고, 그 우주의 어느 잊힌 모퉁이에 성기게 퍼진 은하단이 처박혀 있으며, 그 은하단의 한낱 구성원인 어느 은하의 가장자리로 뻗은 두 개의 나선 팔 사이에서 헤매는 하찮은 항성에 딸린 시시한 행성 위에 우리가 살고 있다는 사실을 발견한다."[2]

잊혔다고? 하찮다고? 성경은 똑같은 우주를 보며 완전히 다른 이야기를 들려준다. 시편 103편은 창조 세계의 광대함에 대해 말할 때 "하늘이 땅에서 높음같이"라는 표현을 사용한다. 그러나 시편은 그다

---

2 Carl Sagan, *Cosmos* (New York: Random House, 1980), 193.

음에 "인간들은 하나님 앞에서 작고 하찮다"라고 말하지 않는다. 오히려 시편은 이렇게 말한다. "이는 하늘이 땅에서 높음같이 그를 경외하는 자에게 그의 인자하심이 크심이로다. 동이 서에서 먼 것같이 우리의 죄과를 우리에게서 멀리 옮기셨으며"(11-12절). 하나님은 우리가 우주의 광대함을 보면서 스스로를 하찮게 여기기를 의도하지 않으신다. 하나님은 우리가 그분의 사랑과 용서의 광대함을 보기 원하신다.

 나는 진화에 관한 나의 모든 질문에 대해 답을 찾아내진 못하였다. 어떤 점들에 대해서는 여전히 "모르겠어요"라고 말한다. 그러나 나는 진화로 인하여 하나님을 찬양하는 법을 배우고 있다. 진화를 통해 하나님은, 그분의 시간에 따라, 풍성한 생명으로 넘치는 영광스러운 세상을 창조하는 시스템들을 설계하시며 신실하게 일하셨다. 그 세상은 믿음의 눈으로 바라보는 이에게 우리를 향하신 하나님의 사랑을 상기시킨다.

5
창조를 예찬하는 구약학 교수

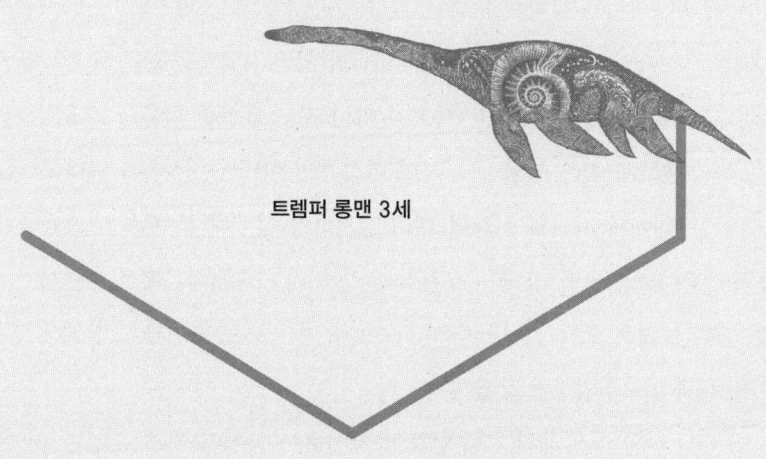

트렘퍼 롱맨 3세

트렘퍼 롱맨 3세(Tremper Longman III)는 웨스트몬트 대학(Westmont College)의 성서학 로버트 건드리 석좌 교수(Robert H. Gundry Professor of Biblical Studies)다. 그는 예일 대학교(Yale University)에서 고대 근동 언어와 문학 연구로 박사 학위를 받았다. 아내 앨리스와 함께 슬하에 장성한 세 아들과 두 손녀를 두고 있다. 재미와 운동 삼아 스쿼시를 친다.

기원을 다루는 과학과 성경에 대한 탐구에서 내 생각의 변화를 되짚어 보면 나는 어느새 처음 그리스도께 내 삶을 드리겠노라고 다짐했던 시간으로 돌아가 있다. 고등학교 때 나는 그리스도인이 아니었고, 솔직히 말해서 썩 학생답지도 못했다. 대학 생활을 시작하기 전 여름에 그리스도인이 되었지만, 신앙을 갖게 되었다고 해서 학문에 대한 관심이 새록새록 샘솟는 것은 아니었다. 하지만 오하이오웨슬리언 대학교(Ohio Wesleyan University)에서의 대학 생활 첫해에 나의 신앙은 점점 커져 가는 도전에 직면했다. 특히 종교학과의 도전이 드세었다. 나는 최근에 그리스도인이 된 어느 여학생도 만났는데, 필라델피아에서 고등학교를 다닌 그녀는 근처에 있는 웨스터민스터 신학교(Westminster Theological Seminary)의 학생 사역자들을 통해 신앙을 받아들였다. 이 학생들은 목회가 아닌 전도 유망한 학문의 길을 걸어갈 사람들인지라, 복음을 위하여 마음뿐만 아니라 지성도 드렸다. 그들은 그녀에게 자신의 신앙에 대해 진지하게 생각해 볼 것을 권면했다. 나와 만났을 때 그녀는 스위스에 있는 라브리(L'Abri)*에서 프랜시스 쉐퍼, 젊은 오스 기니스(Os Guiness)와 여름을 보낸 뒤였고, 그녀의 지적 관심은 전염성이 강했다.

간단히 말해서, 교수님들이 제시하시는 여러 가지 도전과 미래에 내 아내가 될 앨리스로부터의 개인적 도전 앞에서 나는 학업을 좀 더 진지하게 받아들이기 시작했다. 그러자 기독교 신앙에 대한 지적 호기심은 점점 더 커졌다. 오하이오웨슬리언에서 대학 생활을 하는 동안

• 프랜시스 쉐퍼가 1955년에 설립한 복음주의 기독교 조직.

(1970-1974), 나는 종교학을 전공했고 철학을 비롯한 갖가지 인문학 강좌를 여러 개 수강했지만, 자연 과학은 딱 하나만 들었다(그것은 천문학 강좌였다). 대학을 다닐 때 신앙과 종교에 관한 문제에 대해 심각하게 고민해 본 기억은 거의 없다. 하지만 우리 과학 선생님들 몇 분과 언쟁을 벌였던 어느 지역 목회자는 잊히지 않는다. 지금 생각해 보면, 그 목회자는 학자들과 논쟁을 할 자격이 없었던 사람으로서, 일치주의자(concordist)였음이 분명하다. 그가 "욥이 전기를 발명했다"는 주장을 펼쳤기 때문이다. 이 경험이 내게 미친 영향이라곤 과학과 성경이라는 주제에 대해 생각할 의욕을 꺾어 버린 것이 전부였다. 그때 나는 너무나 당황스러웠다.

대학 졸업 후 나는 필라델피아로 가서 웨스트민스터 신학교에서 학업을 계속하였는데(1974-1977), 웨스트민스터는 앨리스의 영적 스승들이 공부를 했던 곳이었다. 당시에 구약학 교수님들은 창세기 1, 2장에 많은 시간을 할애하지 않으셨지만, 다른 많은 보수적 학자들보다 좀 더 비유적인 이해를 옹호하는 입장을 취하셨다[여기에는 '골격 가설'(framework hypothesis)이 포함된다]. 그 당시에 우리 구약학 교수님들은 아담과 하와라는 역사성을 갖는 최초의 부부가 특별히 창조되었다는 생각을 변호하셨음에도 불구하고 진화론을 사악하다거나 틀렸다고 공격하셨던 적은 없었던 것으로 기억한다.

신학교를 마친 뒤 나는 예일 대학교로 향했고, 그곳에서 고대 근동 언어와 문학에 대한 학위를 취득하였다(1977-1983). 내가 수메르, 바빌론, 이집트, 가나안의 굉장한 창조 신화들을 직접 만나게 된 곳이 바로 예일 대학교였다. 나는 그 신화들이 갖는, 창세기 1, 2장 및 구약성경의 창조에 대한 다른 많은 서술(시 74편; 104편; 욥 38장; 잠 8장 등)과의 기막힌 유사점들과 뚜렷한 차이점들을 대번에 알아차릴 수 있었다. 이 만남은 내가 앞으로 창조에 관한 성경의 설명을 더 깊이 이해하는 데 중대한 영향을 주게 된다.

예일에서의 학업을 마친 뒤, 신학 학위를 받았던 웨스트민스터 신학교로 돌아왔다. 그곳에서 일자리를 제안한 덕이었다. 내가 필라델피아에서 재직하는 동안(1981-1998) 많은 논쟁이 벌어졌지만, 창조에 관한 논란은 한 건도 없었다. 다들 창세기의 첫 몇 장에 걸쳐서 (특히 '날들'에 관하여) 비유적 언어가 상당한 정도로 쓰였다는 입장을 대체로 취했고 지구와 우주가 오래되었다고 가르쳤다. 그렇기는 하지만, 모두는 아닐지라도 나를 포함한 대부분의 교수들은 내가 학생이었을 때와 마찬가지로 아담과 하와의 특별 창조를 옹호했다. 특별 창조는 유전적 관련성을 암시하는 방식으로 우리의 죄된 본성을 아담의 죄와 연결 짓는 아우구스티누스의 전통에 따른 로마서 5장의 해석에 결정적으로 중요한 요소로 여겨졌다.

창세기와 우주 및 인간의 기원을 궁리하는 여정의 다음 단계가 찾아온 것은 내가 『어떻게 창세기를 읽을 것인가?』(*How to Read Genesis*, 한국 IVP)라는 창세기에 관한 책을 저술할 때였다. 그 문제를 정면으로 다루거나 많은 지면을 할애하지는 않았지만, 성경의 창조 기사를 포함하여 창세기를 고대의 상황에 비추어 하나의 전체로서 읽는 것이 중요하다는 점을 책 전체에 걸쳐서 강조했다. "이러한 종류의 연구는 성경이 현대가 아닌 고대의 문학이라는 중요한 점을 전면에 드러낸다. 이 진실은 우리의 연구에 지대한 영향을 줄 것이다. 예를 들어, 성경의 창조 기사들이 다원주의를 논박하기 위해 쓰인 것이 아니라, 『에누마 엘리쉬』(Enama Elish)를 비롯하여 누가 창조 세계를 창조하였는지에 대한 고대의 개념들을 반박하기 위해 기록되었음을 깨닫게 될 것이다."¹ 그 책을 쓸 즈음에 나는 창세기 1, 2장의 관심사는 하나님이 하늘과 땅과 인류를 포함하여 거기 사는 모든 것을 창조하셨다는 **사실**을 경축하는 것이지 하나님이 **어떻게** 창조하셨는지가 아님을 이미 이해하고 있었다.

기원에 대한 현재의 논란 속으로 나를 몰아간 사건은 느닷없이 일어났다. 2009년 9월, 나는 타호 호수(Lake Tahoe)에 있는 어느 수양원에서 교육 수준이 매우 높고 호기심 넘치는 젊은이들로 이루어진 소그룹을 가르쳤다. 주제는 '성경의 이야기'(the story of the Bible)—즉, 성경의 모든 부분이 어떻게 함께 어우러져서 우리의 구속(救贖)이라는 드라마를 들려주는가—였다. 참가자 중 한 명이 내게 다가와서 카메라를 설치한 상태에서 한 시간 정도 나를 인터뷰할 수 있을지 물어보았다. 그는 전문적인 다큐멘터리 감독이었다. 솔직히 나는 하루 종일 가르치고 난 다음이라 피곤해서 쉬고 싶었지만 그러자고 했다. 막상 시작하고 보니 무척 즐거웠다. 그는 내게 구약에 대해 이런저런 질문을 던졌는데, 아담의 역사성에 대한 질문도 나왔다. 그가 물었다. "아담과 하와가 역사적 인물이 아니라고 밝혀진다면 창세기의 창조 기사는 진실이 아닌 것이 됩니까?" 그 질문을 촉발한 것은 창세기에 관한 나의 가르침이었다. 나는 창세기 1, 2장이 갖는 고도의 비유적 성격과

---

1 Tremper Longman III, *How to Read Genesis* (Downers Grove, IL: IVP Academic, 2005), 25.

더불어 창세기와 고대 근동 창조 이야기들의 상호 작용, 그리고 두 편의 창조 기사(창 1:1-2, 4a; 2:4b-25)에 나오는 사건의 배열 순서가 동일하지 않다는 점에 대해 가르쳤는데, 이 모든 것은 우리가 하나님의 인류 창조에 대해 있는 그대로의 설명을 들을 수 없음을 시사한다. 아담과 하와가 실존하지 않았다는 관점과는 어느 정도의 거리를 유지하면서, 나는 아담과 하와의 역사성이 부정된다 할지라도 성경 기자가 소통하고자 의도하는 메시지(하나님이 인간을 **어떻게** 창조하셨는지가 아니라 하나님이 인간을 창조하셨다는 **사실**)가 약화되지는 않을 것이라는 취지로 답하였다.

나는 그가 인터뷰 동영상을 가지고 무엇을 할지 전혀 몰랐다. 그러나 얼마 지나지 않아 알게 되었다. 리폼드 신학교(Reformed Theological Seminary)의 학장이 유튜브에서 그 동영상을 보자마자 내게 이메일을 보낸 것이다. 나는 며칠 후에 리폼드의 워싱턴 DC 캠퍼스에서 강의를 하기로 되어 있었다. 그는 아담의 역사성이라는 문제에만 관심을 보인 것이 아니었다. 그는 성경의 창조 기사가 진화론을 부인할 것을 요구하지 않는다는 나의 관점부터 짚고 넘어갔다. 첫 이메일을 받은 지 며칠도 되지 않아 나는 리폼드에서 맡았던 정규직 성격을 띤 겸임 교수직에서 해임되었다. 나는 이사회에서 창세기가 진화론과 양립할 수 없다고 믿지 않는 사람들이 정규직으로든 시간제로든 가르치는 것을 금지한다는 사실을 몰랐다. 나의 해고에 뒤따라 나의 친한 친구이자 전 동료인 브루스 월키(Bruce Waltke)가 리폼드에서 사임했다는 소식이 들려왔다. 그는 나보다 더 정규직에 가까운 직책에 있었지만 나와 동일한 이유로 사직하라는 압력을 받았던 것이다.

내가 이 에피소드를 언급하는 것은 리폼드에 대한 앙심이 있어서가 아니다. 학교의 이 특정 정책이 근시안적이고 대단히 큰 문제를 안고 있다고 믿기는 하지만, 나는 여전히 리폼드를 존경해 마지않는다. 이 에피소드를 이 글에 포함시키는 이유는 그 사건이 이 글의 주제에 대해 더 의도적으로 생각하게끔 만들어 주었기 때문이다.

그때 이래로 지금까지 나는 그 주제에 대해 훨씬 더 활발하게 저술하고 가르쳐 왔다. 과학에 관해서도 이런저런 공부를 해 오고 있다(물론 그런다고 해서 내가 과학자가 되는 것은 아니라는 사실을 잘 알고 있다). 다행스럽게도, 그리스도인 생물학자들이 나와 같은 비과학도들도 쉽게 다가설 수 있는 다양하고 유용한 학습 자원을 풍성하게 제공하고 있다. 그러한 그리스도인 생물학자로는 제프 슐로스[Jeff Schloss, 내가 재직하고 있는 산타바바라 소재 웨스트몬트 대학의 교수로서 최근에 나와 함께 그 주제에 관해 베리타스 포럼(Veritas Forum)을 열었다], 데니스 베니머, 프랜시스 콜린스, 칼 가이버슨(Karl Giberson) 등이 있다. 나는 여러 심포지엄과 컨퍼런스에서 존 월튼, 존 콜린스(John Collins), 피터 엔즈(Peter Enns), 토드 빌(Todd Beal), 리처드 애버벡(Richard Averbeck) 같은 구약성경을 연구하는 동료들과의 만남을 통해서도 많은 유익을 얻었다. 우리가 항상 의견 일치를 보는 것은 아니다(사실 어떤 점에서는 격렬한 이견을 드러낸다). 하지만 우리의 토의는 동료애와 존경, 그리고 하나님의 말씀에 대한 동일한 충성심 속에서 이루어진다.

과학계의 동료들 중에는 저명한 리처드 카슨(Richard F. Carlson)도 있는데, 그는 레드랜즈 대학교(University of Redlands)에서 물리학 연구 교수로 재직 중이다. 나의 저서 『어떻게 창세기를 읽을 것인가』를 읽은 뒤 그는 내게 다가와서 성경과 과학에 대한 책을 같이 쓰면 어떨지 제안했고, 나는 흔쾌히 응했다. 사실 우리는 책의 저술 프로젝트를 유튜브 사건 전에 시작했는데, 이 공저 프로젝트도 그 주제에 대한 나의 관심을 새롭게 하는 데 크게 한몫을 하였다. 우리의 책 『과학, 창조, 성경: 기원에 관한 경쟁 이론들을 조화시키기』(Science, Creation and the Bible: Reconciling Rival Theories of Origins)는 2010년에 나왔다.

나는 이 주제에 대해 계속 생각해 보고 싶다. 새롭게 들여다보아야 할 성경 및 신학과 관련된 흥미로운 이슈들이 많이 있다. 나는 과학자가 아니다. 진화의 대변인도 아니다. 혹은 한 쌍의 남녀가 아닌 수천의 개인들로 이루어진 인구 집단이 인류의 기원이라는 아이디어의 옹호자도 아니다. 그렇지만 성서학자로서 성경이 그러한 아이디어를 금하지 않는다는 것을 주장하는 것은 중요하다. 우리는 그런 결론에 도달하는 과학자들을 비난해서는 안 된다. 그리고 우리는 우리의 자녀들에게 생물학과 물리학 수업 시간에 배우는 것이 성경과 모순된다고 말해서는 안 된다. 성경의 본문은 하나님이 **어떻게** 창조하셨는지의 문제에 대해서는 말해 주지 않지만, 그분이 **창조자이심**을 주장한다. 이 진리는 과학적 탐구가 아닌 하나님의 말씀에 대한 믿음과 신앙의 눈을 통해 알아볼 수 있는 것이다. 인류의 기원이 한 쌍의 대표 남녀에게로 거슬러 올라가지 않을 수도 있겠지만, 내가 볼 때에 성경의 본문은 캘빈 대학의 신학자 제이미 스미스(Jamie Smith)가 "타락의 삽화적 성격"이라고 칭한 개념을 제시한다. 말하자면, 인간들이 하나님의 형상을 부여받았을 때 그들은 도덕적으로 순수했다. 우리의 죄의 본성은 하나님이 우리를 그렇게 만드셨기 때문이 아니라 인간인 우리들의 반역의 결과이다.

이 문제들은 세심한 검토를 필요로 한다. 나는 과학자들과 신학자들, 성서학자들과 목회자들을 비롯한 다양한 사람들과 이 성경적·신학적 주제들에 대하여 계속 생각하고 토론하기를 기대한다. 우리가 그렇게 할 때, 심지어 이견이 있을 때도 기도 가운데서 하나님과 그분의 말씀에 대한 헌신과 서로에 대한 존중을 잊지 않게 하소서.

6
생명의 주

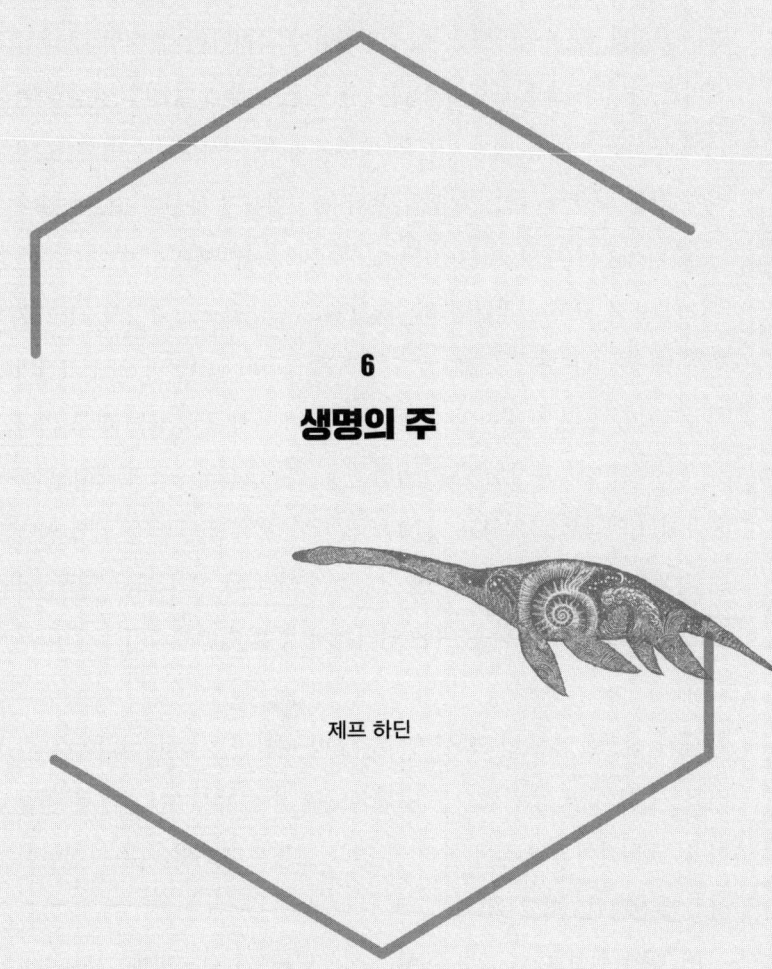

제프 하딘

제프 하딘(Jeff Hardin)은 캘리포니아 대학교(버클리)에서 박사 학위를 취득하고, 국제 신학대학원(International School of Theology)에서 목회학 석사 학위를 받았다. 그는 현재 위스콘신 대학교(University of Wisconsin)에서 동물학과장으로 재직 중이며, 바이오로고스 이사회 의장이기도 하다. 그는 주로 회충의 일종인 예쁜꼬마선충(*Caenorhabditis Elegans*)을 모델 생물로 이용하여 배아 발생을 연구한다. 위스콘신 대학교에서 몇몇 기독교 학생 그룹에 자문을 해 주고, 교회에서는 장로로서 섬기고 있다. 아내와 함께 장성한 두 아들을 두고 있다.

2009년 2월 나는 넥타이를 매고 외투까지 차려입은 채 여러 대의 텔레비전 카메라 앞에 불편하게 앉아 진땀을 흘리고 있었다. 일생을 학문에 투신한 학자인 내가 언론의 총애를 받는 인사도 아니면서 그 자리에 있게 된 것은 어느 학생의 부탁을 거절하지 못했기 때문이었다. 나는 위스콘신 대학교(매디슨)의 교수이자 동물학과장이기도 하지만, '바이올로지 코어 커리큘럼'(Biology Core Curriculum), 줄여서 '바이오코어'(Biocore)라고도 부르는 우수 학생들을 위한 생물학 프로그램의 학장이기도 하다. 목회자의 아들이면서 IVF에서 활동하는 학생 하나가 '바이오코어' 과정을 듣고 있었는데, 그는 지역 공영 텔레비전 방송국에서 인턴으로 일하고 있었다. 내가 그리스도인인 것을 알고 있던 그 학생은 내게 찰스 다윈 탄생 200주년 기념 겸 그의 저서 『종의 기원』 출간 150주년 기념을 위한 인터뷰에 응할 의향이 있는지 물어보았다.

내가 진땀을 흘렸던 것은 뜨거운 조명 때문만은 물론 아니었다. 그리스도인이 아닌 동료 교수들 일부와 훌륭한 그리스도인 친구들 몇몇이 인식을 같이하는 점이 한 가지 있다. 그들은 진화와 기독교 신앙이 서로 철천지원수라고 여긴다.

이 책에 실린 다른 많은 이야기들과 달리, 나는 과학과 기독교 신앙 사이에서 단 한 번도 깊은 갈등에 빠져 본 적이 없다. 나에게 있어서, 예수님은 언제나 생명의 주님이시다. 영원한 생명의 주님이시고(요 10:10), 이 지구상에 북적거리는 반짝반짝 빛나는 생물학적 존재들의 주님이시기도 하다(골 1:16-17; 히 1:3). 내가 초등학교에 다닐 때 우리 부모님은 전통적 의미의 기독교를 완전히 떠나셨다. 그럼에도 불구하고 하나님의 영광의 빛은 여기저기서 비춰 왔다. 유치원생일 때 읽은 시리우스(천랑성)에 대한 책은 하나님이 계신다는 것을 내게 설명해 주었다. 그리고 온 가족이 모여 텔레비전으로 자연 다큐멘터리를 보곤 했다. 내게 있어서 자연 세계는 흥미진진한 발견의 기회였다. 어린 시절에 나는 과학자가 되기로 결심했다.

그러나 버르장머리 없는 중학생이었을 때는 하나님의 존재 여부에 관해 그다지 신경쓰지 않았다. 그러다가 1972년 남침례회 청소년 부흥 집회에서 나는 내게 구세주가 필요함을 뼈저리게 느꼈고, 극적인 방식으로 그리스도께로 나아갔으며, '생명의 부여자'이신 주님을 알게 되었다. 나는 동네의 연합감리교회에서 세례를 받았고 믿음 안에서 성장했다. 후에 가까운 남침례회 교회의 도움을 통해 성경에 대해 알아 가기 시작했다. 신기하게도, 두 교회 중 어떤 곳에서도 나는 진화와 기독교 신앙이 양립할 수 없다는 가르침을 받지 않았다. 어쩌면 내가 암묵적인 논란을 알아차리지 못했을 수도 있고, 어쩌면 따뜻하고 인격적인 신앙이 강조되면서 그런 문제들이 묻혀 버린 것인지도 모른다.

나는 미시간 주립 대학교(Michigan State University)에 입학했다. 물리학자가 되고 싶었지만, 구좌표계(球座標系)에서의 정전기학 문제를 푸느라 머리를 싸매고 씨름하면서 그 꿈은 금세 산산조각이 나고 말았다! 1학년 봄에 남동생이 세균성 수막염에 걸려서 사경을 헤매다가 신체가 변형되는 장애를 안고 겨우 살아났다. 이 일을 계기로 나는 의예과 과정을 밟게 되었고 전공을 동물학으로 바꾸었다.

많은 대학생들이 그렇듯이, 1학년이 끝나갈 무렵 나의 영적인 삶은 이미 곤두박질을 친 상태였다. 감사하게도 CCC 학생 사역에서 섬기던 사랑 넘치는 사람들의 도움을 통해 나는 2학년 중반 즈음에 진지하게 그리스도를 따르기 시작했다. C. S. 루이스의 학문적 성향은 내 취향에 들어맞았고, 나는 그의 책들을 굶주린 책벌레처럼 읽었다. 『고통의 문제』(The Problem of Pain, 홍성사)가 내게 끼친 영향은 당시에 느낀 것보다 훨씬 더 컸다. C. S. 루이스는 어떻게 인간이 하나님과 관계를 맺게 되었는지에 대해서는 특별한 관심을 보이지 않았고, 현재 보편적으로 깨져 있는 인간과 하나님의 관계에 지대한 관심을 가졌다. 내게도 그것만으로 충분해 보였다.

그리고 나는 생물학 강좌들에 완전히 빠져들었다. 가장 좋아한 과목들은 비교 생리학, 비교 해부학, 배 발생이었다. 우리 교수님들은 나의 신앙의 배를 난파시킬 의도는 없으신 듯이 보였고, 그리스도인으로서 성장하던 나는 그것에 감사했다. 사실상 그분들은 그 문제를 거의 거론하지 않으셨다. 그 문제에 가장 가까이 가셨던 분은 짐 에드워즈(Jim Edwards) 비교 해부학 교수님이었는데, 그분은 후에 국립 과학 재단(National Science Foundation)으로 이직하셨다. 에드워즈 교수님은 수업을 시작하실 때 동의하지 않는 사람이 있을 수 있겠지만 진화가 생물의 다양성에 관해 가장 과학적인 설명을 제공한다고 가정하겠노라고 말씀하셨다. 냄새나는 많은 해부 실험을 통해 나는 상동(相同, homology)에 관해 체험적 지식을 얻을 수 있었다. 상동이란 어류, 양서류, 파충류, 포유류에서 동일한 해부학적 요소들이 확인되는 것으로서, 이 현상은 진화에 의해 잘 설명된다. 다음 해에 나는 비교 해부학 과정에서 학생 조교로 일하면서 그 지역의 CCC 사역에서 학생 리더로서 섬겼다.

내가 체험한 생물학은 단 한 번도 인지적 불협화음으로 나를 괴롭힌 적이 없다. 나는 짐 에드워즈 교수님이나 다른 교수님들께 그분들이 실제 다루시는 내용을 제외한 내용으로 그분들의 귀를 즐겁게 할 말을 해야 할 필요를 결코 느낀 적이 없다. 아마도 나는 C. S. 루이스의 덕을 보았거나 내가 출석하던 침례교회 목사님의 도움을 받았던 것 같다. 목사님은 기독교 신앙에 굳건히 서 있는 한편 학업에서 탁월성을 추구할 것을 독려하셨다. 당시에 나는 캠퍼스 사역에 워낙 깊이 몰입한 나머지 진화론적 생물학과 기독교 신앙에 대한 통합적 생각을 발전시키지 못했다. 계기는 나중에 찾아오게 된다.

나는 원래 의학/이학 박사(MD/PhD) 과정을 밟을 계획이었고, 그와 관련하여 4학년 때에는 유수의 학교들로부터 입학 제안을 받았다. 그것은 길고도 흥미진진한 하나님의 부르심의 이야기이지만, 많은 기도 끝에 나는 결국 그 입학 제안들을 거절하고 목회학 석사 과정을 밟기로 결정했다. 나는 성경의 언어들과 성서학과 신학에 전념했다. 당시 복음주의 신학교들에서는 크고 작은 전투가 한창이었다. 그중 가장 큰 전투는 성경의 본질에 대한 것이었다. 기독교의 경전은 얼마나 권위 있는가? 무오성이란 무엇인가? 이러한 질문들은 매우 중요한 것임은 틀림없다. 그렇다 하더라도 우리 신학교의 커리큘럼은 무오성 면에서는 너무도 튼실했지만 이상하게도 과학과 성경, 특히 진화에 관한 논의에서는 결핍이 심했다. 어쩌면 이러한 논의의 결여 덕분에 내가 약간의 유연성을 누릴 수 있었는지도 모른다. 결국, '성경 무오성에 관한 시카고 선언'(The Chicago Statement on Biblical Inerrancy)의 작성자들 중 한 명인 패커(J. I. Packer)는 과학과 성경이 서로에게 할 말이 별로 없는 사이라고 말하지 않았던가. 내가 나온 신학교는 성경의 권위와 과학 연구의 진실성이라는 요건을 옹호했지만, 부실하고 그릇된 것으로 판명될 수 있는 성급한 합의를 강제하려는 유혹에는 저항했다.

신학교를 다닐 때, 나는 후에 아내로 맞게 될 수지를 만났다. 수지는 CCC의 캠퍼스 사역에 참여하고 있었고, 다른 곳에 있다가 캘리포니아 대학교(버클리)로 옮겨 갔다. 연애 기간 중에 수지를 만나기 위해 그곳을 방문했다가 나는 자연 과학 분야에서 박사 과정을 밟아야 한다는 강력한 부르심을 느꼈고, 그곳의 생물리학 박사 과정에 등록하였으며, 거기서 공부하면서 평생 지속될 배 발생의 이해에 대한 열정에 불이 붙게 되었다.

말할 것도 없이 버클리에서 나는 진화와 정면으로 충돌하게 된다! 그러나 그 시절에는 서열화가 이루어진 게놈이 없었다. 모델 생물을 연구에 이용하는 대부분의 실험실 연구자들은 진화에 대해 많이 생각할 필요 자체가 없었다(참고로 나의 모델 생물은 성게였다). 나를 포함한 많은 연구자들이 초파리(*Drosophila*)에서 이루어진 놀라운 발견들을 인간처럼 더 '복잡한' 동물들에게서는 근본적으로 이룩해 낼 수 없을 것이라고 생각했다. 후에 알고 보니, 틀린 예측이었다!

캘리포니아 대학교(버클리)에서 박사 학위 과정을 마친 뒤, 박사 후 과정을 위해 듀크 대학교(Duke University) 동물학과로 옮겨 갈 때 나는 아내와 두 아들과 함께했다. 그곳에서 나는 그레그 레이(Greg Wray)를 만났는데, 그는 나의 도착과 때를 맞추어 박사 과정을 마쳤다. 그레그의 부모님은 감리교 선교사였다. 그는 오늘날 진화 발생(evolutionary development) 또는 줄여서 '에보 데보'(Evo Devo)라고 알려진 분야를 내게 소개해 주었다. 그레그를 비롯한 학자들은 매우 다양한 동물들이 심오한 분자 차원에서 갖는 그들의 공통 조상과 일관된 유사점들을 밝혀내고 있었다.

1991년에 우리는 위스콘신 대학교로 왔고, 그때부터 지금까지 나는 이곳의 동물학과에서 교수로 재직하고 있다. 나는 복이 넘치는 멋진 삶을 살아 왔다. 하지만 나는 내가 멸종 위기종이라는 점을 인정하지 않을 수 없다. 일레인 하워드 에클런드(Elaine Howard Ecklund)가 과학과 종교에 대한 설문 조사를 실시할 때 나도 응답자들 중 한 사람이었는데[설문 조사 결과는 그녀의 저서 『과학 대 종교: 과학자들의 진짜 생각』(Science vs. Religion: What Scientists Really Think)에 실려 있다], 에클런드 교수는 과학자들 중 아주 작은 무리로 나를 분류한다. 즉, 나는 주요 연구 중심 대학교에서 과학 관련 전문직을 수행하는 사람들 중 고작 4퍼센트만을 구성하는 복음주의 과학자의 무리에 속한다. 어쩌면 내가 대학교 동료들과 그리스도 안의 형제자매들이 진화를 비롯한 현대 과학과 기독교 신앙을 적대적으로 대치시킬 필요가 없음을 알도록 도와야 한다는 특별한 사명감을 느끼는 것도 이것 때문인지 모른다. 교회들과 대학교 캠퍼스의 학생 사역 단체들에서 강연을 요청받는 그리스도인으로서, 나는 그리스도에 대한 역동적·인격적 믿음과 하나님의 말씀에 헌신되어 있다. 그 헌신은 이견들의 존재에도 불구하고 굳건하다. 나는 그리스도인들이 과학의 다양한 답안을 고려하면서도 여전히 신실하게 믿음을 지킬 수 있음을 강조하고 싶다. 이와 관련하여 제레미라는 위스콘신 대학교 2학년 학생과의 만남을 특히 잊을 수 없다. 어느 날 제레미는 호기심이 가득한 채 나를 찾아왔다. 세포 생물학 강의 중에 내 노트북의 하드 드라이브를 눈여겨보았던 것이다. 나는 내 노트북에 C. S. 루이스의 어린이 소설을 기리는 마음으로 '나니아'라는 이름을 붙여 주었다. 내가 그리스도인이라고 말해 주자, 제레미는 자신의 마음을 쏟아 놓기 시작했다. 지극히 보수적인 기독교 학교를 졸업한 뒤 위스콘신 대학교에 진학한 제레미는 양자택일을 해야 한다는 압박감을 느끼고 있었다. 즉, 그는 기독교 신앙을 유지하면서 과학에서 배우는 모든 것을 내다 버리든지 아니면 과학을 수용하고 신앙을 포기해야 한다고 느꼈다. 우리는 몇 달에 걸쳐 함께 이야기를 나누고 글을 읽었다. 그러면서 제레미는 생물학적 생명과 영원한 생명 둘 다의 주님이신 하나님을 받아들일 수 있음을 깨닫게 되었다. 그는 후에 오스틴에 소재한 텍사스 대학교(University of Texas)에서 식물학 박사 학위를 밟게 되었다.

물론 사람들의 주시의 대상이 되는 것은 나의 하드 드라이브뿐만이 아니다. 대부분의 공적 대화의 자리에는 스켑틱스(Skeptics, 회의론자들) 지역 모임 회원들이 꾸준히 참가하여 과학적 불일치를 잡아 내기 위해 나를 면밀히 주시한다. 나는 그들의 검열을 무사히 통과한 것이 분명하다. 스켑틱스 회원 한 명이 지역 술집에서 열리는 그들의 일요 공개 과학 행사에 나를 초대한 것이다! 스켑틱스 회원들에게 진실성을 보여 주게 되어 기쁘지만, 나의 동료들 앞에서 진실성을 보여 주는 일이 한층 더 중요하다. 나는 동료들에게 기독교 신앙을 굳건히 유지하면서도 열정적으로 현대 과학을 수용할 수 있음을 보여 주고 싶다. 거기에는 실질적인 문제도 있다. 앞서 언급했던 '바이오코어' 프로그램과 동물학과는 매년 대학생 수천 명에게 진화를 가르친다. 학과장으로서 나는 동료들에게 우리의 가르치는 사명과 관련하여 최대한의 진실성을 보여야 한다. 내게 있어서 기술과 마음의 진실성(integrity of craft and heart)이 가능한 것은, 하나님이 그분의 풍성한 창조 세계를 존재하게 하는 데 진화적 과정을 이용해 오셨다는 믿음이 있기 때문이다. 진화 창조론이라는 관점은 하나님의 말씀과 그분의 세상에 대한 믿음을 저버리지 않는다.

텔레비전 스튜디오에서 내가 진땀을 흘리며 불편해하던 2009년의 이야기로 다시 돌아가 보자. 나는 과학에 관하여 그리 주목할 만한 말을 하지 않았다. 나는 진화를 설명했고 다윈의 시대로부터 거론된 증거 몇 가지 중 생물들이 공통 조상을 가진다면 가장 잘 이해될 만한 것들, 이를테면 화석 기록에서 찾아볼 수 있는 전이 형태, 흔적 형질, 섬 생물 지리학(island biogeography), 상동성 같은 증거에 대해 이야기했다. 나는 거기서 더 나아가 현대 유전학이 우리의 DNA 안에 있는 한결 더 인상적인 '분자적 화석'(molecular fossil)을 제시한다고 설명했다. 그것들은 (1) DNA 서열에 기초한 유전적 계통수들, (2) 인간도 보유하고 있는, [내가 대학원생일 때 우습게 여겼던(!) 초파리에게서와 같이] 배 발생을 통제하는 데 쓰이는 단백질, (3) '위유전자'(僞遺傳子, pseudogene, 세월이 흐르면서 기능을 상실한 유전자)들이 정확히 공유하는 패턴, (4) 진화로 가장 잘 설명되는, 비인간 영장류에 대비하여 본 인간 염색체에서의 세밀한 변화다. 이런 것들은 얼마든지 더 있다.

주어진 인터뷰 시간의 끝이 다가왔다. 아직 답변하지 않은 마지막 질문을 위한 시간만이 남았을 뿐이었다. 고대의 신앙에 비추어 진화 생물학을 어떻게 이해하고 받아들일 수 있는가? 좋은 질문이었다. 자비롭게도, 완벽한 답변을 내놓기에는 남은 시간이 너무도 짧았다! 나는, 예수 그리스도에 대한 깊은 신심을 갖고 성경을 하나님의 말씀으로 결연하게 믿으며 우리가 하나님의 손으로부터 받아든 살아 있는 세상의 복잡 미묘함을 기뻐하기로 굳게 마음먹은 그리스도인들이 많다는 사실에 감사한다. 그들은 이 질문을 놓고 깊이 생각한다. 이 질문에 대한 대답에는 중요한 요소 한 가지가 공통적으로 존재한다. 그것은 하나님의 말씀(God's Word)의 책과 하나님의 세계(God's world)라는 '책'에 대하여 올바른 해석적 접근을 하겠다는 결심이다. 복음주의 학자들은 교회가 고대 문서를 읽을 때 원래 의도대로 이해하도록 돕는 일에서 결정적 역할을 해 왔다. 둘째, 나는 교회가 이 두 권의 '책'을 각각 열정적으로 긍정하는 동시에 인간의 제한적인 이해력을 감안하여 그 둘 사이에서 지나치게 단호한 표현으로 주장을 내세우고 싶은 유혹을 이겨 내야 한다고 믿는다. 셋째, 우리는 하나님을 믿는 사람들이 어려운 주제에 관하여 유익한 대화를 나눌 수 있는 공간을 제공해야 한다. 나는 이러한 확신을 가지고 바이오로고스를 통해 그리고 믿음의 세계와 과학의 세계 사이에 다리를 놓는 지역 활동(예컨대, isthmussociety.org에 소개된 활동들)을 통해 기도로 뒷받침되고 호감을 주는 공적 참여의 방향으로 조금씩 나아왔다. 관련 사안들에는 많은 것이 걸려 있다. 그리고 나는 이러한 문제들에서 어느 편에 선 사람이든 거만하거나 경솔하게 행동하지 않기를 기도한다.

물론 넘어야 할 산은 여전히 많다. 아담과 하와에 대한 성경 기록을 어떤 식으로 이해해야 할까? 죄는 어떻게 세상에 들어왔으며 어떻게 전파되었는가? 하나님의 섭리가 진화를 비롯한 자연적 과정을 통해 어떻게 펼쳐지는가? 그러한 것들에 대한 우리들의 이론(理論)은 앞으로 계속 수정되어야 하겠지만, 반론의 여지가 없는 현실들이 있다. 체스터턴(G. K. Chesterton)이 날선 재담을 날렸듯이, "원죄는…기독교 신학에서 유일하게 증명 가능한 부분이다."[1] 또는 바울이 표현했듯이, "모든 사람이 죄를 범하였으매 하나님의 영광에 이르지 못[한다]"(롬 3:23). 기원과 죄의 전파에 대한 우리의 이론들이 어떠하든지, 우리 모두 — 우리 한 사람 한 사람 — 는 구원자가 절실하게 필요하다. 우리 각자는 예수 그리스도를 통해 그분의 삶과 죽음과 부활 안에서 하나님의 값진 은혜를 누릴 수 있다. 실로 생명의 주로 말미암아 하나님께 감사하리로다, 이제부터 영원까지.

---

1 G. K. Chesterton, *Orthodoxy* (Garden City, NY: Doubleday, 1959) 15. 『G. K. 체스터턴의 정통』(아바서원).

7
평화

스티븐 애슐리 블레이크

스티븐 애슐리 블레이크(Stephen Ashley Blake)는 로스앤젤레스에 있는 영화 및 TV 프로그램 제작사인 렐름 엔터테인먼트(Realm Entertainment)의 사장이다. 그는 유니버설, 파라마운트, 워너브라더스, 소니, 폭스, HBO, 게펜, 캐피틀 레코드 같은 영화사, 방송 네트워크, 음반 회사의 장편 영화, 텔레비전 프로그램, 뮤직 비디오 제작에 참여해 왔다.

참으로 오랫동안 나는 세상의 종교들을 대등하게 만들고 종합하여 일종의 공통 신앙을 만드는 것을 추구하는 뉴에이지 관점을 견지하며 살았다. 이 '공평성'을 달성하겠다는 의도는 특정 종교 인물들(특히 예수님)을 돋보이게 하는 종교들의 특별한 주장을 폄하하겠다는 의지를 의미했다. 나는 우주 창조에서 예수님이 담당하셨던 역할, 삶과 죽음에 대해 그분이 가지시는 권능, 그분이 죽은 자 가운데서 다시 살아나셨음을 깎아내리거나 완전히 무시했다.

그러면서도 나는 아무런 문제를 느끼지 않았다. 왜냐하면 나는 예수님에 대한 존경심은 늘 잃지 않았지만 종교의 판테온에서 예수님이 특별한 자리를 차지해야 한다고 주장하는 그리스도인들의 오만함에 짜증이 났기 때문이다. 나는 또한 성경에 대해 막연한 존경심을 품고 있으면서도 항상 어떤 일이 일어날 것 같은 묘한 예감에 사로잡혔다. 얄궂게도 그 느낌 때문에 나는 성경을 읽지 않게 되었다. 솔직히 말하자면, 전반적으로 나의 신앙 체계에는 일종의 무심함이 자리 잡고 있었다. 사실 나는 나의 관점을 스스로 형성하거나 의문을 제기한 일이 결코 없었다. 그러기보다는 친구들, 가족, 문화로부터 관점을 흡수했다. 무엇보다도 확실했던 점 한 가지는 그 누구도 내가 앞으로 예수님의 추종자가 될 것이라고는 예상치 못했다는 것이다.

그런데 1995년에 변화가 일어났다. 나와 같이 뉴에이지 신봉자였던 내 여동생 제이미*가 뜻밖에도⋯예수 그리스도의 추종자가 되어 버린 것이다. 제이미는 새로 갖게 된 신앙에 대해 열정적이었을 뿐만 아니

* 원문에서는 제이미가 여동생인지 누나인지 확인되지 않기에 편의상 옮긴이 임의로 번역하였다.

라 직장의 성경 공부 모임에서 가족 구원을 놓고 기도하기 시작했다.

어느 날 밤 제이미가 절실한 주제를 안고 나를 찾아왔다. 정말로 죄의 심각한 결과에 대해 이해하고 있는가? 나는 흠칫했다. '죄'의 개념 자체가 나의 사고에는 완전히 낯설었을 뿐만 아니라, 자유분방한 독신남으로서 나의 삶이란 그야말로 죄로 가득 차 있었다. 제이미는 먼저 모든 죄에 대해 하나님이 약속하신 심판에 대해 말했다(무서웠다). 그러고는 하나님의 자비와 은혜로 옮겨 갔고(위로가 되었다), 무죄한 예수님의 희생을 통해 하나님이 베푸시는 용서에 대해 이야기해 주었다. 예수님은 처형당하심으로써 인류의 죄에 대한 모든 벌을 자신이 대신 받으셨다. 이 용서라는 값없이 주어진 선물을 받아들임으로써, 제이미는 신의 심판으로부터 '구원'을 받았고 영생을 얻었다. 제이미는 이제 그 선물을 내게 건네주고자 했다. 누구나처럼 나도 "예수님이 당신의 죄를 위하여 죽으셨습니다" 같은 짧은 문구들을 늘 들었지만, 내게 실제로 그 뜻을 설명해 준 사람은 아무도 없었다. 그리고 그 모든 것은 내가 그토록 두려움에 찬 경의를 품고 피하던 성경책에 들어 있었다. 제이미는 자기의 성경책을 내게 건네주었다.

나의 첫 반응은 스스로를 '죄인'으로 인정하기를 거부하는 것이었다. 그러나 나는 인류의 타락한 상태를 부인할 수가 없었다. 내가 사는 도시에서 온 세상에 이르기까지 모든 것이 어느 정도는 악행으로 물들어 있는 것 같았다. 그리고 내 삶은 말할 것도 없었다. 그러고는 간디가 떠올랐다. 간디의 의로움에 대한 추구를 크게 존경하는 나는 그가 자신의 '많은 죄'와 '진리라고 여기는 이상에 도달하는 데' 실패했음을 '솔직하게 인정하는' 데 늘 놀라곤 했다. 심지어 간디조차도 죄인이었다.

나의 저항은 잦아들었다. 내가 죄인이라는—그리고 내게 용서가 필요하다는—실재를 받아들이고 예수님의 희생 안에서 나를 향하신 하나님의 사랑과 관심을 느끼면서, 나는 그날 밤 그리스도인이 되었다. 몇 달이 지나지 않아 온 가족이 믿음을 받아들였다.

그 시절에 나는 로스엔젤레스와 뉴욕을 끊임없이 오갔는데, 그러다 보니 독서를 할 시간이 많았다. 나는 성경을 한 권 한 권, 한 장 한 장 허기를 채우듯 열심히 읽었다. 나는 동생의 분홍색 학습용 성경책을 가지고 다니면서 비행기에서, 택시에서, 지하철에서 읽었고, 심지어 한번은 메트로폴리탄 오페라에서의 공연 관람까지 포기하고 호텔 방으로 돌아와 성경책을 읽었다. 예수님을 친밀하게 따르면 따를수록 그분은 나의 마음과 삶을 더 많이 채워 주셨다. 길 잃고 방황하며 공허하고 도피주의적인 삶을 살던 내가 믿음과 안정과 절제의 삶을 향해 점점 더 다가갔다.

가장 극적인 변화들 중 하나는 뮤직 비디오 감독으로서 내가 하던 일에서 일어났다. 나는 갱스터랩(gangsta rap)으로 명성을 얻었는데, 갱스터랩이라는 장르는 강력한—과격하게 반문화적인(countercultural)—가사로 나를 사로잡았고 통렬한 내러티브와 이미저리(imagery, 心象)를 낳곤 했다. 그러나 변화의 파도가 목전에 닥쳤다. 주중에 어두운 창작 활동을 하다가 일요일에 교회에 나타나 거룩하신 하나님을 예배하면서 양심의 가책이 나날이 더해 갔다. 어느 날 기도 중에 양심의 괴로움은 견딜 수 없는 지경에 이르렀고, 나는 이제 이 '이중 생활'을 완전히 끝내야 한다는 강한 확신이 차올랐다. 내가 왜 그 일을 더 이상 할 수 없는지 말할 때 고객들은 나를 어떻게 생각했을까.

갱스터랩은 나의 주 수입원이었다. 나는 눈 깜짝할 사이에 빈털터리가 되었고, 어느 정도 경제력을 회복하는 데 몇 해가 걸렸다. 그런데도 나는 나의 새로운 삶에 희열을 느꼈다. 새로운 친구들을 많이 사귀었고 이전에는 알지 못했던 평화에 푹 젖어 들었다. 생전 처음으로 나의 생각이 '성적 방종'에서 결혼으로 기울었다. 또한 나는 성경을 철저히 믿는 교회에 출석하였는데, 거기서는 복음이 거리낌없이 선포되었고, 나는 그 교회에서 엄청난 유익을 누릴 수 있었다. 그러나 그 교회에 출석한 일은 나를 또 한 번의 위기로 몰아갔다.

믿음 안에서 성장하는 젊은 복음주의자로서 나는 새로운 영적 시각들뿐만 아니라 새로운 과학적 관점들도 다수 받아들였다. 우주는 아주 오래되지 않았고 사실 매우 젊다. 진화는 허무맹랑한 거짓일 뿐만 아니라 하나님에 대한 무신론적 공격이다. 진화를 달리 여기는 것은 복음 자체를 의심하는 것과 같다. 오랜 지구와 진화론에 반대하는 우리 교회의 입장은 거침없이 전투적이었다. 게다가 그러한 입장의 옳고 그름을 비판적으로 따져 보거나 조사한 적이 결코 없던 나는, 다른 많은 이들과 마찬가지로 별 망설임 없이 그 입장을 받아들였다.

그러나 그러한 입장은 나의 경험 세계 안에서 끊임없이 삐걱거렸다. PBS 방송국의 과학 다큐멘터리를 보거나 천문대를 방문하거나 타인들의 과학 토론을 스쳐 들을 때면 나의 관점은 주류 과학적 사고와 마찰음을 내었다.

나는 사실상 과학과 전쟁을 치르고 있었다.

그 즈음에 나는 심도 있게 신학을 공부하면서 여러 가지 주제에 대해 담론을 즐길 수 있는 수준에 도달하였지만, 의도적으로 비껴갔던 분야가 하나 있었다(아마도 내가 예전에 성경에 대해 느꼈던 종류의 예감 때문이었을 것이다). 그것은 창조였다. **하나님은 어떤 과정들을 이용하여 창조하셨는가? 어느 편의 과학이 정확한가? 하나님의 성품으로 보건대 그분이 성경과 창조 세계에서 상충하는 실재를 계시하시는 것이 가능한가?** 이 문제로 마음은 점점 더 어지러워졌다. 유일한 해결 방법은 지식에 근거한 결론에 도달하기 위하여 성경과 과학을 더 깊이 들여다보고 더 깊이 기도하는 일에 열중하는 것밖에 없었다.

심층 조사를 시작하면서 나는 하나님이 기만적이지 않으시다는 확신의 기둥을 세웠다. 제대로 해석한다면, 성경과 과학은 창조주와 창조 세계에 관하여 – 알력이 아닌 – 어울림의 초상화를 그려 내지 않겠는가. 그리고 불편하기 짝이 없었지만, 나는 나의 전제들이 검증을 견뎌 내지 못한다면 그것들이 도전받도록 – 심지어는 해체되도록 – 해야만 진실에 도달할 수 있다는 점을 받아들였다(잠 18:17). 그래서 나는 진화론과 반진화론의 자료들(과학적 연구 자료, 성경 주석, 공식 토론 자료 등)을 모두 공부하기로 결심했고, 양쪽 모두에게 최선의 변호와 반박의 기회를 주기로 했다. 그렇게 나의 여정은 시작되었다.

진화론을 파고들자마자 대번에 나는 추론의 뛰어난 논리적 흐름에 탄복했고, 과학적 데이터로부터 이끌어 내는 합리성에 의표를 찔렸다(우리 교회는 대진화가 비합리적이고 근거 없는 '위기에 처한 이론'이라고 가르쳤다). 성경과 진화 사이에서 아무런 갈등도 느끼지 않는 복음주의 신학자들과 과학자들 – 대부분은 성경 무오론자들이다 – 의 관점들을 살펴보면서 주류 과학에 대한 나의 신뢰는 커져만 갔다.

젊은 지구 창조론의 자료를 보면서 나는 늘 그렇듯이 그 진영이 성경에 대해 품는 깊은 존경심에 감복했다. 그러나 그들의 과학적 주장은 자연 실재와 뚜렷하게 괴리되어 보였고, 나는 환멸감에 젖었다. 사실 젊은 지구론 관점은 일종의 실증적 진공 상태에서 쓰인 것 같았고, 실험의 결과가 아니라 소망적 사고의 산물로 보였다. 젊은 지구 창조 과학이 여러 가지 적용 중 몇 가지에서라도 버텨 주기를 간절히 바랐건만, 그것이 완전히 무기력하게 무너지는 것을 보고 나는 크게 실망했다. 젊은 지구는 전혀 앞뒤가 맞지 않아 보였다. 게다가 내가 보기에 그러한 이론들은 과학적으로 불합리한 것들과 불가능한 것들로 빽빽하게 채워져서 스스로 거짓됨을 명백하게 드러내고 있었다. 나는 매우 유명한 젊은 지구 창조론 조직의 고위급 대표에게 연락해 보았다. 그는 젊은 지구 우주론의 '명백해 보이는' 무용성을 인정한 뒤, 그것에 대처하는 자신의 방식을 솔직하게 말해 주었다. 즉, 그는 과학에 초점을 맞추기보다는 자신이 오래도록 믿어 온 창세기의 해석—그의 말에 따르면 재고의 여지가 없는 해석—에 그의 입장의 결정권을 온전히 맡긴다. 이 말을 듣자 나의 머릿속에서는 경종이 울렸다. 자신의 해석 방법에 비판적으로 도전하기를 꺼린다는 것은 자신의 무오류성을 선언하는 것처럼 위험천만한 일에 진배없다.

위기감이 몰려 왔다. 우리 복음주의자들이 흔히 배웠던 대로 진화 과학이 정말로 옳지 않다면, 어떻게 그와 같이 놀라운 발견들을 낳을 수 있었단 말인가? '정확하다'는 젊은 지구 과학이 사실상 아무런 결실도 맺지 못하고 제대로 기능하지 못하는 와중에 말이다. 아무도 우주 탐험에서부터 유전학에 이르는 모든 분야에서 주류 과학이 나날이 이룩하는 눈부신 성과를 부인할 수 없다. 하나님이 한편으로는 창조에 대한 (우리 목사님의 용어를 그대로 빌리자면) '이단적' 관점을 키우고, 다른 한편으로는 '진정한' 과학이 매우 잘못된 것처럼 보이도록 만듦으로써 인류를 기만하고 계신단 말인가?

진화와 관련하여 나를 무던히도 괴롭힌 문제들 중 하나는 진화에는 무작위성이 요구된다는 것이었다. 하나님의 주권과 '목적 없는 우연'(purposeless chance)이라는 두 개념은 서로 어울리지 않아 보였다. 그러나 나는 우주의 구조와 우리의 삶과 관련하여, 미시적 차원에서는 '무작위적' 사건의 발생으로 여겨지는 것이 사실 거시적 차원에서는 질서와 안정의 구성 요소라는 사실을 깨닫게 되었고, 아울러 하나님이 우리 관찰자들이 '우연'(chance)이라고 정당하게 인지하는 사건(event)들을 이용하여 그분이 의도하신 목적을 달성하신다는 것도 알게 되었다. 사실 그리스도인들이야말로 누구보다도 이 명백한 이분법을 잘 이해할 수 있어야 한다는 깨달음이 머리를 때렸다. 왜냐하면 우리 그리스도인들은 살면서 때때로 겉보기에 무작위적인 사건들을 경험하면서도 만물에 대한 하나님의 주권을 변함없이 긍정하기 때문이다.

과학적으로 진화를 받아들일 태세를 갖추고도 성경과 모순된다고 주장되는 점들을 놓고 고민하다가, 나는 성경의 창조 기사들을 다시 점검하기 시작했다. 나는 그 성경 본문들은 문자적으로만 해석해야 하고 그 외의 모든 해석은 성경을 불신하는 행위라고 오랫동안 배웠다. 그러나 이제 나는 비유적 심상이 성경의 지면(紙面)에서 뛰쳐나오는 것을 발견하고 놀라지 않을 수 없었다. 하나님은 환기적(喚起的)

심상을 능수능란하게 사용하면서 영원한 진리를 전달하고 계셨다. 나는 창세기에서 이전에는 결코 발견하지 못했던 아름다움을 보기 시작했다. 예를 들어, 하나님이 티끌이라는 '무'(無)에서 그분의 소중하고 사랑스러운 자녀들을 빚어 내시는 모습이 그려진 창세기 2:7을 읽으면서, 나는 겸허함뿐만 아니라 심오한 우아함을 느끼고 진화와의 일관성을 보았다.

전쟁은 마침내 끝이 났다. 내게 과학과의 평화가 찾아왔다. 오늘날 나는 현대 과학의 노력을 적극 지지하고, 과학자들—그리스도인이든 아니든—이 인류를 향해 우리 창조주가 사용하시는 놀라운 방식들을 드러내는 일을 한다고 여긴다. 불행하게도, 나는 젊은 지구 관점을 검증의 심판대 위에 올려놓은 행위로 인하여 교회 지도부와 갈등을 빚게 되었고, 그것은 내가 교회를 옮기게 된 하나의 원인이 되었다.

여러 동료 복음주의자들이 과학에 적개심을 품고 있기에 나는 마음이 매우 괴롭다. 그러한 반과학적 인식이 우리의 자녀 세대와 손주 세대가 믿음을 갖는 데 큰 걸림돌로 작용할 것이라고 믿기 때문이다. 오늘 진화론이 그리스도의 십자가와 양립할 수 없다는 강경한 가르침을 받는 우리의 자녀와 손주들은 언젠가는 진화론의 명확한 진정성을 보여 주는 대학에 진학하게 될 것이다. 그날이 오면 셀 수 없이 많은 젊은 그리스도인들의 믿음이 백척간두에 놓이게 될 것이다.

그 후로 많은 세월이 흐른 현재의 이야기를 하자면, 지금의 나는 아내와 자녀들과 함께 신학적 토대가 공고하고 하나님 왕국의 활동에 열심인 교회에 출석하고 있다. 우리 교회 목사님들은 교회가 이러한 중요한 사안들을 놓고 씨름할 책무가 있으며 교인들도 그렇게 할 필요가 있음을 인정한다. 또한 영광스럽게도 우리는 지역의 다른 교회들과 함께 신앙과 과학에 대한 토론회를 개최하여 그리스도인들과 회의론자들이 함께 머리를 맞대고 그리스도―그분을 통해 그리고 그분을 위해 하늘과 땅의 모든 것이 창조되었다―의 놀라운 일들을 탐색할 기회를 누려 왔다.

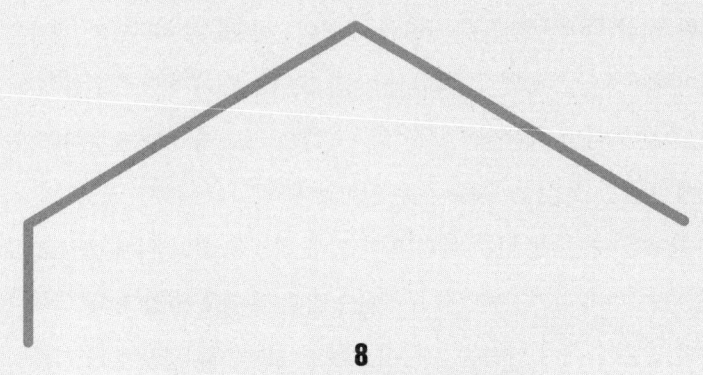

8
하나님의 언어를 배우다

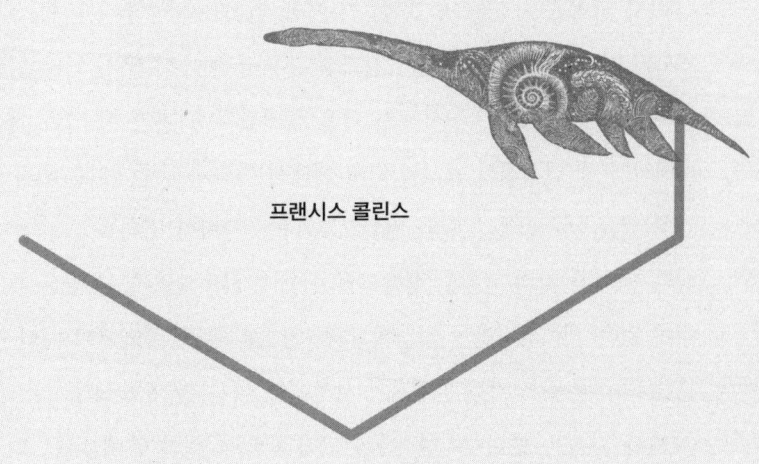

프랜시스 콜린스

프랜시스 콜린스(Francis S. Collins)는 임상 유전학자다. 그는 인간 게놈 프로젝트(Human Genome Project)를 이끌었는데, 그 프로젝트는 2003년에 최초의 인간 DNA 표준 서열 지침서를 내놓았다. 그는 미국 국립 보건원(National Institutes of Health) 원장이고 바이오로고스 창설자이며, 기타를 연주하고 할리데이비스를 탄다. 그리고 『신의 언어』(*The Language of God*, 김영사)의 저자다.

어린 시절 나에게 믿음은 중요한 부분이 아니었다. 하나님의 개념을 희미하게는 알고 있었지만, 하나님과의 교제는 내가 정말로 원하는 것을 주시면 나도 이런저런 일을 해 드리겠노라고 흥정하는 유치한 수준에 머물렀고, 그것마저도 드문 일이었다.

학부를 마친 뒤, 나는 물리 화학 박사 과정을 밟기 위해 예일로 갔다. 나는 점차 불가지론에서 무신론으로 옮겨 가고 있었다. 내 앞에서 영적 믿음에 대해 말하는 사람이 있으면 나는 거리낌없이 그 사람을 몰아세우면서 그러한 관점들을 감상적이고 시대에 뒤떨어진 미신이라고 깎아내렸다.

박사 과정을 시작한 지 2년이 지난 뒤, 편협하게 짜 놓은 나의 인생 계획이 서서히 무너져 내리기 시작했다. 매일 이론적 양자 역학에 관한 논문을 쓰기 위해 연구하는 일은 즐거웠지만, 과연 이 일이 삶을 지탱시켜 줄 인생길이 될 것인지에 대해서는 의구심이 피어올랐다. 삶의 지평을 넓히려는 노력의 일환으로 나는 생화학 강의를 듣기 시작했다. 엄격한 지적 원칙을 생물학의 이해에 적용하는 능력 같은 것은 내게 없을 것이라고만 여겼는데 유전 암호를 푸는 작업에서 나의 숨은 능력이 봇물 터지듯 발현되기 시작했다. 나는 깜짝 놀랐다.

박사 과정은 순탄했지만, 깊은 고민과 내적 성찰 끝에 나는 의과 대학에 지원하기로 했다. 나는 노스캐롤라이나 대학교(University of North Carolina)의 입학 허가를 받았다. 입학 후 몇 주가 채 지나기도

- 이 글은 Francis S. Collins의 책 *The Language of God: A Scientist Presents Evidence for Belief*에서 발췌, 편집한 것이다. Copyright © 2006 by Francis S. Collins. Reprinted with permission of Free Press, a division of Simon & Schuster, Inc. All rights reserved. 『신의 언어: 유전자 지도에서 발견한 신의 존재』(김영사).

전에 나는 여기야말로 내가 있을 곳이라고 확신하게 되었다. 의사로서 훈련받는 의학도들은 환자와의 극도로 밀접한 관계를 떠안게 된다. 병상에 누운 이 마음씨 좋은 노스캐롤라이나 사람들과 대화를 나누면서 나는 많은 환자들이 경험하는 삶의 영적 측면에 대해 충격을 받았다. 그러다가 가장 곤란한 순간이 찾아왔다. 치료가 어려운 심각한 협심증으로 고생하던 나보다 연배가 높은 여성 환자가 무엇을 믿으며 사는지 내게 물은 것이다. 나는 얼굴이 붉어지는 것을 느끼며 더듬더듬 말했다. "잘 모르겠어요."

그 순간이 며칠이고 내 머리를 떠나지 않았다. 신앙의 합리적 근거를 충분히 조사하고 나면 신앙을 가져야 할 이유는 모두 부정될 것이고 나의 무신론은 다시 한 번 긍정될 것이라며 자신만만했었지만, 사실 나는 한 번도 그런 면밀한 조사를 해 본 적이 없었다. 이제 나는 그 결과가 어떻든 그렇게 하리라 마음을 먹었다. 내가 세상의 주요 종교들을 나름대로 조사하던 어느 날, 같은 동네에 살던 감리교 목사가 책꽂이에서 책 한 권을 뽑아 건네주면서 읽어 보라고 했다. 그 책은 C. S. 루이스의 『순전한 기독교』(Mere Christianity, 홍성사)였다. 그 후 며칠 동안 나는 신앙의 타당성에 반(反)하여 내가 품었던 개념들이 모두 고작 초등학생 수준을 넘지 못했음을 깨달았다.

이와 같은 지적 탐색의 여정에서 첫발을 뗄 때 나는 나의 무신론을 확고히 다질 요량이었다. 그러한 한때 안전한 대안적 피난처로 간주되었던 불가지론은 이제 (불가지론이란 것이 종종 그러하듯) 책임 회피를 위한 도피처일 뿐임이 드러났다. 이제는 하나님에 대한 신앙이 불신앙보다 더 합리적인 것으로 보이게 되었다. 나는 내 자신의 마음을 들여다봄으로써 하나님의 존재에 대한 증거가 과학이 아닌 다른 곳으로부터 와야 한다는 점과 궁극적 결정은 증거가 아닌 믿음에 기초하여 내려야 한다는 점을 이해하기 시작했다. 나는 입을 쩍 벌린 협곡의 한편 끝에서 몸을 떨면서 한참을 서 있었다. 마침내 도망칠 곳이 없음을 깨닫고 나는 그것을 뛰어넘었다.

그러나 그것은 진리를 찾는 여정의 시작일 뿐 끝이 아니었다. 믿음의 주장들을 숙고하는 일이 아직 남아 있었다. 특히 무엇보나노 그 모든 주장 중에서 가장 가당찮아 보이는 주장 두 가지—예수 그리스도가 한낱 지혜로운 선생에 그치지 않고 하나님의 아들이라는 주장과 글자 그대로 죽은 자들 가운데서 살아났다는 주장—을 살펴보아야 했다. 역사적 증거는 강력했다. 그러나 과연 내가 믿을 수 있을까? 일종의 신을 믿기로 결심하고 꼬박 한 해가 흘러가자, 나의 마음은 고백의 자리로 불려 나갔다. 어느 아름다운 가을날 나는 캐스케이드 산맥을 올랐고, 하나님의 창조 세계의 장엄함과 아름다움 앞에서 나의 저항은 맥없이 꺾였다. 어느 모퉁이를 돌자 꽁꽁 얼어붙은 아름다운 폭포가 수십 미터의 높이를 자랑하며 홀연히 모습을 드러내었고, 나의 탐색 여정은 거기서 막을 내렸다. 다음 날 아침 태양이 떠오를 때 나는 이슬이 맺힌 풀밭에 무릎을 꿇고 앉아서 예수 그리스도께 나를 내드렸다.

몇 년 전에, 나는 그리스도인 의사들의 전국 모임에서 앞에 나가서 말을 할 기회가 있었다. 나는 게놈을 연구하는 과학자인 동시에 그리스도를 따르는 제자로서의 삶이 주는 크나큰 기쁨에 대하여 설명하였다. 여러 사람들의 얼굴에 따뜻한 미소가 번졌다. 이따금 "아멘" 하는 소리가 들려오기도 했다. 그러나 내가 진화에 대한 과학적 증거가 얼마나 강력한지를 입에 올리고 진화가 인류 창조를 위한 하나님의 우아한 계획이었을지도 모른다는 관점을 내비치자, 그 온기는 온데간데없이 사라졌다. 온기뿐만 아니라 참석자들 일부도 사라졌다. 그들은 실망감에 고개를 저으며 문자 그대로 나가 버렸다.

도대체 무슨 일이 벌어지고 있는 것인가? 생물학자의 시각에서 볼 때, 진화에 유리한 증거는 차고 넘친다. 다윈의 자연 선택 이론은 모든 생명체의 관계에 관한 근본적 이해의 틀을 제공한다. 진화론이 내놓은 예견들은 다윈이 150년 전에 진화론을 제안할 당시 상상조차 할 수 없을 만큼 다채로운 방식으로 결실을 맺어 왔다. 특히 유전체학의 분야에서 더욱 그러하다.

진화를 지지하는 과학적 증거가 그토록 강력하다면, 진화가 내리는 결론들에 대한 공적 지지의 부족에 대해 우리는 어떻게 해야 하는 것일까?

많은 그리스도인에게 문제가 되는 것은 우주와 지구와 모든 생명체와 인간의 창조에서 하나님이 감당하신 역할을 서술하는 성경의 특정 본문과 진화가 내리는 결론들이 상충하는 것으로 보인다는 점이다. 진화는 질문들을 제기한다. 그 질문들을 놓고 여러 세기에 걸쳐 논쟁이 이루어졌다. 다윈 이래로 비문자적 해석들은 일부 집단들로부터 의혹의 눈초리를 받아 왔다. 그런 해석들은 진화론에 '백기를 든' 것이고, 어쩌면 그렇게 함으로써 성스러운 성경 본문의 진리를 훼손할지도 모른다는 비난까지 받았다. 이와 관련하여, 다윈이 역사의 무대에 등장하기 전에, 혹은 지구의 많은 나이에 대한 지질학적 증거가 축적되기 전에 조예 깊은 신학자들이 창세기 1, 2장을 어떻게 해석하였는지 알아보는 것이 도움이 된다. 조사를 시작하자마자 우리는 기독교 신학자들이 창세기 1, 2장의 의미를 다채롭게 해석하였음을 알게 된다.

일부 신학자들, 특히 복음주의 교회의 배경을 가진 신학자들은, 하루로 지칭된 기간을 24시간으로 간주하는 것을 포함하여 창세기를 완전히 문자적으로만 해석해야 한다고 고집한 것이 사실이다. 창세기 1장과 2장을 그 뒤를 이어 나오는 계보와 더불어 연구한 후, 어셔(Ussher) 주교는 하나님이 하늘과 땅을 주전 4004년에 창조하셨다는 그 유명한 결론에 도달했다. 그와 동일하게 신실한 그리스도인들 중에는, 창조의 하루가 꼭 24시간이어야 할 필요는 없다고 믿지만 하나님의 창조 행위들이 창세기에 묘사된 그대로 또 그 순서대로 일어났다고 보는 사람들도 있다. 그리고 어떤 그리스도인들은 창세기 1, 2장의 언어가 모세 시대의 독자들에게 하나님의 성품에 대해 가르치고자 의도된 것이며, 그 당시에 기록되었더라면 대혼란만 초래했을 창조의 세부 내용에 대한 과학적 사실들을 가르치도록 의도되지는 않았다고 여긴다.

스물다섯 세기에 걸친 논쟁에도 불구하고, 그 어떤 인간도 창세기 1, 2장이 말하려는 바를 정확하게 이해하지 못한다고 말하는 편이 타당할 것이다. 우리는 그 성경 본문을 계속 탐색해야 한다! 그러나 그 탐색의 과정에서 과학적 발견이 원수를 대변한다고 생각한다면 그것은 그릇된 인식이다. 하나님이 우주와 그것을 다스리는 법칙들을 창조하셨다면, 그리고 그분이 인간들에게 그 법칙들의 작용을 알아낼 지적 능력을 주셨다면, 그분은 과연 우리가 그러한 능력을 무시하기를 바라실까? 그분의 창조 세계에 대해 우리가 발견하는 것들로 인하여 하나님이 위축되거나 위협받으실까?

진화의 메커니즘을 통해 모든 종이 갖는 연결성은 모든 생물학의 이해에 심오한 기초를 구성하는 것으로서, 그러한 연결성 없이는 어느 누구든 생명을 연구한다는 것을 상상하기조차 어려울 것이다. 하나의 메커니즘으로서의 진화는 사실일 수 있고 또 사실일 수밖에 없다. 그러나 이것은 진화의 저자가 어떤 분이신지에 대해서는 아무것도 말해 주지 않는다.

진화적 창조는 진지한 그리스도인인 진지한 생물학자들이 취한 주류적 입장이다. 그러한 생물학자들로는 미국의 유명한 다윈 옹호자인 애서 그레이(Asa Gray)와 20세기 진화론적 사고의 개척자인 테오도시우스 도브잔스키(Theodosius Dobzhansky)가 있다.

진화 창조론이 취하는 입장을 대략적으로 살펴보자면 이렇다. 공간이나 시간의 제약을 받지 않으시는 하나님이 우주를 창조하셨고 그것을 지배하는 자연 법칙들을 세우셨다. 하나님은 척박한 불모지로 남을 뻔했던 우주를 생명체들로 채우고자 진화라는 우아한 메커니즘을 통해 모든 종류의 미생물과 식물과 동물을 창조하기로 결정하셨다. 무엇보다도 놀라운 것은, 하나님이 바로 그 메커니즘을 이용하여, 지능을 갖고 옳고 그름을 분별하며 자유 의지를 갖고 하나님과 교제하기를 원하는 특별한 생명체를 만들기로 선택하셨다는 것이다.

이 관점은 과학이 자연 세계에 대하여 우리에게 가르쳐 주는 모든 것과 완벽하게 들어맞는다. 또한 성경적 기독교와도 전적으로 부합한다. 물론 그렇다고 해서, 진화 창조론 관점이 하나님이 실재하심을 증명하는 것은 아니다. 그 어떤 논증도 하나님의 실재성을 충분히 증명할 수 없다. 하나님에 대한 신앙은 언제나 믿음의 도약을 요구한다. 그런데 무수히 많은 과학자 그리스도인들은 이와 같은 통합을 통해 과학적 세계관과 영적 세계관의 행복한 공존을 가능하게 해 주는 만족스럽고도 풍성하며 일관성 있는 관점을 발견할 수 있었다. 그 관점은 과학자인 그리스도인들이, 하나님을 예배하는 한편 과학의 도구들을 가지고 하나님의 창조 세계에 담긴 경이로운 신비들의 일부를 캐내면서, 지적으로 충만하고 영적으로 생동감 있게 살아가도록 해 준다.

그리스도인들은 새로운 지식의 추구에서 최전선에 서도록 노력해야 한다. 믿음의 사람들은 여러 차례에 걸쳐 과학을 견인하여 왔다. 그런데 오늘날에는 과학자들이 자신의 영적 관점을 인정하기를 거북해하는 상황이 너무도 자주 빚어진다. 설상가상으로, 교회 지도자들은 새로운 과학적 발견들과 엇박자로 걸으면서 과학적 사실들을 충분히 이해하지 않은 채 과학적 견해들을 공격하려 드는 것 같다. 그 결과, 교회는 조롱을 당하고, 진지한 진리의 추구자들을 하나님의 품 안으로 불러들이는 것이 아니라 하나님 품 밖으로 내몰게 될 수도 있다. 잠언 19:2은 "지식 없는 열심은 좋지 못하고"(현대인의성경)라고 말함으로써 의도가 선하더라도 그릇된 정보에 기초한 종교적 열정에 대하여 조심할 것을 경고한다.

나날이 치열해지는 과학과 성경의 전쟁은 이제 종식되어야 한다. 이 전쟁은 애초에 불필요한 것이었다. 이 땅의 수많은 전쟁처럼, 이 전쟁도 양편의 극단주의자들이 초래하고 심화시키면서, 반대편이 스러지지 않는 한 임박한 멸망을 피할 수 없다는 경고의 나팔을 불어 왔다. 하나님은 과학을 위협하지 않으신다. 오히려 증진시키신다. 과학이 하나님을 위협하지 않는 것은 너무도 분명하다. 하나님이 그 모든 것을 가능하게 하셨기 때문이다.

그러니 우리 이제 함께 지적으로나 영적으로나 두루 만족스러운 모든 위대한 진리들의 통합이라는 굳건한 땅을 개척하자. 이성과 예배가 통합된 고대의 모국(ancient motherland)은 단 한 차례도 붕괴의 위험에 처한 적이 없다. 앞으로도 결코 그런 일은 없을 것이다. 그 땅은 신실한 진리의 추구자 모두에게 손짓하며 여기 와서 살라고 말한다. 그 부름에 답하라. 총안(銃眼)이 늘어선 요새를 떠나라. 거기에 우리의 소망과 기쁨, 그리고 이 세상의 미래가 달려 있다.

9
믿음, 진리, 신비

올리버 크리스프

올리버 크리스프(Oliver D. Crisp)는 풀러 신학교에서 조직 신학을 가르치는 교수다. 그는 여러 권의 책을 저술, 편집하였으며, 『교리의 재발견: 개혁주의 신학 논문집』(*Retrieving Doctrine: Essays in Reformed Theology*, IVP Academic)이 대표작이다. 결혼해서 세 명의 자녀를 두었으며, 왓슨이라는 바셋하운드 한 마리 그리고 마이크로프트라는 고양이 한 마리와 함께 살고 있다.

중요한 신학적 원칙 세 가지의 조명 아래에서, 나는 신앙과 진화의 연결성에 대해 숙고해 왔다. 그 중 첫 번째 원칙은 오래전 캔터베리의 성 안셀무스(St. Anselm of Canterbury)의 글을 연구하기 시작하면서 발견한 것으로서, **이해를 추구하는 믿음**이다. 우리는 믿음의 입장에서 출발하여, 믿음에 대한 지적 반추를 통해 우리가 헌신한 대상을 이해하기 위한 여행길에 나선다. 이 근본 원칙이 심오하도록 성경적이라는 점에 나는 항시 경탄하곤 한다(히 11:6을 읽어 보라). 이 원칙을 나에게 적용하면, 기독교 신학과 분석 철학(내가 훈련받아 온 학문의 두 분야다)이 제공하는 도구들을 이용하여 내게 주어진 믿음을 이해하고자 노력하는 것을 의미한다.

두 번째 원칙은 **모든 진리는 하나님의 진리다**라는 원칙이다. 내가 이 원칙을 어디서 처음 보았는지 완전히 확실치는 않지만, 기독교 철학자인 아서 홈스(Arthur Holmes)의 글에서였던 것으로 어슴푸레 기억한다. 그의 글을 처음 접한 것은 애버딘 대학교(University of Aberdeen)에서 학부생으로 공부할 때였다. 이 원칙의 배경에는 진리에 대한 일종의 실재론(realism)이 자리한다. 우리의 생각과 무관하게 참인 것들이 있다. 예를 들어서, 내가 믿든 믿지 않든 지구가 태양 주위를 돈다는 것은 참이다. 신학적 측면에서 이 원칙이 낳는 결과들 중 하나는, 어떤 것이 참이면 그것은 어디에서 발견되든 상관없이 참이라는 것이다. 하나님은 세상이 이러한 진리들을 반영하도록 창조하셨고, 우리는 (적어도 어느 정도는) 그러한 진리들에 가까이 다가설 수 있다. 성경에서 계시되지 않은 진리들은 우리를 둘러싼 세상에서 발견의 순간을 기다리고 있다. 그리스도인은 성경을 읽으려고 나아올 때, 성경이 하나님이 말씀하시는 수단이 됨을 믿는다. 하나님은 성경을 통해 스스로를 계시하시고 우리와 우리의 구원을 위한 목적을 드러내신다. 그러나 하나님은 다른 곳에서는, 예컨대 셰익스피어의 희곡에서는 그와 동일한 방식으로 스스로를 계시하시지 않는다. 그럼에도 불구하고 셰익스피어의 희곡에서 우리가 발견하는 진리는 하나님이 이 세상(물론 인간 지성을 포함하는 세상)에 엮어 넣으신 진리에 부합하는 만큼 참되다. 이것은 우리를 둘러싼 세상에 대해서도 적용된다. 세상에는 물리 상수들이 있고, 우리는 관찰과 계산을 통해 이것들을 알게 된다. 하나님이 세상을 이러한 방식으로 창조하셨다는 사실로 인해, 이러한 물리 상수들이 무엇인가와 관련하여 존재하는 진리가 있다. 하나님이 창조하신 세상은 이 물리 상수들이 모습을 분명하게 드러내고 우리는 관찰과 계산을 통해 그것들을 발견할 수 있는 곳이다. 이것은 "참 아름다워라"(This if My Father's World)라는 찬송가에 잘 집약되어 있다.

이곳은 나의 아버지의 세상이라네. 새들이 즐거운 노래를 우짖고
아침 햇살과 하얀 백합은 그 만드신 분을 찬양하며 선포하네.

이곳은 내 아버지의 세상이라네. 그분은 모든 고운 것에서 밝게 빛나시네.
풀잎들 사그락 스치며 곁을 지나가시고, 어디서든 내게 말씀하시네.
(옮긴이 번역)

세 번째 원칙은 **하나님은 신비로우시다**는 것이다. 이 원칙은 성경에서 수월하게 찾아볼 수 있다. 예를 들면, 구약은 비밀스러운 것이

우리 주 하나님께 속한다고 말해 준다(신 29:29). 더욱이 하나님은 욥에게 질문하신다. "네가 하나님의 오묘함을 어찌 능히 측량하며 전능자를 어찌 능히 완전히 알겠느냐?"(욥 11:7) 사도 바울은 고린도전서의 도입부가 되는 몇 장에서 복음이 품고 있는 하나님의 지혜를 선포하는데, 그 지혜는 그 세대의 지혜가 아니라 "감추어졌던 것인데 하나님이 우리의 영광을 위하여 만세 전에 미리 정하신 것"(고전 2:7)이다. 이 외에도 성경의 많은 구절이 비슷한 이야기를 들려준다. 하나님은 우리의 안계(眼界)를 초월하신다. 하지만 하나님은 성경을 통해, 그리스도를 통해, 심지어는 우리를 둘러싼 세상을 통해 자신의 일부를 계시하신다. 우리는 믿음의 눈에 성경의 안경을 쓰고 그 계시의 내용을 볼 수 있다.

요즈음 '신비'라는 단어를 경멸적으로 받아들이는 사람들이 있다. 일반적으로 사람들은 신학자들이 자신들이 옹호하는 관점이 암시하는 바를 받아들이기가 껄끄러울 때 "그것은 신비입니다!"라고 외친다고 생각한다. 기독교 사상의 역사에서 이러한 신학적 범주가 무원칙적으로 사용된 사례가 없지 않지만, 어떤 것이 오용된다고 하여서 그것의 올바른 사용법 자체가 없다는 뜻은 아니다. 하나님이 계시다면, 그분은 신비로우실 수밖에 없다. 우리와는 판이하게 다른 존재이실 테니까. 빅토리아 시대의 소설, 『플랫랜드』(Flatland, 필로소픽)에서 저자인 에드윈 애벗(Edwin A. Abbott)은 2차원의 생명체들이 사는 세상을 그려 낸다. 그러한 생명체가 3차원적 존재가 있을지도 모른다고 희미하게나마 인식하기 시작한다면? 어마어마한 상상력의 도약이 개입될 것이다. 죽을 수밖에 없는 인간들보다 측량할 수 없을 만큼 더 뛰어나신 하나님을 우리가 파악하는 과정도 그러할 것이다. 그 어떤 신학적 신념과도 상관없이 우리가 측량할 수 없는 많은 신비(예컨대, 인간의 의식, 또는 아인슈타인의 물리학과 양자 세계의 물리학을 어떻게 조화시킬 것인가)가 있는 것을 고려하면, 신비의 개념 자체는 문제될 것이 없다. 그 개념이 때때로 사용되는 방식이 문제다. 그러나 인간이 매진하는 다른 분야들—예컨대, 심리 철학—에서와 같이, 신학에서도 이 개념의 적확한 용도가 있다.

여러 가지 중요한 측면에서 나를 만들어 준 신학적 원칙들이 단지 이 세 가지일 리는 만무할 것이다. 그리고 진화와 기독교 신앙 사이의 관계에 대한 특정 사고방식을 형성하려면 이 세 가지 원칙만으로는 불충분하다. 나는 성 안셀무스가 (다윈의 진화론에 대해서는 아는 바가 없었겠지만) 이 세 가지 원칙 모두를 지켰을 것이라고 생각한다. 하지만 나는 이 세 가지 원칙이 특히 중요하다고 생각한다. 그 까닭은 그 원칙들이 우리가 지금 아는 대로의 자연 과학이라는 과업에 진지하게 다가서야 할 중요한 이유들을 말해 주고, 그리스도인들이 그와 같은 과업을 두려워할 필요가 없다고 생각해야 할 이유도 알게 해 주기 때문이다. 왜 그런지 설명하겠다.

나는 하나님이 본질적으로 선하시다고 전제한다. 그 이유는 그분이 완벽한 존재이시기 때문이다("하나님의 도는 완전하고", 시 18:30). 나는 또한 하나님이 자신이 창조하신 생명체들을 사랑하시고 그들에게 가장 좋은 것을 바라신다고 전제한다. 따라서 그러한 하나님이 창조하시는 세상이 그분의 성품과 조화를 이룬다고 상정하는 것은 타당하다. 그 세상은 하나님의 선하심과 피조물에 대한 자애로운 친절을 반영할 것이다. 우리는 이것이 성경에 반영된 것을 본다. 그런데 많은 그리스도인들은 이것이 우리를 둘러싼 세상이라는 '책'에서도 발견된다고 주장한다. 다시 말해서, 하나님이 본질적으로 선하고 자애로우시다면, 우리가 창조된 질서에서 읽어 내는 그분의 성품과 성경에서 계시된 그분의 성품이 반드시 일치해야 한다는 것이다. 하나님은 우리를 기만하지 않으신다. 하나님은 우리가 착오하도록 의도하지 않으신다. 하나님은 우리의 행복과 유익을 추구하신다.

그런데 19세기 이래로 자연 과학자들이 우리에게 말하는 것은 이 세상이 오랜 세월 진화해 왔으며, 진화는 생물학적 세상에서 자연 선택이라는 과정을 통해 일어나는데, 자연 선택은 (무엇보다도) 변화하는 상황과 환경 조건에 유리한 생물학적 특징을 물려줄 수 있는 생명체들이 선택되는 과정이라는 것이다.

많은 그리스도인들이 이것을 종교적 믿음과 조화시키는 데 애를 먹다가 세상의 진화론적 설명을 뒤로 하고 전근대적 세계관이라는 피난처로 도망가는 것은 놀라운 일도 아니다. 오늘날 복음주의적 하위문화의 많은 부분에서, 사람들은 여전히 성경의 하나님에 대한 믿음과 다윈과 그의 후계자들의 무신론적 세상에 대한 믿음 중에 하나를 선택해야 하는 양자택일의 궁지로 내몰린다. 흔히 그 두 가지를 단순히 양립 불가한 것으로 여기곤 한다.

하지만 진화가 참이고 모든 진리가 하나님의 진리이며 믿음이 이해, 즉 성경과 그리스도와 (다소 희미할지는 몰라도) 우리를 둘러싼 세상 안에서 계시되는 신비로운 하나님에 대한 이해의 추구를 동반한다면, 진화와 성경적 기독교는, 이따금 특정 시각에서 바라볼 때는 서로 갈등 관계에 놓인 것처럼 비쳐질 수 있을지언정, 원칙적으로 반드시 서로 조화로울 수밖에 없다. 바로 이 접근법이 이와 관련된 사안들에서 나의 생각에 살을 붙이고 이끌어 주었다.

최근 네티즌들의 입에 많이 오르내린 여성의 드레스 사진이 있는데, 그것은 '그 드레스'라고 칭해지게 되었다. 어떤 사람들은 그 사진의 옷을 금색과 흰색이 어우러진 드레스로 인식했지만, **정확히 똑같은 사진을 보면서** 어떤 사람들은 그 드레스가 검은색과 파란색으로 되어 있다고 보았다. 어떻게 이것을 설명할 수 있을까? 그 수수께끼에는 완벽하게 합리적인 답변이 있는 것으로 판명되었다. 인간은 다른 조명 아래에서는 같은 사물도 다르게 인식한다는 것이다. 이 논의를 접하자마자 나는 현시대의 복음주의 기독교 진영에서 펼쳐지는 창조-진화 논쟁이 떠올랐다. 똑같은 기독교 세계관을 지닌, 성경의 성격과 하나님이 어떻게 세상을 창조하셨는지 등의 문제에 대하여 똑같은 복음주의적 관점을 가진 두 사람이 진화와 창조의 관계에 대해서는 다른 관점을 취할 수 있다. 이러한 관점의 차이를 단순한 인식의 문제로 치부하는 것은 지나친 단순화일 것이다. 그런데 이 논쟁은 어딘가 '그 드레스'의 문제를 닮았다. 동일한 근본주의적 기독교 신앙을 가진 사람들이 진화와 하나님의 창조 세계의 관계에 대해 다른 관점을 갖게 된다는 점에서 그렇다.

오래전 학부생으로서 스코틀랜드에서 신학을 공부할 때만 해도 나는 진지한 그리스도인이라면 아무도 '진화의 이론'—우리는 그렇게 불렀다—을 받아들이지 않을 것이라고 생각했다. 나는 진화의 이론이 우리를 둘러싼 세상에 관한 형이상학적·자연주의적 설명이기 때문에 당연히 기독교 신앙과 양립할 수 없다고 여겼다. 즉, 진화의 이론이 제안하는 세상은 자연 선택을 포함하는 다양한 물리적 과정을 통하여 돌아가는데, 자연 선택은 본질적으로 방향성이 없다. 결국 하나님이 서실 곳이 없어지게 된다. 하지만 그동안 과학계의 많은 사람들이 제시한 증거와 논증들을 살펴보고, 이러한 논증들이 제기하는 철학적·신학적 문제에 대해서도 숙고하면서 나는 내가 착오에 빠져 있었음을 알게 되었다. 나의 신앙은 변하지 않았지만, 내가 가진 신앙에 대한 이해는 발전하였다. 하나님을 바라보는 나의 견해도 위축되지 않았다. 진화와 성경이 둘 다 참이라면, 그것은 말할 것도 없이 모든 진리가 하나님의 진리이기 때문일 것이다. 기독교 철학자 앨빈 플랜팅거(Alvin Plantinga)가 자신의 근작 『갈등은 실로 어디에 있는가』(*Where the Conflict Really Lies*)에서 상기시켜 주듯이, 둘 사이에 피상적 차이는 있을 수 있지만 깊은 곳에서는 서로 조화를 이룬다. 끝으로, 하나님이 모든 것을 창조하고 유지시키는 신비로운 존재시라면, 진화와 성경이 어떻게 관련성을 맺는지에 관한 세세한 내용이 늘 우리가 원하는 만큼 분명하게 보이지는 않는다는 점이 그리 놀랄 일이겠는가? 우리를 둘러싼 세상에서 많은 것이 그렇지 아니한가? 그리고 성경이 선포하는 대로의 하나님이 계신다면, 즉 (욥이 하나님을 맞닥뜨렸을 때에 너무도 분명하게 드러나는 것처럼!) 신비롭고 우리의 앎을 초월하는 길을 가며 목적하는 바를 피조물들에게 언제나 알려 주지는 않는 신이 있다면 우리는 당연히 그렇게 생각하지 않겠는가?

　오늘날 (자연 과학자들이 이해하는 대로의) 진화가 제기하는 중요하고도 시급한 신학적 질문들에 대한 답을 내가 모두 가졌다고는 여기지 않는다. 그래도 나는 이전보다는 조금 더 명확하게 둘 사이의 관계를 본다. 나는 하나님이 자연 선택을 포함한 자연적 과정들을 예정하신다고 본다. 교양 있는 종교의 멸시꾼들(cultured despisers)* 중에는 이러한 주장을 극단적으로 순진하다고 생각하는 사람들이 많다. 왜냐하면 자연 선택은 인도받지 않기 때문이다. 그리스도인이라면 반드시 '그와 같은 주장은 과학다운 과학의 진술이 아니고 형이상학의 진술이다'라고 생각해야만 할까? 나는 그래야 할 필요를 모르겠다. 많은 사람들은 세상에서 일어나는 일들을 인도해 가는 지성(intelligence)이 없다고 추론한다. 하지만 그리스도인이 과학으로서의 과학이 진술하는 내용과 계시로서의 성경이 진술하는 내용 모두에 기대는 것은 더할 나위 없이 타당하다. 왜냐하면 우리는 성경 역시 지식의 원천이라고 믿기 때문이다. 그리고 만일 모든 진리가 하나님의 진리라면, **원칙적으로 성경과 과학에 대한 우리의 이해는 양립 가능하다.** 물론 앞서 말한 것처럼, 인간이 지적 노력을 기울이는 가운데 만나는 다른 많은 수수께끼들처럼 정확하게 어떤 방식으로 양립하는지가 늘 명확하지는 않겠지만 말이다.

---

* 독일 신학자 프리드리히 슐라이어마허(Friedrich Schleiermacher)의 *On Religion: Speeches to its Cultured Despisers*에서 따온 표현으로 보인다.

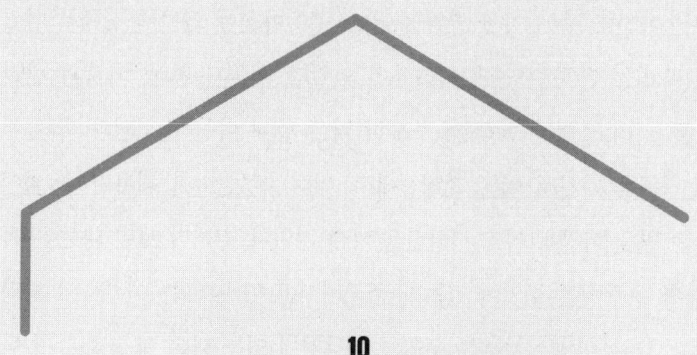

10
경이로운 우주에 감탄하다

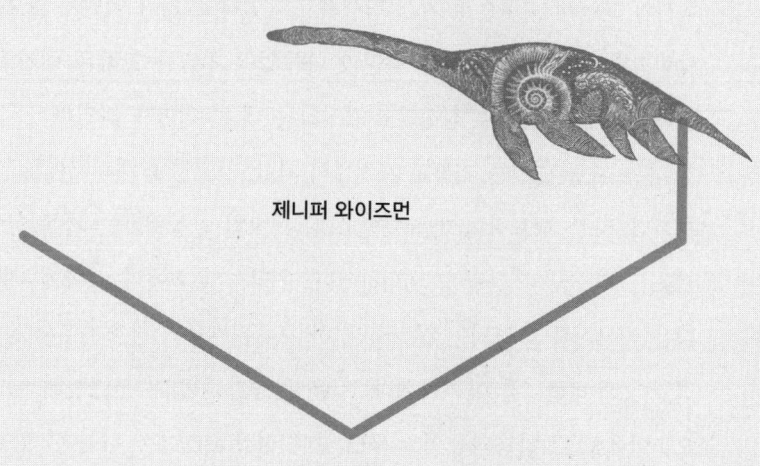

제니퍼 와이즈먼

제니퍼 와이즈먼(Jennifer Wiseman)은 천문학자이자 연사 겸 작가다. 그녀는 하버드 대학교(Havard University)에서 천문학 박사 학위를 받았고, 전파 망원경, 광학 망원경, 적외선 망원경을 이용하여 성간구름에서의 항성과 행성의 형성을 연구한다. 또한 공공 과학 정책과 봉사 활동에 관심을 갖고 있으며, 천문학과 과학적 발견이 안겨 주는 흥분에 관하여 이야기하기를 즐긴다. 그리고 동물과 자연 세계의 아름다움을 사랑한다.

나는 아칸소 주 오자크 고원의 어느 시골 마을에 있는 농장에서 자랐다. 우리는 온통 자연에 둘러싸여 있었다. 식물과 동물, 가축과 반려동물, 그리고 멋진 밤하늘. 무수히 많은 날에 나는 부모님과 함께 저녁 산책을 나가서 이쪽 지평선에서 저쪽 지평선까지 헤아릴 수 없이 많은 별을 머리에 이고 시골길을 따라 걸었다. 그러다 보면 나는 문득 저 위 우주에는 무엇이 있는지 궁금해지곤 했다. 나는 어른으로 자라갔고, 그 사이에 NASA는 우리의 태양계에 있는 다른 행성들로 첫 탐사선들을 보냈다. 이 탐사선들은 목성의 위성인 유로파(Europa)와 이오(Io)라는 이국적인 세상의 이미지를 지구로 보내 왔다. 나는 우주 비행사가 되어서 그곳으로 가서 탐색하고 싶었다. 그것이 여의치 않으면 망원경으로라도. 어린 시절 자연과 나누었던 친밀한 교감은 내가 천문학을 평생의 업으로 삼겠다고 결심하는 데 큰 역할을 하였다.

나는 사랑 넘치는 기독교 가정에서 자랐고, 그것에 대해 정말로 감사한다. 나는 생물학적 가족뿐만 아니라 교회 공동체라는 가족 안에서도 그리스도의 사랑을 체험하였다. 우리는 교회에서 과학에 대해 많은 이야기를 나누지는 않았지만, 하나님을 만물의 창조자로서 경배하였다. 우리는 "참 아름다워라" 같은 찬송가를 즐겨 불렀는데, 나는 오늘날에도 그 찬송가들이 너무도 좋다. 성장 과정에서 나는 단 한 번도 과학과 신앙 사이에서 갈등이 빚어지는 것을 본 적이 없다. 우리는 하나님이 자연을 만드셨다는 것을 단순하게나마 이해했다. 자연이 이토록 장엄하므로 자연 세계로 인하여 하나님을 찬양하는 것이 마땅했다.

과학자의 길을 정확히 어떻게 걸어갈지에 대해서는 막막하였지만,

나는 대학교 진학을 통해 그 길에 오를 수 있다는 사실에 들떴다. 나는 과학을 좋아하는 오빠의 응원을 받으며 우리 가족 중 최초로 대학에서 과학 학위를 받기에 이르렀다. MIT에서 학부 과정을 밟는 동안, 나는 과학 수업 시간에 배우는 것, 교수님들이 무심코 던지는 말, 대중 매체의 말과 나의 신앙이 옹호하는 것 사이에서 갈등의 가능성을 포착하였다. 그 갈등은 과학 자체의 문제라기보다는 성경 해석 방법과 큰 상관이 있어 보였다. 고향에서 다니던 교회에서는 대부분의 사람들이 창세기의 상당히 엄격한 문자적 해석을 수용했었다. 달리 해석할 이유가 없었던 것이다. 우리는 창세기가 전달하는 대략적 그림처럼, 하나님이 만물을 엿새 동안 창조하셨다고 믿었다. 그러나 그것에 대한 가르침에는 겸허함이 배어 있었다. 우리 목사님들은 이렇게 말씀하시곤 했다. "우리는 모두 다 안다고 생각해서는 안 됩니다. 하나님이 성경의 짧은 몇 구절을 통해 창조 방법을 세세히 다 계시하지 않으셨을 수도 있으니까요." 우리는 하나님께는 하루가 천 년 같다는 사실을 염두에 두고 그분이 무진(無盡)한 시간에 걸쳐 무한(無限)한 주의를 창조에 기울이셨을 것이라는 사실에 마음을 열어야 한다는 것을 이해했다.

그 겸허함의 토양은 학문적 배움과 성경을 조화시키도록 나를 준비시켰다. 과학 교육은 창조에서의 하나님의 주권적 개입에 관하여 성경이 하는 말에 대한 의심의 씨앗을 심지는 않았다. 나의 독서량은 더욱 늘어났다. 특히 그리스도인 과학자들이 성경에 대한 이해와 자연의 세세한 부분에 관한 구체적 배움을 어떻게 조화시켰는지 저술한 책들을 많이 읽었다. 이러한 선배 과학자들이 캠퍼스에서 활동 중인 기독교 단체들의 모임에 오기도 했다. 예수 그리스도를 따르는 뛰어난 과학자들의 본보기를 눈으로 직접 볼 수 있었기 때문에 그러한 방문은 나 같은 학생에게 더없는 도움이 되었다. 성경과 하나님에 대한 경외 그리고 자연 세계의 탐구에 대한 사랑이 어우러져 아름다운 모자이크를 만들어 내는 것을 나는 볼 수 있었다.

천문학자로서 나는 저 하늘들(the heavens)을 연구하는 것을 업으로 삼고 있다. 천문학과 우주학은 수십억 년에 걸쳐 우주가 겪어 온 커다란 변화들을 들추어낸다. 우리는 망원경으로 시간을 타고 여행하는 빛과 기타 전자기 복사를 포착한다. 사실상 우리가 보는 우주는 지금의 우주가 아니라 어느 과거의 우주다. 우리는 창조의 새벽에서 멀지 않은 시점에서 형성되고 있는 '아기' 은하들을 보고 그 조성을 연구한다. 우리는 초기 은하들이 머금은 별들의 조성이 매우 단순하다─대부분 수소 가스이고 그 외의 구성 성분은 거의 없다─는 것을 본다. 그러나 우리의 은하수같이 성큼 자라 버린 은하들을 연구하다 보면, 수십억 년의 세월 동안 몇 세대에 걸쳐서 오고 가는 별들을 보게 된다. 이 별들은 우주의 용광로처럼 작용해서 산소, 탄소, 철처럼 더 무거운 원소들─우리의 시간과 태양계 안에서 행성들과 생명을 위해 우리가 필요로 하고 그 혜택을 누리는 원소들─을 생산하고 널리 퍼뜨린다. 다시 말하자면, 별들은 그 자체로 우주를 성숙시키고 풍성하게 만드는 일에서 핵심적 역할을 담당하는 거대한 생산 공장인 셈이다. 광활한 우주 전체에 걸쳐 우주적 시공간의 차원에서 이 드라마가 펼쳐지는 것을 보노라면, 더 큰 이야기의 맥락을 배경으로 진행되는 지구라는 행성에서의 생물학적 진화가 좀 더 쉽게 눈에 들어온다. 또한 창조에 대한 나의 생각에 경외와 겸허의 감각이 흘러넘치게 된다.

과학과 나의 기독교 신앙 사이에서 근본적 갈등을 겪은 적은 없지만, 나에게는 여전히 대답을 얻지 못한 질문들이 있다. 그리고 시공간의 광활함을 묵상할 때면 심오한 신비와 하나님의 위대하심을 대면하게 된다. 우주의 나이는 130억 년이 넘는다. 그러나 우리의 지구는 탄생한 지 고작 40억 년밖에 되지 않았고, 고등한 형태의 생물이 등장한 것은 기껏해야 수억 년 전이다. 어떻게 정의하느냐에 따라 그 시점은 더 가깝게 당겨질 수도 있다. 그렇다면 우리 세상의 낯익은 요소들이 존재하기 전의 그 길고 긴 세월 동안 하나님은 도대체 무엇을 하고 계셨을까? 은하들만 있고 행성은 없던 80억 년 전에도 우주의 복지에 관심을 가지셨을까? 이렇다 할 거대 포유류는 없었지만 공룡들이 살던 수백만 년 전에는? 하나님은 인간이 나타나기만을 마냥 기다리고 계셨을까? 왜 이 모든 것을 순식간에 창조하여 곧장 본론으로 들어가지 않으셨을까? 나는 이러한 질문들에 대한 정답을 알지 못한다. 그저 하나님의 시간에 대한 관점과 사용법은 우리와 매우 다를 것이라고 추측할 따름이다. 평생 잠으로 보내는 시간의 비율을 생각해 보건대, 인간의 일생도 그리 효율적이지 못하다. 우리의 영적 삶도 기대만큼 쑥쑥 자라나지 못하기는 매한가지다. 많은 측면에서 성숙이란 평생이라는 시간이 걸리게 마련이다. 하나님은 현재에 관심을 가지고 계시며, 자연 세계에서든 우리의 개인적 삶에서든 마침내 나타날 것에 대한 꿈과 인내심을 가지고 계시는 것으로 보인다. 창세기에서 우리는 창조의 각 단계에서 피조물이 그 자체로 보시기에 '좋았다'고 선언하시는 하나님을 본다. 그래서 나는 하나님이 태초 이래로, 심지어 인간들이 나타나 그분을 인식하기 전부터 우주의 각 단계에 대해 깊은 애정을 품으셨고, 우주의 각 단계는 그분께 영광을 돌렸다고 믿는다. 우리는 **왜** 하나님이 하늘의 이쪽 편을 서서히 창조하시는지 결단코 알지 못할 수도 있다. 어쩌면 이런 창조 방식을 통해 하나님은 우리에게 요구되는 종류의 인내심이 어떤 것인지를 보여 주고 계신지도 모른다.

우주가 수십억 년 동안 존재해 왔다는 말을 들을 때 절망하면서 인생이 무가치하고 무의미하다고 느끼는 사람들이 있다. 팽창하고 있는 우주―그 안에는 은하 수십억 개가 있고, 각 은하에서는 항성이 생성하고 소멸하며, 그 항성들에 속한 행성들도 그러할 것이다―에서 우리의 인생은 어떤 가치를 지닐 것인가? 이것은 좋은 질문이다. 나는 그 질문에 쉽게 답할 수 없지만, 성경이 우리가 **가치 있다**고 거듭 확증해 준다는 사실에 용기를 얻는다. 성경이 확언하는 우리의 가치는 우리의 수명이나 우리가 우주에서 차지하는 위치와 무관하다. 사실 성경은 우리가 먼지와 같고 자라났다가 곧 시들어 버리는 풀과 같다고 상당히 명쾌하게 선언한다(시 103:14; 벧전 1:24). 그러나 동시에 우리를 향한 하나님의 깊은 사랑과 우리가 그분의 형상을 따라 지음받았음에 대하여 거듭 말한다. 우리의 가치는 우리가 우주에서 차지하는 작디란 시공간에 있지 않다. 우리가 존재한다는 것, 모든 것을 있게 하신 하나님과 관계를 맺는다는 것, 이 관계가 영원히 존속한다는 것에 있다. 성경은 하나님이 세상을 너무도 사랑하신 나머지 "말씀이 육신이 되어 우리 가운데 거[하셨음]"을 심오하게 계시한다(요 1:14).

이와 같은 사고방식은 우리의 기도 생활을 넘치도록 풍성하게 만들어 준다. 우리가 기도를 드리는 대상인 하나님은 측량할 수 없이 긴 세월에 걸쳐 성장하는 우주를 만드신 분이다. 그런데 세상의 창조 전에 하나님은 우리를 생각하셨다. 우리를 마음에 두시고 우리의 인생과 구속을 위한 계획을 가지고 계셨다. 하나님 자신이 예수 그리스도 안에서 창조 세계의 일부가 되기로 계획하셨다. 이 권능과 사랑과 지혜가 넘치는 하나님이 우리의 기도를 들으신다. 생각할수록 놀랍지 않은가!

우리와 하나님의 관계와 하나님을 바라보는 우리의 관점 역시 다른 행성들에 생명이 존재할 가능성을 고려함으로써 더 풍성해질 수 있다. 나는 중요한 천문대들에서 중요한 망원경들을 이용하여 연구하는 특권을 누렸다. 커다란 망원경들은 최근에 지구와 유사할 가능성이 있는 많은 행성들의 존재를 드러내었다. 그 행성들은 각자의 어미별(parent star)로부터 지구와 태양 사이의 거리 정도 떨어져 있고, 액체 상태의 물을 머금고 있을 가능성이 있고, 우리가 생명이 살기에 적합하다고 여기는 조건들을 갖추었을 수도 있다. 얼마나 흥미진진한가! 아직은 지구 너머의 그 어떤 행성에서도 생명이 발견되지 않았지만, 이른바 '외계 행성'들을 더 자세히 들여다볼 수 있는 기술이 빠르게 발달함에 따라 외계 생명체 발견에 대한 기대가 점점 커지고 있다.

이것이 그리스도인들에게 갖는 의미는 무엇일까? 다른 곳에 생명이 있을 수 있을까? 이러한 질문들에 대해서도 경외와 겸허의 토대 위에서 접근해야 한다. 성경은 이 문제에 대해 구체적으로 언급하지 않는다. 기독교 신학자들은 여러 세기에 걸쳐 외계에 생명체가 존재할 가능성이 함축하는 바가 무엇인지 그리고 그 가능성이 하나님과의 관계와 그리스도의 구속 사역에 대하여 갖는 의미는 무엇일지 궁리해 왔다. 이 주제는 새로운 것이 아니지만, 우리는 지금 새로운 것들을 발견해 가고 있으며, 그러한 발견들은 지구 너머에서 생명을 찾을 가능성이 시사하는 바에 대한 질문들에 새로운 활기를 불어넣는다.

    기술의 계속적 진보와 함께, 우리는 하나님의 창조 세계가 갖는 화려함을 더 많이 발견할 가슴 설레는 기회를 맞이하고 있다. 그리고 다른 곳에 생명이 존재할 가능성을 탐색하면서, 우리는 그와 같은 생명체의 발견이 하나님과 인류의 관계에 대한 기독교적 이해에 어떤 영향을 미칠 것인지 질문을 던질 수 있다. 내가 보는 바로는, 다른 곳에 생명이 존재하든 아니면 지구가 유일한 생명의 거처이든 상관없이, 우리에게는 하나님을 찬양할 이유가 있다. 우리의 믿음은 우리가 과학을 통해 발견하는 바에 기대지 않는다. 우리가 아는 바에 따르면, 각 은하는 길고 긴 세월에 걸쳐 생명에게 필요한 원소들을 생산하는 항성 수십억 개를 품고 있다. 그런 은하를 수십억 개나 창조한 너그러우신 하나님을 생각할 때 생명으로 가득한 우주는 전혀 이상할 것이 없다. 또 한편으로는, 온 우주 가운데에서 오직 지구만이 생명의 거처라면 (비록 모든 항성계를 일일이 관찰하지 않는 한 과학적으로 결코 증명할 수 없긴 하지만!), 우리의 존재 자체에 대해 더할 나위 없는 감사함을 느끼게 될 것이다. 개인적으로 나는 지구상의 각 생태계에 존재하는 온갖 흥미로운 생명체를 고려할 때, 지구 너머에 적어도 지극히 단순한 형태의 생명체가 존재한다 해도 놀라지 않을 것이다. 지구에 생명과 생명의 생육 조건을 가능하게 하신 우리의 너그럽고 창조적인 하나님이 다른 곳에서 같은 일을 하지 못하실 이유는 없지 않은가?

글을 맺으며, 과학 일반에 관하여 또는 구체적으로 우리의 세상과 우주의 진화 역사에 관하여 논의를 시작하기 원하는 교회 지도자들을 위하여 약간의 실질적 조언을 하고자 한다. 찬양으로 모임을 시작하라. 성경은 상세한 과학적 논의로 채워져 있지 않다. 성경에서 넘쳐흐르는 것은 찬양, 하나님의 창조 사역에 대한 찬양이다. 성경은 저 하늘들에서 일어나는 자연적 과정도, 자신들의 삶을 살아 내는 동물들과 식물들이 겪는 자연적 과정도 찬양의 행위임을 선포한다. 자연 세계에서 벌어지는 일과 우리가 과학으로부터 배우는 바에 감탄하는 것이 우리의 출발점이 되어야 한다. 하나님의 작품을 세세히 들여다볼 수 있도록 해 주는 과학이라는 도구를 선물로 주심에 감사하자.

과학은 난처한 문제들을 제기할 것이다. 우리가 겸손한 마음으로 진실한 질문들을 던지며 그러한 문제들에 다가간다면 불안감은 누그러질 것이다. 우리는 그 모든 질문에 대하여 즉각 정답을 찾아내지 못할 수도 있다. 우리는 그리스도인들이 그와 같은 주제들에 대하여 취하여 온 접근법 몇 가지를 인내심 있게 찬찬히 살펴보아야 할 것이다. 그리고 일단 판단을 유보한 채 과학적 발견들을 수고롭게 배워야 할 것이다. 이러한 방식으로, 자연 세계에 대한 경이와 지식과 호기심의 토대 위에 겸허의 집을 지을 수 있을 것이다. 그러다 보면 우리는 질문을 해도 괜찮다는 것을 깨닫게 될 것이다. 우리가 무엇을 과학 연구의 대상으로 삼든 우리의 선하시고 신실하신 하나님의 궁극적 권위와 사랑은 위협받지 않을 것이다.

11
끓는 주전자와 개조된 유인원

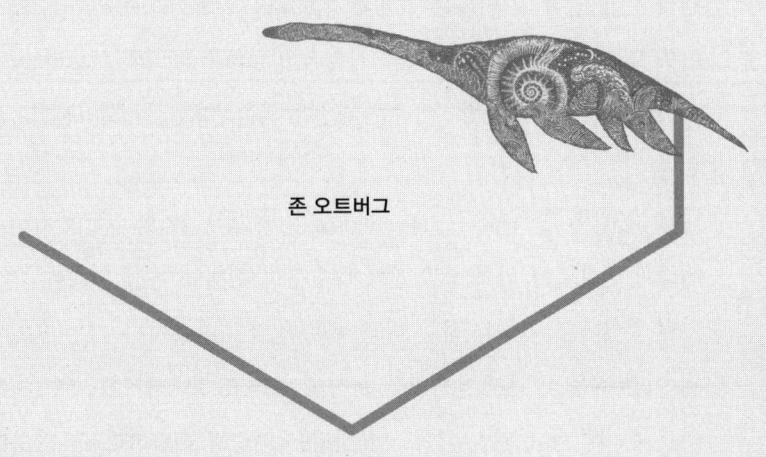

존 오트버그

존 오트버그(John Ortberg)는 저술가 및 연사이자, 샌프란시스코 만안 지역에 있는 멘로 파크 장로교회(Menlo Park Presbyterian Church)의 담임 목사다. 최근작으로 『존 오트버그의 선택 훈련: 매 순간이 하나님의 '열린 문'이다』(*All Places to Go…How Will You Know?*, 두란노)가 있다. 장성한 자녀들을 둔 존과 아내 낸시는 태평양에서 서핑을 즐기며 자신들의 영혼을 살찌우고 있다.

과학은 신앙을 부정하는가? 이 질문을 숙고할 때 과연 과학만이 믿은 직한 유일무이의 지식 획득 방법인지 질문을 던져 보는 것은 좋은 출발점이 될 것이다. 우리 시대에 과학이 맹렬한 위세를 떨치고 있음을 고려할 때, 이 질문은 정말로 중요하다. 과학적 지식 외에 다른 종류의 지식이 있을 수 있는가? 단답식으로 대답하자면, 그렇다. 그리고 우리가 그것을 인정하지 못할 때, 우리가 의지하여 살아갈 지식이 제약을 받는다. 과학이 의학이나 기술 같은 특정 분야들에서 놀라운 진보를 이룩하다 보니 과학적 방법 또는 실증적 검증만이 신뢰할 만한 지식을 얻는 유일한 길이라고 주장하는 사람들도 있다. 그러한 주장은 도덕적 지식, 영적 지식 혹은 인격적 지식(personal knowledge) 같은 것은 아예 없다는 말과 같을 것이다. 과학적 방법만이 지식에 도달하는 신뢰할 수 있는 유일한 방법이라는 관점은 과학주의(scientism)라고도 불린다.

존 폴킹혼 경(Sir John Polkinghorne)은 케임브리지의 물리학자이자 성공회 신부로서 과학/종교 문제에서 우리 시대의 가장 위대한 사상가일 것이다. 그가 제시하는 다음 예는 정말로 유용하다. 그는 우리에게 이런 질문을 던지는 사람을 상상해 보라고 청한다. "이 주전자 속의 물은 왜 끓고 있습니까?" 한 사람은 이렇게 대답한다. "왜냐하면 가스가 연소되면서 물을 가열하고 있기 때문입니다." 또 한 사람은 이렇게 답한다. "왜냐하면 내가 차 한 잔을 원하기 때문이죠." 어떤 답이 옳은가? 글쎄, 둘 다 옳다. 한 사람은 객관적인 역학적 원인에 대하여

- 이 에세이는 멘로파크 장로교회에서 2014년 1월 5일에 존 오트버그가 행한 설교, "과학은 신앙을 부정하는가?"(Does Science Disprove Faith?)를 편집한 글이다.

이야기한다. 이것이 바로 과학이 주로 하는 일이다. 또 다른 대답은 사람, 목적, 의도로 이루어진 틀 안에서 주어졌다. 이것은 역학적 방식으로 주어진 과학적 대답은 아니지만, 진실일 뿐만 아니라 진짜로 중요하다. 그래서 과학이 현실의 큰 부분을 조사할 때 엄청나게 유용한 방법을 이용하긴 하지만, 그것이 진실 혹은 진리를 아는 유일한 길은 아니다. 예를 들어, 인간의 생명은 매우 소중하다. 이것은 참이다. 우리는 그것이 참임을 안다. 하지만 그것을 검증을 위해 시험관에 넣을 수는 없는 노릇이다. 이기적인 탐욕을 좇아 사는 것은 옳지 않다. 이것은 도덕적 진리다. 과학주의는 과학적 방법에 의해 속속들이 설명될 수 없는 차원은 존재하지 않거나 중요하지 않다고 말하는 도그마다. 과연 과학은 신뢰할 만한 지식을 얻는 유일한 길인가? 아니, 그렇지 않다. 과학은 매우 중요하지만, 그렇다고 해서 유일한 길인 것은 아니다.

과학이 우주에게는 목적이 없음을, 즉 우주는 무작위적 기계일 뿐임을 보여 준다는 말을 하는 사람들이 있다. 작고한 칼 세이건은 이렇게 말했다. "우리는, 우주에 사람들보다 훨씬 더 많은 은하들이 있고, 그 우주의 어느 잊힌 모퉁이에 성기게 퍼진 은하단이 처박혀 있으며, 그 은하단의 한낱 구성원인 어느 은하의 가장자리로 뻗은 두 개의 나선 팔 사이에서 헤매는 하찮은 항성에 딸린 시시한 행성 위에 우리가 살고 있다는 사실을 발견한다."[1]

가치관이 반영된 표현들에 주목해 보라. 잊힌, 처박혀, 헤매는, 하찮은, 시시한. 이 표현들은 과학적 용어가 아니지만 상당한 의미의 무게

---

1 Carl Sagan, *Cosmos* (New York: Random House, 1980), 193.

를 지고 있다. 이러한 진술의 배후에는, 어찌되었든 과학이 우주의 크기와 나이의 어마어마함을 보여 줌으로써 미미하고 작은 인간들은 신앙이 가르치는 것과 같은 특별한 존엄성을 갖지 않음을 증명했다는 생각이 웅크리고 있다. 하지만 세이건은 자연의 큼과 인생의 작고 짧음이 대조된다는 생각의 창시자가 아니다. 수천 년 전에 시편 기자는 이렇게 노래했다. "주의 손가락으로 만드신 주의 하늘과 주께서 베풀어 두신 달과 별들을 내가 보오니 사람이 무엇이기에 주께서 그를 생각하시며 인자가 무엇이기에 주께서 그를 돌보시나이까"(시 8:3-4). 정확히 똑같은 대조가 이미 오래전에 진지한 묵상의 주제였던 것이다. 그런데 시편 기자는 이어서 다음과 같이 읊조리지 않는다. "이것을 해결하는 방법은 물리적 크기의 측면에서 사물의 규모를 보는 것입니다. 내가 보기에 사람들은 거대합니다. 내가 생각하기에 지구는 거대하고 태양과 달과 별들은 작습니다. 그러니 우리가 이긴 겁니다." 시편 기자는 그렇게 말하지 않는다. 그는 이렇게 말한다. "그렇지만 하나님이 인간을 영화와 존귀로 창조하셨습니다. 인간에게 관을 씌우시고, 초월적 존재처럼 만드셨습니다." 인간에게는 하나님의 형상이 심겨 있다. 인간은 배움과 창조의 능력을 가지고 있다. 인간은 도덕적 행위자로서, 의사 결정을 내리고 결정에 대해 책임을 지고 창조 세계를 돌보는 능력을 부여받았다. 이는 굉장한 일이다.

우주의 비인간적 요소(nonhuman element)들은 놀랍도록 꿋꿋한 경이감을 우리 속에 일깨운다. 지난 크리스마스 휴가 때에 나는 헌팅턴 비치에서 서핑을 하다가 희한한 광경을 마주했다. 돌고래들이 몇 피트 떨어지지 않은 곳에서 계속 헤엄을 쳤는데, 그중 한 쌍의 돌고래가 아기 돌고래와 함께 유영하고 있었다. 대양에서 어린 아기 돌고래를 보는 것만으로도 상당히 이례적인 일이었지만, 더 놀라운 일이 펼쳐졌다. 한 순간 위를 올려다보았더니 (나의 서핑 실력에 비추어 볼 때 집채만 한) 큰 파도가 밀려오고 있었고, 그 꼭대기에 돌고래 한 마리의 윤곽선이 보였다. 난생처음 보는 광경이었다. 포토샵으로 돌고래 여러 마리를 파도 위에 얹은 포스터는 흔히 볼 수 있지만, 이것은 실제 상황이었다. 파도 마루에 올라탄 돌고래라니. 다음 순간 파도가 부서졌고, 그 돌고래는 해변과 평행을 이루도록 몸을 틀더니 자기 몸뚱이를 서핑 보드 삼아 그 큰 파도를 탔다. 그러고는 물 밖으로 불쑥 솟아올라 내게 인사말을 건넸다. "존, 안녕하세요!"(아니다. 돌고래가 인사를 하지는 않았다. 그래도 나머지는 모두 다 사실이다) 나는 결코 이 일을 잊지 못할 것이다. 그야말로 장관이었다.

경이감 안에는 무엇이 존재한다는 깨달음과 그것이 좋다는 깨달음이 분간할 수 없게 뒤섞여 있다. 하나님이 말씀하시니 그대로 되었고 그분이 보시기에 그것이 좋았더라는 창세기의 말씀은 그것을 읽는 인간의 마음속에서 메아리쳐 울린다. 그것은 지금도 좋다. 우리는 그것을 안다. 경이감은 우리를 예배로 위태롭도록 가깝게 이끌고 간다. 생각이 많은 사람이라면 이런 질문을 던질 수 있을 것이다. "경이로움과 의미를 향한 우리의 허기가 물질적 실재 너머에 있는 그 무언가에 대한 실마리가 될 수 있는가?" C. S. 루이스는 이렇게 적는다. "생물체들은 충족물이 존재하지 않는 욕구를 가지고 태어나지 않는다. 어린 아기가 배고픔을 느낀다. 그렇다면 음식이 있다. 새끼 오리가 헤엄치기를 원한다. 그렇다면 물이 있다. [사람들은] 성적 욕구를 느낀다. 그렇다면 성교가 있다. 이 세상의 그 어떤 경험도 충족시킬 수 없는 욕구가 내 안에 존재한다면, 아마도 내가 다른 세상을 위해 만들어졌다는 것이 가장 설득력 있는 설명이 될 것이다."[2]

그런데 여기서 잠깐. 오늘날의 과학에 비추어 볼 때 우리가 이 세상의 일부인 것은 명백하지 않은가? 우리는 단지 진화의 산물에 불과하지 않은가? 이것은 뜨거운 논쟁거리다. 진화는 뜨거운 논란의 중심에 있다. 어느 꼬마가 아버지에게 가서 묻는다. "아빠, 인간은 어디서 왔어요?" 아버지가 대답한다. "음, 그러니까 우리는 유인원의 후손이란다." 이번에 꼬마는 어머니에게로 간다. "엄마, 인간은 어디서 왔어요?" 어머니가 대답한다. "하나님이 그분의 형상대로 우리를 지으셨단다." 꼬마가 말한다. "하지만 아빠는 우리 조상이 유인원이라고 하셨는데요." 그러자 어머니가 응수한다. "엄마는 아빠 쪽 말고 엄마 쪽 조상을 말하는 거야." 재미있는 이야기다. 그런데 이 대목에서 찻주전자의 예가 떠오르지 않는가? 과학적 진술과 신학적 진술은 갈등 관계에 있는가? 우리가 성경이 과학의 경쟁자를 자처하며 과학적 진술을 내놓을 것이라고 기대할 경우에만 그렇다.

휘튼 대학(Wheaton College)의 존 월튼 구약학 교수는 성경을 구성하는 책들이 언제나 당대의 대화로부터 나왔다는 점을 내게 설득시켰다. 사람들은 갖가지 엉뚱한 아이디어들을 바탕으로 성경의 책들에 대해 이렇게 가정한다. "역사적 맥락을 먼저 살펴보고 최초의 독자들이 어떻게 이해했을지 물어볼 필요는 없어. 나의 시대와 문화와 목

---

[2] C. S. Lewis, *Mere Christianity* (New York: HarperOne, 2001), 136-137. 『순전한 기독교』(홍성사).

적에 따라 읽히는 대로 읽으면 되는 거야." 이러한 마음가짐에는 일종의 교만이 도사리고 있다. 겸손하지 못한 것이다. 월튼은 많은 시간을 들여 이것을 살펴보았다. 고대 메소포타미아 세계에서 대화가 있었다. "우리는 어디서 왔는가? 이 땅은 어떻게 여기에 있게 되었는가?" 하지만 그 대화는 우리 시대의 대화나 화제와는 매우 달랐다. 이는 우리가 어떻게 창세기를 이해하는가에 결정적으로 중요하다.

나는 교회를 다니며 자라났고, 그러한 고대의 대화에 대해서는 아는 바가 없었다. 나는 그저 성경은 마법의 책이고 창세기는 하늘에서 뚝 떨어졌을 것이라고 생각했다. 고대에 무척이나 풍성한 대화가 오고 갔으며 하나님이 그 대화의 언어와 개념들을 이용해 창세기의 저자에게 영감을 불어넣으셨다는 생각을 접했을 때, 나는 위협감을 느꼈다.

나는 성경적으로 창세기를 가장 잘 읽는 방법은 하나님이 어떻게 창조하셨는지 또는 그 창조에 시간이 얼마나 걸렸는지에 대한 것도 아니고 돌연변이나 자연 선택의 역할이 무엇인지에 대한 것도 아니라고 생각한다. 그러한 질문들은 당대에 없었다. 창세기의 세상을 바꾸는 독보적 진리는 인간의 정체성과 우주 안에서의 우리의 위치를 밝혀 준다. 따라서 '어떻게'와 '얼마나 오래'에 관한 질문들에 대한 탐색은 과학이 담당하는 것이 적합하다.

나는 너무도 많은 젊은이들이 너무도 많은 교회에서 엉터리 과학과 서투른 사고와 거짓 주장과 (의도는 좋지만 여전히) 그릇된 생각에 노출되는 것을 목도하여 왔다. 사람들은 잘못된 성경 해석을 방어하면서 정작 자신이 성경을 옹호하고 있다고 착각하기 쉽다. 나는 정말로 똑똑한 젊은이들이 교육을 위해 집을 떠나고 책들을 읽고 자신들이 잘못 알고 있었음을 깨닫는 것도 보아 왔다. 그 젊은이들은 성경과 진리 사이에서 양자택일을 해야 한다고 느낀다. 하지만 그럴 필요는 전혀 없다.

반면에 세속주의자들은 인간의 정체성에 대하여 거짓되고 파괴적인 주장들을 내세우기 위하여 진화의 언어나 이론을 오용하기도 한다. 예를 들어, 몇 년 전에 한 연구는 침팬지와 인간의 DNA가 99.4퍼센트나 동일함을 발견했다. 이것을 두고 "우리 인간들은 고작 살짝 개조된, 침팬지 같은 유인원에 불과한 것으로 보인다"[3]라고 말한 연구자가 있다. "고작 살짝 개조된"이라는 말은, 공통된 DNA의 백분율에 기초하여 인간과 침팬지 사이에는 실제 큰 차이가 없음을 암시한다. 이 말을 정말로 믿거나 이 말에 마음이 흔들리는 사람이 있다면, 자녀를 위해 침팬지 보모를 둘 수 있을지 자문해 보라. 당신이라면 침팬지를 국회의원으로 선출하겠는가? 침팬지와 데이트를 즐길 용의가 있는가? 침팬지에게 비도덕적 행위에 대한 책임을 묻겠는가? 인간의 정체성, 인간의 상황, 인간의 가치에 대한 질문들은 간단치 않다. 다른 생물과 공통되는 DNA의 비율을 분석한다고 해서 그 답이 발견되지는 않는다. 그런 식으로 답을 찾을 수 있는 질문들이 아니다.

몇 년 전에 바이오로고스 컨퍼런스에 참가한 적이 있다. 프랜시스 콜린스를 비롯하여 믿음의 사람인 과학자를 여럿 만날 수 있었다. 그들과 이야기를 나누면서 영적 외로움을 호소하는 사람들이 많음을 보고 나는 적잖이 놀랐다. 그 컨퍼런스에서 자리를 함께한 많은 사람

---

3 Holmes Rolston III, "Genes, Brains, Minds: The Human Complex", in *Soul, Psyche, Brain*, ed. Kelly Bulkeley (London: Palgrave Macmillan, 2005), 23.

들이 이런 식으로 말했다. "그러니까, 일할 때나 다른 과학자들이랑 함께 있을 때 다들 제 신앙에 대해 정말 회의적인 반응을 보입니다. 저에게 의구심을 품는 거죠." 그러고는 이렇게 말을 잇곤 했다. "그런데 교회에서도 사람들은 제게 강한 회의를 품습니다. 제가 하는 과학 때문이지요. 저는 아무데서도 진정한 소속감을 느끼지 못합니다." 교회는 마땅히 믿음의 과학자들이 집처럼 편안함을 느낄 수 있는 곳이 되어야 한다.

과학을 하는 모든 사람들, 가르치거나 연구하거나 다른 방식으로 공학, 의학, 교육, 생물학, 화학, 물리학, 신경 과학에 종사하는 모든 사람들에게 나는 이렇게 말해 주고 싶다. "여러분은 고귀한 일을 하고 있습니다. 여러분은 하나님을 따르며 그분의 생각을 궁리하고 있습니다. 여러분은 성경이라는 조그만 책과 더불어 창조 세계라는 커다란 책을 읽고 있습니다. 여러분은 그 옛날 창세기에서 주어진 지구를 다스리고 지구에 대해 배우고 호기심을 가지며 발견하고 청지기로서 지구를 보살피라는 하나님의 명령에 순종하고 있습니다. 과학자가 아닌 우리들은 그저 감탄해 마지않을 뿐입니다. 고마움과 겸허함으로 여러분을 응원합니다. 여러분과 함께 그리스도의 몸의 지체가 되어 정말 기쁩니다. 여러분과 함께 공동체를 이루어서 정말로 기쁘고 감사하고 자랑스럽습니다. 배움의 길을 꾸준히 걸으며 우리를 계속 가르쳐 주십시오! 인내심을 가지고 우리를 대해 주십시오."

진리를 겸손하게 받아들이는 사람들이 되자. 어떤 사람들—세속주의자나 과학자들—은 진리에 대해 열려 있는 반면에 신앙은 책에 적힌 것을 무조건 믿고 이성에 귀를 막는 것이라는 그릇된 생각이 우리

시대에 만연해 있다. 이런 생각은 틀렸다. 성경은, 심사숙고하는 진짜 사람들이 오랜 세월에 걸쳐 나눈 사색 넘치는 위대한 대화의 일부다. 진리가 우리를 어디로 이끌고 가든지 주저 없이 진리를 따르라고 누구보다도 먼저 말해 줄 사람은 예수님이실 것이다.

과학적 증거는 신앙의 합리성과 하나님의 존재를 부정하는가? 천만에, 절대 그렇지 않다. 이러한 주제들에 관하여 생각하고 읽고 연구하는 것만으로도 그런 일을 하실 수 있는 하나님을 향한 경이감과 경외감에 휩싸이게 된다. 글을 마무리하기 전에 C. S. 루이스의 말을 인용하고자 한다. "하나님은 게으름뱅이들 중에서도 지적인 게으름뱅이를 정말 싫어하시오. 당신이 그리스도인이 될 요량이라면, 내 경고 한마디만 하겠소. 당신은 당신의 전부―두뇌를 비롯한 모든 것―를 요구하는 여정에 오르는 것이오."[4] 이 나그넷길에서 우리는 우리 전체―두뇌를 비롯한 모든 것―를 사용해야 한다. 하나님, 우리 모두가 진리 앞에서 겸손과 열린 마음을 가질 수 있도록 도와주소서.

---

4   Lewis, *Mere Christianity*, 77-78

12
지적 설계에서 진화적 창조로 방향을 전환하다

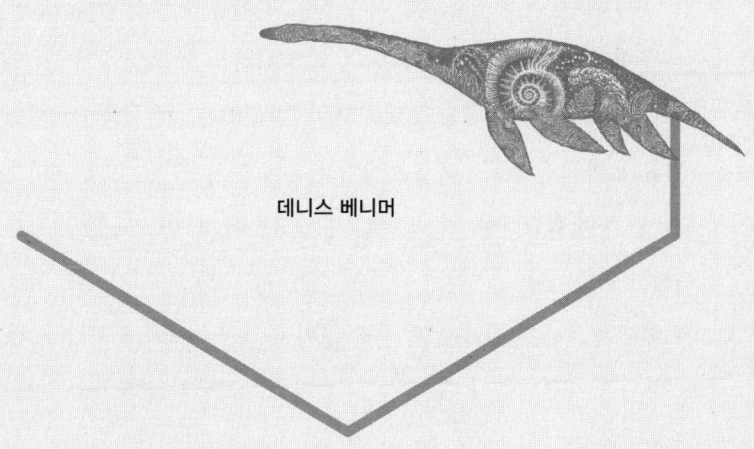

데니스 베니머

데니스 베니머(Dennis R. Venema)는 캐나다 브리티시컬럼비아 주에 소재한 트리니티웨스턴 대학교(Trinity Western University)의 생물학 교수이자 바이오로고스의 생물학 분야 회원이다. 그는 패턴 형성 및 신호 전달 분야의 유전학에 초점을 둔 연구를 진행하면서, 과학과 신앙에 대한 글을 활발하게 집필하고 있다. 데니스는 가족과 함께 캐나다가 태평양과 만나는 해변에서 다양한 야외 활동을 즐긴다.

바이오로고스에 내가 올린 글을 읽은 사람들은 꽤 최근까지 내가 지적 설계 운동의 지지자였다는 사실에 놀랄 수도 있다.

나는 브리티시컬럼비아에서 자랐다. 그곳에서 나는 아버지, 어머니와 함께 숲에서 많은 시간을 보냈다. 학교 친구들은 커서 우주 비행사나 소방관이 되기를 바랐지만, 나는 언젠가 과학자가 되리라는 꿈을 품었다.

우리 동네 교회는 과학 분야 직업을 소명으로 떠받드는 분위기는 아니었지만, 그렇다고 해서 과학을 미심쩍은 것으로 폄훼하지도 않았다. 그리고 과학 대 신앙의 문제를 논의하는 일은 거의 없었다. 그럼에도 나는 자연스럽게 반진화론적 입장을 받아들였던 것 같다. 내가 아는 그리스도인들 중에 진화론을 수용한 사람은 없었다. 누가 '진화론'이라는 단어를 입에 올릴라치면 나는 그 소리를 듣는 것조차 꺼림칙했다. 내 마음속에서는 진화론이 **무신론**과 동의어였다. 내게는 다행스럽게도, 고등학교 생물 수업 시간에 진화론이 통째로 빠졌다. 그래도 여전히 화학이나 물리학에 비하여 생물학은 너무도 지겨웠다. 생물학은 이론적 토대가 결여된 채 **맥락** 없이 나열된 정보에 불과했다. 나중에야 나는 생물학에서 빠져 버린 그 이론적 토대가 **진화**임을 알게 되었다.

고등학교를 다닐 때 나는 과학자가 되겠다는 어린 시절의 꿈을 뒤로하고 의학에 눈길을 주기 시작했다. 생물학은 의대 지망생에게 자연스러운 선택으로 보였다. 그리고 나는 1992년에서 브리티시컬럼비아 대학교(University of British Columbia)에 진학하였다.

세속적 대학교가 나의 신앙을 으스러뜨릴지도 모른다는 두려움이 있었지만, 그런 우려는 얼마 지나지 않아 기우로 판명되었다. 오히려 나는 IVF에 가입하여 그리스도인 학생들과 우정을 나누었다. 하지만 생물학은 아직도 지겨운 정보의 목록 이상으로 느껴지지 않았다. 그나마 밝은 면이 있었다면, 진화에 대한 언급이 거의 없었고 그 어떤 강력한 증거도 논의되지 않았다. 강의는 생명의 다양성의 원인을 이해하는 것보다는 생명 다양성을 기술하는 데에 주로 초점을 둔 것 같았다.

3학년 때 나는 생물학 우등생이 되었다. 그것은 교수님과 함께 학부 연구 논문 작업을 하고 우등생 세미나 수업에 참가하는 것을 의미했다. 연구 경험은 나를 흥분에 빠뜨렸다. 여기에서 드디어 진짜 과학을 만나는구나! 금세 과학에 대한 어린 시절의 관심이 다시 꽃을 피웠다.

우리의 세미나 수업에는 학과 교수님들 중 한 분의 연구 내용을 익히는 과제가 포함되었다. 나는 돌프 슐루터(Dolph Schluter) 교수님의 실험 진화(experimental evolution) 관련 연구에 흥미를 느꼈고, 발표 시간을 내가 주워들은 모든 반진화론적 주장을 늘어놓는 기회로 삼았다. 수업 참석자들은 나의 발표를 귀담아 들었고 해당 과학 연구에 대해 나보다 더 잘 아는 학생들 사이에 열띤 토론이 벌어졌다. 교수님도 그날 발표가 있어서 일찍 도착하셨던 터라 나의 엉터리없는 소리의 많은 부분을 들으셨지만, 다행히 내게 무안을 주는 일에는 관심이 없으셨다. 나는 그날 내가 진화라는 악에 대항하여 믿음의 승리를 기록했다고 생각했다.

그리고 얼마 지나지 않아서 나는 마이클 베히(Michael Behe)의 에세이 "분자 기계"(Molecular Machines)를 통해 지적 설계 운동을 접하게 되었다. 이 에세이는 후에 내가 박사 과정 신입생일 때 읽게 되는 그의 책 『다윈의 블랙박스』(Darwin's Black Box, 풀빛)에 등장하는 환원 불가능한 복잡성(irreducible complexity)이 내세우는 논증을 소개하고 있었다. 그 에세이는 내가 이미 믿고 있던 바를 매우 상세한 수준에서 확인해 주었다. 그러면 그렇지, 진화는 진정으로 새로운 것은 아무것도 산출해 낼 수 없어.

지적 설계에 대한 책을 달랑 한 권 읽고 그것에 대한 비평적 주석은 단 한 줄도 읽지 않은 채 나는 그 주제를 즉시 뒤로하고 다른 주제들로 옮겨 갔다. 대학원생으로서의 삶은 눈코 뜰 새 없이 바빴다. 멘델의 유전학을 가르치고 박사 학위 연구를 지속했다. 이것은 엄청난 분량의 초파리 유전학을 의미했다. 나는 몇 시간이고 입체 현미경에 눈을 붙인 채 세필(細筆)을 이용하여 마취된 초파리들을 분류하곤 했다. 그러다 보니 '무료한' 시간이 넘쳐났고, 나는 손으로는 곤충들을 이리저리 밀면서 두뇌로는 무엇인가 건설적인 일을 할 방안을 찾기 시작했다. 음악을 듣는 학생들이 많았지만, 나는 음악보다 더 좋은 것을 찾아내었다. 리젠트 대학(Regent College)은 수업의 대부분을 녹음해서 대출 가능 항목으로 도서관에 보관하고 있었는데, 그중에는 수십 년에 걸쳐 진행된 성서 주해, 해석학 등에 관한 강의들이 포함되어 있었다. 그로부터 몇 년 동안 나는 고든 피(Gordon Fee)의 강의 모음을 하나도 빼지 않고 섭렵하고는 브루스 월키, 톰 라이트 외 다수의 학자들의 강의도 듣게 되었다.

한편 대학원에 다니는 동안 과학에 대한 나의 이해는 깊이를 더해

갔다. 대학원에서 나는 과학자들이 자신들이 맡은 학생들과 함께 해당 분야에서 발표된 논문들을 치열하게 따져 보는 모임인 '저널 클럽'(journal club) 활동에 자주 참석하였다. 이러한 환경에서의 배움은 천금보다도 귀하기 마련이다. 저널 클럽에서 나는 형편없는 실험 설계와 부적절한 대조군으로 인해 쓰레기로 판명 나는 논문들도 보았고 그 유려함과 효과적 접근법으로 칭송받는 논문들도 보았다. 난생처음 나는 학생이 아니라 (젊은) 학자로서 과학에 다가서고 있었다.

2003년에 브리티시컬럼비아 대학교를 졸업한 뒤, 나는 캐나다에서 가장 복음주의적인 대학교인 트리니티웨스턴 대학교에서 정규직 조교수로 일하게 되었다.

나는 인생에서 또 한 번 바쁜 시기를 맞이했고 진화에 관한 숙고는 거의 하지 않았다. 그럴 겨를이 없었다. 진화라는 주제는 브리티시컬럼비아에 있을 때보다는 더 자주 거론되었다. 트리니티웨스턴의 학생들은 질문을 던지고 그 질문에 내포된 신학적 의미를 궁리하는 데 거침이 없었다. 진화에 대해 나름의 확립된 견해를 가진 그리스도인 동료들도 있었다. 생물학과의 그리스도인 동료들은 대부분 공공연히 진화를 수용한 반면, 환경 화학과의 한 동료는 지적 설계를 공개적으로 지지했다. 나로 말하자면, 학부 때와 대학원 초기 시절에 수용했던 진화에 대한 기본적 입장을 여전히 붙잡고 있었고, 바꿀 이유를 발견하지 못했다.

후에 나는 초청 논문을 출간할 기회를 얻었다. 내가 트리니티웨스턴에 오기 오래전에, 예술에서 화학까지 여러 학문을 아우르는, '…에 대한 기독교적 관점'이라는 주제의 에세이 모음집을 몇 명의 교수들이 저술했다. 이 모음집은 책으로 출간될 예정이었으나, 차일피일 미루어지다가 어영부영 10년이라는 세월이 흐르고 말았다. 그러다가 2007년에 마침내 출판사가 선정되고, 출판사는 각 저자에게 전화를 걸어 글을 다듬어 줄 것을 요청하였다. 그런데 생물 관련 장을 집필한 저자가 얼마 전 은퇴를 한 터라서, 내게 공동 저자로서 에세이를 수정해 달라고 요청해 왔다. 지극히 중요한 출판물에 손쉽게 이름을 올릴 기회라고 생각한 나는 그렇게 하겠노라고 동의했다. 마침 그때 나는 전미 생물 교사 협회(National Association of Biology Teachers, NABT)의 2007년 연례 회의에 참석하려고 출발하기 직전이었다.

나는 소규모 교육 기관에서의 초파리를 이용한 교수법과 관련하여 발견한 혁신적 방법 몇 가지에 대한 연구 논문을 발표하기 위해 길을 나섰다. 그 전 해에 그 주제에 관한 논문을 출간했고, 그 덕분에 발표할 기회가 주어졌던 것이다. 그런데 길을 나설 때만 해도 회의에서 돌아와 고쳐 쓰게 될 에세이와 그 회의의 밀접한 관련성을 알지 못했다. 기조 연설자인 프랜시스 콜린스는 인간 게놈 프로젝트와 인간에게 흔한 유전자 변이의 매핑(mapping)에 대해 발표하였다. 발표자들 중에는 2년 전 펜실베이니아 주에서 벌어졌던 키츠밀러 대 도버 교육 위원회 소송(*Kitzmiller vs. Dover Board of Education*) 관련자들도 있었다. 그 소송 건은 도버 교육 위원회가 친(親) 지적 설계 정책을 도입한 것이 빌미가 되어 진행되었다. 재판에서는 공립 학교에서 지적 설계론을 가르치는 것이 합헌인지 여부를 다투었고, 지적 설계 옹호자들의 패배로 끝이 났다. 나는 컨퍼런스에서 그 재판에 대한 다큐멘터리를 구매하고 그날 저녁 그것을 시청하였다.

집으로 돌아오는 비행기 안에서 나는 내가 진화나 지적 설계에 대해 사실상 아는 것이 없다는 사실을 깨달았다. 재작업하기로 한 에세이에 믿을 만한 내용을 조금이라도 쓰려면 이대로는 안 되었다. 공부할 것이 태산이었다. 얼마 전에 베히가 새 책을 내놓았다는 사실을 알고 있었기에 그 책을 출발점으로 삼기로 했다. 방금 참석한 컨퍼런스에서 지적 설계에 대한 반박은 귀에 딱지가 앉도록 들었던 지라 나는 진화를 살펴보기 전에 지적 설계를 들여다보는 것이 낫겠다고 생각했다.

컨퍼런스에서 돌아온 뒤 나는 에세이 수정 작업에 들어갔다. 알고 보니 에세이는 내가 예상했던 것보다도 더 많이 시대에 뒤처져 있었다. 게다가 창조론 대 진화론의 문제를 거의 완전히 피해 가고 있었다. 그래서 내게는 할 일이 많았다. 결국 원래 글은 10퍼센트만 남고 나머지는 다 뜯어고쳐야 했다.

나의 연구는 베히의 새 책인 『진화의 끝자락』(Edge of Evolution, EoE)으로부터 시작되었다. 처음 몇 장(章)을 읽는 나의 모습을 찍은 비디오가 있다면 보여 주고 싶다. 책을 읽기 시작하고 얼마 지나지 않아 나는 얼굴을 찌푸렸다. 내용이 하도 기가 막혀서 내 눈을 믿을 수 없었다. 몇 년 전에 나를 그토록 사로잡았던 『다윈의 블랙박스』를 쓴 베히는 어디로 갔단 말인가? 나는 베히가 진화론의 높은 콧대를 꺾어 주는 모습을 감상하리라는 기대에 부풀어 있었다. 하지만 진화에 대해 아는 바가 없는 내 눈에도 베히의 논증에 숭숭 뚫린 구멍들이 보였다. 그러다가 베히가 내가 잘 아는 주제(즉, 집단 유전학)로 논의를 옮겨 갔을 때, 나는 그가 자신의 전문 분야도 아니고 깊이 알지도 못하는 분야에 대해 말하고 있음을 알아차렸다.

나는 그 책의 마지막 장을 덮기도 전에 지적 설계와 결별했다. 내가 지적 설계에 대한 믿음을 잃은 것은 진화 과학과의 비교를 통해서가 아니었다. 지적 설계 옹호의 선봉에 선 사람들 중 한 명의 책을 읽고 그 자체의 가치에 기초하여 그의 책을 평가하면서였다.

지적 설계를 버린 뒤, 나는 진화의 증거를 들여다보기 시작했다. 그런데 진화로의 입장 전환에 걸린 시간은 고작 10분 내지 15분에 불과했다. 나의 읽을거리 목록에서 첫 자리를 차지했던 것은 2005년에 「네이처」(Nature) 지에 실렸던 연구 논문으로서, 그 논문은 인간과 침팬지의 게놈을 비교했다. 지적 설계의 경우와는 너무도 뚜렷한 차이가 났다. 그 글은 증거를 기반으로 하는 논증만을 펼쳤다. 유전학자인 나는 제시된 증거를 평가할 능력이 충분했고, 그 증거의 설득력은 강력했다. 이제 나는 생물학의 토대가 되는 기초적 이론으로서의 진화의 광범위함에 눈을 떴고, 더욱 심오한 이해의 차원을 한껏 즐겼다.

나는 계속 읽어 나갔다. 내가 알기로, 나보다 앞서 이 길을 걸었던 그리스도인들이 있었다. 그리고 두 권의 책이 특별히 도움이 되었다. 켄 밀러(Ken Miller)의 『다윈의 하나님을 찾아서』(Finding Darwin's God)와 프랜시스 콜린스의 『신의 언어』다. 트리니티웨스턴 대학교의 동료들은 내게 나의 새로운 관점에 대하여 '너무 티를 내지는' 말라고 조언했지만, 나는 내가 쓰려는 에세이에 나의 생각을 반영하는 것이 과학과 신앙을 한데 묶는 최선의 길이 될 것이라고 판단했다. 결과야 어찌 되든, 나는 나의 입장을 알리는 깃발을 높이 올렸다.

나는 지적 설계에서 진화로 다소 갑작스럽게 입장을 전환했다. 되돌아보니, 유전학자로서 받은 훈련이 매우 유용하게 작용하였다. 대부분의 복음주의자들은 진화에 관한 일차 과학 문헌을 읽고 이해할 수 없기 때문이다. 이것뿐만 아니라 대학원생일 때 들은 풍부한 오디오 신학 자료도 큰 도움이 되었다. 그 신학 자료를 통해 나는 성경에는 일반 교회에서는 논의되지 않는 학문적 이슈들과 신비와 긴장이 함께 뒤섞여 있다는 사실을 깨달았다. 이러한 이슈들 중 몇 가지에 대한 강의를 들으면서 경직되게 사고하는 경향이 천천히 그러나 확실히 씻겨 나갔었다. 이제 나는 성경에 다양한 장르의 글들이 포함되어 있다는 것과 창세기의 첫 몇 장이 고대 근동의 세계관의 특징을 고스란히 담고 있다는 것을 알게 되었다. 그러다 보니 진화가 튼튼한 증거 위에 서 있는 과학적 이론이라는 깨달음은 나에게 어떠한 신학적 위기도 초래하지 않았다. (많은 목회자들이 주일 설교에서 건드리기를 꺼리는) 성경에 엮여 들어간 신비와 긴장을 이해하는 일은 나의 입장 전환에 꼭 필요했다. 그리고 오랫동안 고수한 가정들을 재평가하는 것을 불편해하지 않는 마음의 습관을 형성시켜 주었다.

이러한 입장 전환을 편안하게 해 준 또 다른 요인은 교육을 받는 동안 깊어진 하나님에 대한 나의 체험이었다. 구체적으로 말하자면, 나와 하나님의 관계는 창세기에 대한 특정 해석이나 문자적 성경 해석에 더 이상 의존하지 않았다. 나는 개인적으로 하나님의 권능과 임재를 체험하고 있었기 때문에 내가 진화를 뒷받침하는 증거를 이해하는 순간 그러한 체험이 느닷없이 증발하는 일은 없었다. 오히려 하나님의 창조 메커니즘인 진화를 탐구하는 나에게 힘을 더해 주시는 하나님의 임재가 계속 내 삶에 스며들어 있었다.

진화 그 자체와 같이 나의 여정은 때로는 느리고 때로는 빨랐지만, 그 길을 가는 내내 나는 이 여정이 창조주께서 명하시고 유지해 주시는 길이라는 것에 대해 아무런 의심이 없었다. 하나님은 인내심을 가지고 창조 세계에 대한 더 깊은 이해로 나를 이끌고 가셨다. 모든 진리는 하나님의 진리이고, 하나님은 우리가 창조 세계라는 하나님의 책을 집어 들어 읽고 기뻐하기를 원하신다.

13
어느 과학자의 사색적 신앙으로의 여정

프러빈 셋후파티

프러빈 셋후파티(Praveen Sethupathy)는 노스캐롤라이나 대학교(채플힐)의 유전학과 조교수로서, 그곳에서 유전체학과 인간 질병을 중점적으로 연구하는 연구소를 이끌고 있다. 그는 노스캐롤라이나 주 힐스버러에서 아내와 세 자녀와 함께 살면서 레저렉션 교회(Resurrection Church)에서 설교 장로(preaching elder)로서 섬기고 있다.

> 우리는 어디서 의심하고 어디서 확신하며
> 어디서 승복해야 할지를 알아야만 한다.
>
> 블레즈 파스칼(Blaise Pascal)

대니얼 테일러(Daniel Taylor)가 그의 책 『확실성의 신화』(The Myth of Certainty)에서 말했듯이 "인간으로 사는 것은 위험한 일이다."[1] 우리는 이 땅에 도착하는 순간부터 미지의 것을 탐색하고 기대치 않은 도전들과 씨름한다. 우리가 서로에게 자주 일깨워 주듯이 "큰 보상에는 큰 위험이 따른다." 창조주와 우리의 관계에서도 그 중심에 리스크가 놓여 있다는 사실은 크게 놀랄 일이 아니다. 하나님을 알아 가는 여정에서 우리의 계획은 흔들리기 마련인데, 그 나그넷길이 애초에 우리가 상상조차 할 수 없는 새로운 곳으로 우리를 이끌고 가도록 의도된 길이기 때문이다. 그렇지만 나의 경험에 의하면, 그리스도인들의 삶은 특히 오늘날 복음주의 하위문화에서 이러한 현실을 제대로 반영하지 못한다. 우리는 왜 그토록 신앙에서 리스크를 회피하려 드는 것일까? 짐작하건대, 우리가 하나님이 우리 인생에서 유일무이하게 확실한 것이라고 믿는 까닭에, 그분에 대한 우리의 개념에 도전장을 던지는 질문들이 (설령 그러한 질문들이 하나님에 대하여 더 많이 알게 해 줄 가능성이 있을지라도) 불편하게 느껴지는 것일 수도 있다. 사정이 그렇다 보니 우리는 안전책을 강구하고 신앙을 위한 안락한 둥지를 틀어서, 주변에서 치

---

1 Daniel Taylor, *The Myth of Certainty: The Reflective Christian and the Risk of Commitment* (Waco, TX: Jarrell, 1986), 96.

오르는 세속적 생각들의 위협적 불협화음이라고 인지되는 것으로부터 보호받으려 한다. 그리고 신앙이 침해받거나 약화되거나 희석되거나 상실되지 않도록 하기 위하여, 우리의 신념 체계의 둘레에 분명하고도 타협 불가한 울타리를 치게 된다. 성경이 그럴 것을 요구하지 않는 영역에 대해서조차 그러하다. 이 모든 것을 하면서, 우리는 신앙을 지키고 있다고 생각하지만 실상은 신앙의 성장을 가로막고 있을 수도 있다.

내가 그리스도를 따르기 시작한 것은 대학생 때였고, 대학 사역 단체들이 나의 회심에 한몫을 하였다. 이 단체들은 내가 갓 태어난 그리스도인으로서 성장하는 데도 중요한 역할을 하였다. 그런데 이 단체들은 기독교의 복음주의적 하위문화로의 통로 역할도 했다. 나는 그 하위문화가 처음에는 낯설었지만 강하게 끌렸다. 복음주의 하위문화 안에서 안정감과 소속감을 느꼈기 때문이다. 그래서 회심에 이르는 여정을 특징짓는 치열한 사색과 심사숙고 없이, 나는 복음주의 하위문화가 세상을 바라보는 해석의 렌즈를 선뜻 내 것으로 받아들였다. 이것이 가장 극명하게 드러나는 예는 아마도 진화—구체적으로 말하자면, 공통 유래(common descent)라는 개념—일 것이다. 복음주의 진영에서는 일반적으로 진화가 기독교 신앙의 핵심을 위협하는 개념으로 여겨졌다. 유전학과 유전체학을 공부하기 위하여 대학원에 진학할 때, 나는 학계의 선봉에 서서 진화의 이론을 와해시킬 특별한 기회와 중요한 책임이 내게 주어졌다고 느꼈다. 하지만 나는 내 스스로에게 지적으로 부정직하다는 괴로운 느낌을 떨쳐버릴 수가 없었다. 진화라는 주제에 대해 정통하다고 나름 자부했지만, 실상은 그렇지 못했다. 남들이 하는 말을 조각조각 듣고 앵무새처럼 되뇌는 경우가 대부분이었고, 그 남들이라는 사람들도 해당 주제에 대한 전문가가 아니었다. 하나님은 내 눈을 열어 단순한 현실을 보게 하셨다. 내가 그저 남들이 떠먹여 주는 요점을 받아먹는 데 그치고 진화에 대해 내가 왜 이런 식으로 느끼는지에 대해 **숙려하려** 들지 않았다는 현실을. 어쩌면 내가 정말로 방어했던 것은 복음주의 하위문화 안에서 느꼈던 나의 안전감은 아니었을까. 이제 나의 계획들은 하나님의 손에 의해 가로막히기 시작했다.

이러한 간섭의 진짜 묘미는 하나님이 진화와 관련하여 나를 바로잡으신다는 데 있지 않았다. 하나님께는 훨씬 더 중요한 목적이 있었다. 하나님은 내가 의도와 달리 그분을 사랑하지 않음을 드러내셨다. 하나님은 내가 어떤 사람이나 하위문화가 아니라 **하나님**을 따르길 원하셨다. 내가 따르게 된 사람이 그리스도인이고 내가 따르게 된 하위문화가 기독교 문화라 해도 마찬가지다. 예수님은 하나님을 따르는 일이 **지성**(mind)의 사용을 통해서도 이루어져야 한다고 알려 주셨다(눅 10:27). 예수님은 사색하는 그리스도인이 되도록 나를 해방시키셨다. 사색하는 그리스도인이란 하나님이 우리를 사고하며 참여하도록 부르셨음을 믿는 자이며, 신앙이 요구하는 것이 보호가 아닌 정직임을 이해하는 자이며, 안전감에 대한 우리의 필요가 허락하곤 하는 정도 이상으로 삶이 미묘하고 복잡함을 알아보는 자다. 그리스도 안에서 누리는 이 새로운 자유를 가지고 나는 생물학적 진화와 그것이 갖는 신학적 의미들을 연구하는 일에 전념하였다. 이러한 종류의 모험이 나의 신앙을 희석하거나 마비시킬지도 모른다는 두려움이 있었지만, 나의 신앙은 오히려 일취월장하였다.

오늘날 생물 과학 분야로 부름받은 헌신된 그리스도인으로서 나는 과학과 신앙의 문화 전쟁을 바로 코앞에서 마주하고 있다. 나의 신앙을 검증되지 않은 구시대의 것으로 취급하는 일부 동료들은 내게 동정의 눈길을 보내고, 내가 과학을 궁극적 정답으로 떠받든다고 오해하는 그리스도인 형제자매들은 나를 위협으로 간주한다. 그래서 양측 모두가 번번이 나를 양자택일의 궁지로 몰곤 한다. "하나님이요, 과학이요?" 그러나 나는 이 질문이 과학과 성경의 관계에 대한 불완전한 이해에 기인한다고 믿게 되었다.

과학은 자연주의적 현상들(naturalistic phenomena)을 탐구하는 데 유용한 도구들을 제공한다. 과학은 행성 운동을 분석하고 암과 싸우는 데는 강력한 힘을 발휘하겠지만, 자연 세계를 넘어서는 것을 위하여 의도되지는 않았다. 과학은 자연계 밖의 것들에 대해서는 불가지론적일 수밖에 없다. 과학은 자연계 밖의 것을 수용하지 못하지만 반박하지도 못한다. 그렇다고 내가 '중첩되지 않는 교도권(敎導權)들' (non-overlapping magisteria, NOMA)을 주장하는 것은 아니다. 나는 그저 과학이 우리 존재의 초자연적 측면을 지지하지도 부인하지도 못한다는 점을 말할 뿐이다.

나는 성경이 과학적 글을 의도하고 기록되었다고도 믿지 않는다. 달리 말하자면, 성경의 주된 목적은 수학적 언어나 물리 법칙이나 세상의 화학적 조성을 기술하는 것이 아니다. 성경의 목적은 그런 것과는 완전히 무관하다. 성경은 인류 역사에 깊이 배어 있는 하나님의 임재, 우리를 향한 그분의 사랑, 그분에 대한 우리의 필요, 영원, 죄, 구속, 그리고 회복에 대해서 말한다. 성경은 다양한 방법을 통해 이러한 것들을 말한다. 산문, 시, 노래, 비유, 논증법, 수사법, 관찰적 언어—하나님이 누구이신지, 하나님이 우리를 위해 무엇을 하시고 왜 하셨는지를 우리가 가장 잘 이해하도록 돕는 방법이 다양하게 동원된다. 성경을 과학적 글로 취급하면 로봇이 『로미오와 줄리엣』(Romeo and Juliet)을 읽는 것과 같은 결과를 낳을 수 있다. 진정한 의미와 효과를 놓칠 수 있는 것이다. 성경의 언어가 갖는 풍성함과 그 의도된 의미의 넓이와 깊이를 진정으로 이해하기 위하여 겸손과 기도로 노력을 경주하지 않는다면, 우리는 우리의 삶에서 하나님의 말씀이 갖는 능력을 제한할 위험뿐만 아니라 하나님의 이름으로 불의를 행하는 위험에 처할 수 있다. 교회가 갈릴레오나 코페르니쿠스에 대해 어떻게 반응했는지를 기억해 보라. 우리는 오늘날 비슷한 실수를 저지르고 있는 것은 아닌지 자문해야 한다. 성경을 높게 보는 관점은 성경이 무엇인지와 성경이 무엇이 아닌지를 분별하고 인정한다.

고대 랍비 문학에서 초기 교부들을 거쳐 오늘날의 그리스도인 학자들에 이르기까지, 유대 기독교 공동체들은 창세기 1, 2장에 관해 미묘한 차이를 지닌 매우 다양한 이해를 제시했다. 나는 연구를 수행하면서 그 본문이 받아 마땅한 존중을 받도록 신중을 기하였다. 즉, 언어의 표현법과 원래의 문화적 맥락을 중시하고, 본문이 말하고자 의도하는 바에 나의 현대적 편향과 선입견을 덧씌우지 않기 위해 노력했다.

그렇다면 나는 진화의 창조라는 주제와 관련하여 어디쯤에 서 있을까? 나는 스스로를 **진화 창조론자**라고 부른다. 만일 이 표현이 어울리지 않는 용어의 조합으로 보인다면, 그것은 아마도 과학과 신앙이 조화를 이룰 가능성을 부인하는 목소리가 우리 문화에서 유난히 크게 들리곤 하기 때문일 것이다. 이러한 목소리는 진화론이 본질적으로 무신론적이라는 생각을 널리 퍼뜨렸다. 그리고 그러한 주장은 생물학적 진화론을 사상적 진화론(자연주의)과 융합시킨다. 생물학적 진화는 엄밀히 말해서 하나님에 대해서 불가지론적이다. 실로 다윈의 논문은 그 제목이 『생명의 기원』(The Origin of Life)이 아니라 『종의 기원』(The Origin of Species)이다. 생물학적 진화의 증거가 눈에 들어오는 사람들 중 많은 이들은 하나님이 생명의 근원이 아니라고 믿는 쪽을 선택한다. 그러나 그것은 **개인적 믿음**의 선택일 뿐이다. 창조 과정 자체는 양쪽 중 어느 쪽으로도 사람들을 몰아가지 않는다. 나에게 진화 창조론이란 하나님을 세상의 창조자로 받아들이고 그 창조에 생물학적 진화가 이용되었음을 인정하는 것을 의미한다.

내가 직면했던 난관 한 가지는, 공통 유래라는 개념이 인간이 하나님의 형상에 따라 특별하게 지음받았다는 기독교의 믿음을 위협한다는 인식이었다. 시간이 흐르면서, 나는 많은 기독교 신학자들과 성서학자들이 그러하듯이 '하나님의 형상'을 물리적인 것이나 물질적인 것으로 이해할 필요가 없다고 믿게 되었다. 그 대신에 나는 '하나님의 형상'이 그분이 우리에게 주신 영, 그분과 교제하기를 갈구하는 마음, 그분이 임명하신 왕 같은 제사장의 직분(벧전 2:9)이라고 믿는다. 이러한 특징들은 우리를 다른 모든 창조물과 확실하게 구분 짓는다. 진화는 **생물학적** 변화를 기술할 뿐 우리의 **영적** 본질을 설명하지는 못한다. 그러니까 내가 보기에는 진화 과정을 통해 '호모 사피엔스'(Homo *sapiens*)의 생명 활동을 유발한 뒤 하나님이 그들에게 영적 민감성과 목적을 부여함으로써 구분하셨다(즉, 그들을 '하나님의 형상에 따라' 지으셨다)고 믿는 것이 완벽하게 조화롭다.

지적 정직성의 영에 따라, 나는 공통 유래가 가질 수 있는 모든 신학적 함의를 속속들이 파헤치고 연구한 것은 아님을 밝히는 바다. 나는 아직 길을 가고 있고, 남은 평생 그 길을 걷게 될 것이다. 나의 뜨거운 열정은 그리스도인들에게 진화 창조론을 가르치는 데 있지 않고, 우리의 기독교 공동체들 가운데 사색적 반추와 정직한 탐구와 지식의 추구를 향한 열정이 다시 불타오르도록 하는 데 있다. 그렇다. 여기에는 위험이 따를 수 있다. 왜냐하면 사고 활동은 우리 믿음의 주변에 둘러쳐 놓은 안락의 경계를 위협할 수 있기 때문이다. 그러나 만일 그 경계가 하나님이 그어 놓으신 것이 아니라면 그것은 우리의 전진을 방해할 뿐이다. 그러니 우리 함께 질문들을 던져 보자. 그렇게 함으로써 철이 철을 날카롭게 하듯 서로를 빛나게 하자(잠 27:17).

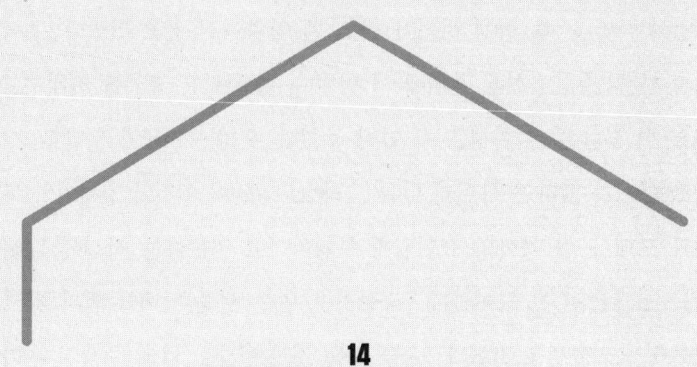

14
더듬어 길을 찾는 여정

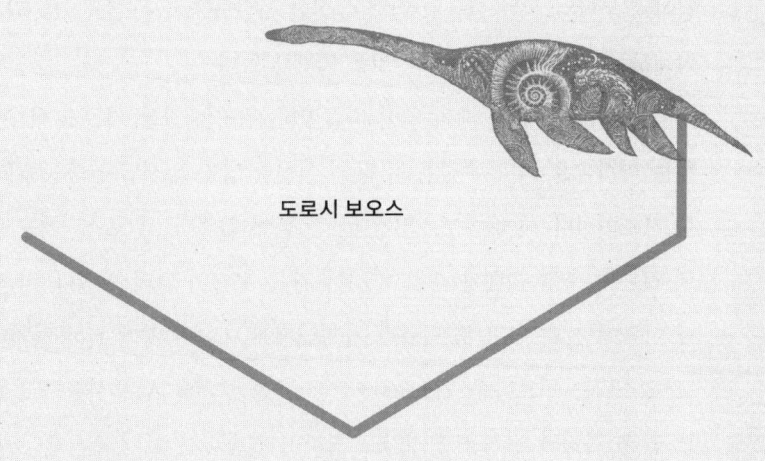

도로시 보오스

도로시 보오스(Dorothy Boorse)는 고든 대학(Gordon College)의 생물학 교수이자, 전미 복음주의 협회(National Association of Evangelicals)가 출간한 『지극히 작은 자를 향한 사랑: 환경 변화에 대처하는 법』(*Loving the Least of These: Addressing a Changing Environment*)의 주 저자다. 그녀는 코넬 대학교(Cornell University)에서 곤충학 석사 학위를 받고 위스콘신 대학교(매디슨)에서 해양학과 호소학(湖沼學) 박사 학위를 취득하였다. 도로시는 습지를 사랑하며 매사추세츠 주 비벌리에서 가족과 함께 살고 있다.

수업이 끝났을 때, 학생 하나가 바로 맨 앞줄에서 울고 있었다. 두어 명의 사람들이 그 학생 주위에 서 있었다. 한 사람은 휴지를 건네주고 다른 한 사람은 그 학생을 꼭 안아 주었다. 우리는 지구가 정말로, 정말로 나이가 많다는 사실과 많은 그리스도인들이 이것이 창세기의 목적과 고대 근동 문학의 표현법에 부합한다고 믿는다는 사실에 대해 방금 토론을 마친 참이었다. "그렇지만 무슨 생각을 해야 할지 모르겠어요." 그 학생은 말했다. "오늘 배운 것과 반대로 알려 주셨던 우리 교수님은 정말로 신실한 분이셨어요." 그 학생의 깊은 고통 앞에서 내가 지금껏 걸어온 길이 주마등처럼 지나갔다. 그 여정에서 나는 하나님이 그분만의 선한 이유로 인해 신실한 사람들조차 사실을 그릇되게 이해하는 것을 허락하신다는 것을 알게 되었다.

나는 학교 다니던 때의 일이 떠올랐다. 우리의 작은 기독교 학교에서는 머리숱은 적고 수줍음은 많은 친절한 남자 선생님이 중등 과학을 가르치셨다. 벽에는 포스터가 한 장 붙어 있었다. 그 포스터에는 선행 인류의 추정 형태가 점점 바뀌어 가는 모습이 담겨 있었다. 각 형태 아래에는 왜 그 선행 인류가 가짜인지에 대한 설명이 적혀 있었다. 그 포스터는 필트다운 인(Piltdown Man)•을 증거물 A로 사용하고 다른 많은 과학적 발견을 사기라고 칭하며 진화라는 개념 전체를 조롱하였다. 포스터는 그 터무니없음이 나 같은 열두 살짜리의 눈에도 뻔히 보이는 과학을 빙자한 이 사기극이 너무도 이해하기 어려운 나머지 과학계 전체가 혼란에 빠졌다고 암시했다. 친구들과 나는 그 점이

• 1912년에 찰스 도슨(Charles Dawson)이 유인원과 인간 사이의 잃어버린 고리를 발견했다면서 내놓은 뼛조각들로서, 나중에 가짜임이 밝혀졌다.

마음에 들었고, 전문가들이 모르는 것을 우리가 안다는 생각에 기분이 좋았다.

하지만 잘못된 정보는 그 포스터에만 담겨 있는 것이 아니었다. 나는 낡은 영사기가 벽에 비춘 슬라이드 쇼를 보았던 기억이 또렷하다. 그 슬라이드 쇼는 젊은 지구의 증거를 보여 주었다(내가 알던 그리스도인들 대부분은 성경이 젊은 지구를 이야기한다고 믿었다). 그 슬라이드 쇼에 등장하는 그림들은 텍사스 주 글렌로즈(Glen Rose)에서 나란히 발견된 인간과 공룡의 발자취라는 설명이 곁들여졌다. '우와!' 나는 생각했다. '저걸 봐! 그들이 놓친 것을 우리가 알고 있어.' 여기서 '우리'란 그리스도인들을 지칭하고 '그들'은 과학자들을 가리킨다. 끝이 말린 포스터가 벽에 붙은 교실 안을 파리 한 마리가 한가롭게 배회하고 영사기가 윙윙거리며 팔룩시 강(Paluxy River)을 따라 있는 바위들의 영상을 벽에 비추던 그날 나는 나의 의견이 앞으로 얼마나 많이 변할지 전혀 예상하지 못했다. 그 후 몇 년이 지나기도 전에 글렌로즈의 발자국이 거짓임이 판명되었다. 어떤 것들은 누가 고의로 바위를 파낸 것이었고, 어떤 것들은 잘못 파악한 것이었다. 그 발자국들에 대해 영화까지 나올 뻔했지만, 후에 취소되었다. 텍사스에서 인간과 공룡의 발자국이 나란히 발견된다는 생각 자체가 틀렸음이 드러나고, 나 자신은 초등학교와 중학교에서 배운 과학에 문제가 있다는 증거에 압도당하였다.

우리 가족은 배움을 즐겼다. 우리는 식물들의 이름을 익히고, 간혹 발견되는 두더지나 토끼의 사체를 해부했으며, 파인배런즈(Pine Barrens)의 생태계에서 타는이 하는 역할에 관해 토론했고, 폭넓게 책을 읽었다. 우리 아버지는 신학 교육을 받은 생물 선생님이셨는데, 우리가 학교에서 가져오는 자료에 대해 우리처럼 쉽게 고개를 끄덕이지 않으셨다. "어떤 성서학자들은 창세기의 기록에서 하루가 실제 24시간을 뜻하는 것이 아니라고 믿는단다." 아버지는 우리에게 이렇게 말씀하셨다. "과학과 기독교가 갈등 관계에 있다고 보지 않는 그리스도인들이 많아"라고도 하셨다. 그래서 우리 안에 오랜 지구에 대한 증거를 수용할 공간이 만들어졌다. 우리 가족의 좋은 친구들 중에는 지질학자이면서 그리스도인인 사람도 있었다. 나는 이 모든 것이 서로 어떻게 들어맞을지 곰곰이 생각하게 되었다.

그러다가 고등학생이 되면서 나의 입장이 바뀌기 시작했다. 특히 기억나는 장면이 하나 있다. 어느 일요일에 우리 가족은 다른 교회를 방문하였다. 오빠와 나는 그 교회의 고등부 주일 학교 모임에 참석하게 되었다. 진화 문제가 거론되었고, 거기 학생들과 주일 학교 지도자는 진화론에 관해 이야기했는데, 내가 볼 때 그 내용이 어설펐다. 의도치 않게, 오빠와 나는 전체 참석자들의 반대편에 서고 말았다. 우리 둘은 과학에 근거하여 무언가를 반박하려면 논리적 주장이 필요하다고 느꼈다. 토론의 분위기가 어색해졌고, 나는 어쩌다 일이 이 지경이 되었는지 궁금해졌다. 나는 매우 독실한 그리스도인이었다. 어쩌다가 나는 이 교회의 지하 청소년부실에 모르는 사람들과 함께 앉아서 잘 알지도 못하는 과학의 어떤 부분을 변호하고 있는 것일까? 그 사람들에게 나의 말은 기독교에 도전하는 것처럼 들렸다. 도대체 어찌된 일일까?

대학교를 다니면서 많은 조각이 맞추어졌다. 나는 성경과 현대 과학을 바라보는 여러 다양한 관점을 접하였고 스스로 그 관점들을 숙고할 수 있게 되었다. 나는 어떻게 과학과 신앙이 갈등 없이 관련을 맺는지 보게 되었다. 안도감이 밀려왔다. 마치 꽉 눌렸던 용수철이 풀리며 제자리를 찾는 것 같았다. 내가 긴장 관계에 놓고 보았던 것들을 조화시키는 사람들을 많이 알게 되었다. 그렇지만 늘 쉽기만 한 것은 아니었다. 겪어 내야 할 일들이 내게도 있었다. 그 학생이 몇 년 후 교실에서 울음을 터뜨리게 되었듯이. 내가 사랑하고 존중하는 사람들에게 이견을 표현해야 할 때도 있었다. 그리고 그것은 단지 과학에 대한 것만은 아니었다. 우리 가족의 다정한 친구 한 사람은 여자는 지도자가 될 능력이 없다고 믿으면서도, 막상 개인적으로는 나와 여동생을 끔찍이 아껴 주었다. 우리 교회의 어느 할머니가 그리스도인이 되면서 카드놀이와 춤을 포기했다고 말씀하셨 때, 나는 둘 다 해로울 것 없는 활동이라고 혼자 생각했다. 나는 상냥하고 사랑 넘치고 복잡하고 가끔씩, 정말 가끔씩만 (적어도 내 의견에는) 틀린 생각을 하는 사람들을 보았다. 나는 이러한 경험을 하면서 나와 다른 견해를 가진 사람들을 여전히 사랑할 수 있음을 알게 되었다. 사람을 사랑하는 것과 그 사람과 견해를 같이하는 것은 별개라는 이 통찰을 나는 수많은 멘토의 본을 통해 배웠다. 특히 내가 다녔던 재세례파 고등학교의 선생님들과 나의 부모님이 본이 되어 주셨다. 실제로 우리 중학교 선생님은 많은 과목을 가르치면서 몸소 이러한 특성의 본이 되어 주셨다. 하지만 나는 청년이 되어서야 이 개념을 이해하기 시작했다.

그렇지만 대학 생활 중에 나는 신앙의 위기를 맞았다. 진화를 비롯한 과학과 신앙 이슈는 여전히 존재했지만 그것이 주된 원인은 아니었다. 많은 사람들이 그렇듯이, 이 세상이 겪는 아픔과 고통, 주변에서 볼 수 있는 환경 파괴, 서로에게 자행되는 인간의 끔찍한 행위의 역사로 인해 나는 번민에 빠졌다. 나는 기독교의 역사, 곧 왜 신앙의 사람들이 그토록 많은 불의를 저질렀는지를 이해할 수 없었다. 나는 내 자신의 죄와 연약함을 보았다. 우리 모두 덫에 걸린 느낌이 들었다. 인간의 상태는 암울했고, 나는 하나님이 정말로 권능도 있고 선하기도 하신지 의심했다. 치유가 필요했던 모든 면을 설명하기는 힘들지만, 나는 치유되었다. 우울증과 씨름하며 힘겹게 이 시기를 겪은 뒤, 나는 기쁨 안에서 살기로 의식적으로 선택하였다. 예수님의 말씀과 삶이 매우 강렬했기 때문에 그리고 내 자신이 용서받아야 할 필요를 몹시 강력하게 느꼈기 때문에 나는 그리스도를 따르기로 다시 결심했다. 과학 분야에서 고등 교육을 추구하는 한편 나는 신앙 생활을 계속 이어 오고 있다.

나는 생태학을 연구하는 특권을 누리고 있다. 생태학에서는 경쟁, 공생, 자연 선택, 적응이 핵심적 개념이다. 더불어 한계라는 개념도 매우 중요하다. 하나님이 만드신 세상에서 물질과 에너지는 제한적이지만, 하나님 자신은 그렇지 않으시다. 생물학적 세상의 자연 법칙은 종(種)들에게 차별화를 통해 환경 변화에 적응할 것을 요구한다. 진화에 대하여 많은 논쟁이 진행되고 있다. 나는 여기서 세세한 내용은 다루지 않고, 그저 하나님이 종의 창조에서 진화를 많이 사용하셨다는 포괄적 이야기만 하고 넘어가려 한다. 상세한 부분들 중에는 내가 별다른 의견을 갖지 못한 것들도 있다. 하지만 나의 경우에는 증발이나 판구조론이나 중력과 관련된 법칙들 같은 물리학 법칙들을 바라보는 방식으로 진화를 바라보는 것이 도움이 된다. 진화는 언덕 비탈에 부어진 물과 비슷하다. 물이 흘러내리면서 개울들이 형성된다. 어느 작은 물방울 하나가 어느 흙덩어리를 지날 때 그 정확한 위치를 예측할 수는 없지만 비탈에 부어진 그 물이 여러 갈래로 나뉠 것이고 언덕 아래로 흘러 내려갈 것임을 우리는 안다. 또 다른 예를 들어 보자. 진화의 예측 불가능성은 주전자에 물을 끓일 때 물이 몇 도에서 끓을지는 명확하지만 주전자 안의 기포들의 정확한 위치를 예측할 수 없는 것에 빗댈 수 있다. 살아 있는 것들을 지배하는 법칙들이 존재하고, 변화하는 환경에서의 생존 법칙들도 그러한 법칙들에 포함된다.

내가 이해하는 과학이 나의 소중한 신념들과 이루는 조화는 나에게 내적 통일감을 선사한다. 하지만 안타깝게도 성인으로서 내가 살아가는 세상은 통일된 모습을 자주 상실한다. 교회에서는 이렇게 말하고 교회 밖 세상에서는 저렇게 말한다. 사랑하는 친구들은 손사래를 치며 내가 아는 바를 믿으려 들지 않는다. 나의 메일 주소록에 이름이 올라가 있는 과학자들은 믿음의 사람들에 대하여 함부로 말한다.

거의 모든 주제에 대한 공적 논쟁의 자리에서 그러한 적대감이 드러나는 모습을 보는 것은 고통스러운 일이다. 복잡하고도 세밀한 관점을 가지고 이 양극으로 갈라진 세상에서 살아가기 위하여 나는 필수적이라고 믿는 접근법 몇 가지를 택하였다. 첫 번째 접근법은 의견이 같은 사안에는 동의하고 의견이 다른 사안에 대해서는 동의하지 않는 것이다. 풀어서 말하자면, 나는 한 사안에 대해서 누군가와 의견이 다르다는 이유만으로 다른 사안들에 대해서도 그 사람의 의견에 반대하지는 않는다. 사람은 뭉뚱그려진 입장으로 대변되기에는 너무도 복잡한 존재다.

둘째로, 나는 나와 얼마나 의견을 같이하는지와 무관하게 모든 사람을 사랑하겠다고 결심했다. 나는 이것이 성경적이라고 확고하게 믿는다. 고린도전서 13장에서 바울은 서정적 문체로 사랑을 이야기한다.

> 내가 사람의 방언과 천사의 말을 할지라도 사랑이 없으면 소리 나는 구리와 울리는 꽹과리가 되고 내가 예언하는 능력이 있어 모든 비밀과 모든 지식을 알고 또 산을 옮길 만한 모든 믿음이 있을지라도 사랑이 없으면 내가 아무것도 아니요 내가 내게 있는 모든 것으로 구제하고 또 내 몸을 불사르게 내줄지라도 사랑이 없으면 내게 아무 유익이 없느니라. (고전 13:1-3)

언급되는 은사들에 주목하라. 말, 예언, 지식, 믿음, 구제. 모두 매우 중요한 자질들이다. 이 모든 것은 중요하지만 사랑을 벗어나서는 무의미하다. 올바름조차 최종 목표가 아니다. 지식과 비밀을 헤아리는 능력도 사랑을 떠나서는 아무런 의미가 없다. 우리의 목표는 단순히 옳음에 있지 않다. 우리는 사랑 안에서 진리를 발견하고 표현해야 한다.

이 사랑이 늘 쉬운 것은 아니다. 예를 들어, 가르치는 사람으로서 나는 내 학문 전체를 떠받드는 중심 개념 하나가 오류 위에 세워졌다고 (적어도 처음에는) 믿는 학생들과 학부모들을 만난다. 내 직업의 일부가 올바른 과학을 가르치는 것이지만, 한편으로 나는 기도와 격려를 통해 동료 그리스도인인 그들과의 공감을 위해 열심히 노력해야만 한다. 나는 교회나 자원 봉사의 현장에서 비슷한 상황을 마주치곤 한다. 나는 먼저 사랑하겠다는 나의 이상을 따르는 데 자주 실패하지만, 그 목표를 향해 매진하기를 그치지 않는다.

생물학에서 진화론은 중요한 개념이다. 그러나 내가 많은 시간을 쏟는 일은 따로 있다. 나는 지금의 직업을 통해 창조 세상을 아끼고 돌보는 일에 대해 그리고 환경 파괴가 가난한 이들과 하나님이 창조하신 다른 생명체들에게 미치는 끔찍한 영향에 대해 사람들을 교육하기 위해 노력한다. 우리는 그 생명체들을 보살펴야 한다. 환경 문제의 실재도 곤란한 논의를 일으킬 수 있다. 많은 경우에 공적 대화는 신경전으로 번지고 사람들은 서로를 일단 믿어 주는 선의의 해석이라는 기회를 서로에게 베풀지 않는다. 이러한 맥락에서는, 상대를 설득의 대상으로 간주하기 전에 하나님의 사랑을 입은 자로 여기고 그 말에 진심으로 귀를 기울이는 것의 중요성을 기억하는 것이 도움이 된다.

자연 세계라는 책과 성경이라는 책을 이해하기 위해 노력하면서 더듬더듬 길을 찾아가는 나의 여정에 오른 지 오랜 세월이 흐른 지금 나는 역동적 평화의 지점에 도달하였다. 다시 말해서, 과학과 신앙이 어떻게 조화를 이루는지에 대한 나의 생각은 계속 변화하지만, 둘이 조화를 이룬다는 점에 대한 믿음은 변치 않는다. 모든 진리는 하나님의 진리다. 서두에서 말한, 눈물이 그렁그렁하던 학생이 알게 되었듯이 우리가 사랑하고 존경하는 사람들이 틀릴 수도 있다. 그리고 그 역도 성립한다. 우리는 우리가 보기에 틀린 사람들을 사랑하고 존중할 수 있다. 그러니 우리 함께 손을 잡고 우리에게 주어진 사명─하나님을 영화롭게 하는 두 가지 일, 즉 자연 세계를 더 잘 이해하는 일과 성경을 더 잘 이해하는 일─을 수행하자.

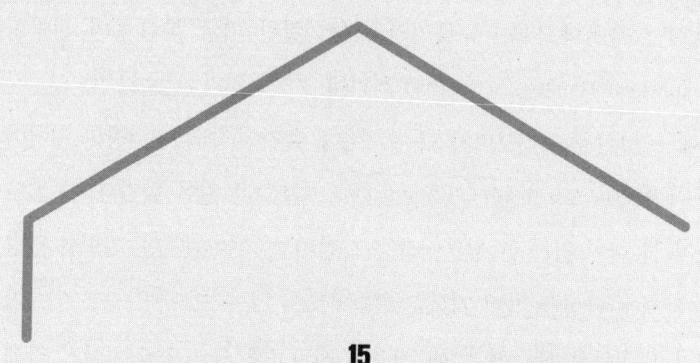

15
성경적으로 충족된 진화 창조론자

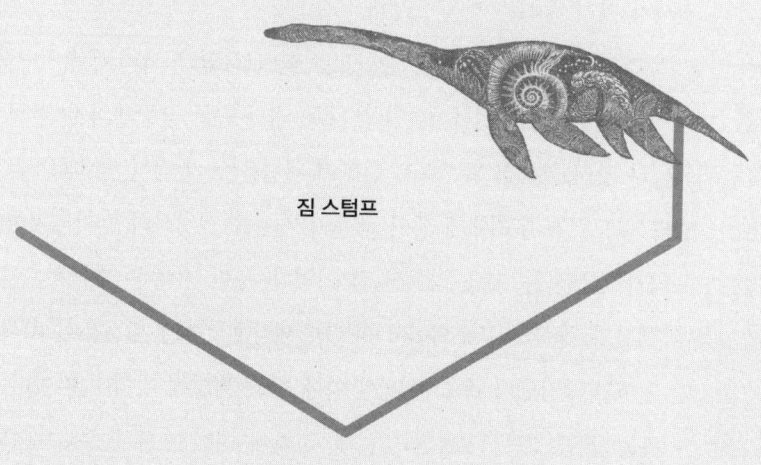

짐 스텀프

짐 스텀프[J. B. (Jim) Stump]는 바이오로고스의 편집장이다. 그의 최근작은 『과학과 기독교: 개론』(*Science and Christianity: An Introduction to the Issues*)이다. 그는 아내와 함께 아들 셋과 고양이 두 마리를 키우고 있다. 그와 그의 가족은 독서, 스포츠, 음악, 여행을 즐긴다.

2009년 가을에 나는 뉴올리언스에서 열린 미국 복음주의 신학회(Evangelical Theological Society) 회의에 참석하였다. 집으로 떠나기 직전에 도서실을 둘러보다가 나는 새롭게 출간된 『창세기 1장의 잃어버린 세계』(The Lost World of Genesis One, 그리심)를 집어 들었다. 한 번도 들어 본 적이 없는 존 월튼이라는 사람이 쓴 책이었지만, 과학과 성경의 문제에 관심을 가진 기독교 철학자로서 나는 그 책이 좋은 읽을거리가 되겠다고 생각했다. 내 기억에 시카고로 돌아오는 비행기 안에서 나는 한 번도 그 책을 손에서 내려놓지 않았던 것 같다. 나는 매혹되었고, 무질서의 꾸러미들이 고립적으로 산재했던 내 마음속에 어떤 질서가 자리 잡히는 것을 느꼈다.

    우리 아버지의 첫 직업은 중학교 과학 교사였다. 그리고 우리 가족은 보수적 그리스도인들이었지만, 나는 내가 속한 공동체의 많은 구성원들과 달리 과학적 발견으로 인하여 위협을 느낀 적이 단 한 번도 없었다. 부모님은 우리에게 자연 세계의 가치를 인정하라고 가르치셨다. 우리가 질문하는 것을 막으신 적도 없다. 우리 가족은 그리스도인들이 세상과 확실히 구분되어야 하지만 세상으로부터 뒷걸음질 쳐서는 안 된다고 생각했다. 우리는 세상 안에 살되 세상에 속하지 않았다.

    나는 공립 고등학교를 다녔는데, 진화에 대해 토론한 수업 시간은 전혀 없었던 것으로 기억한다. 내가 다닌 기독교 대학에서도 과학 시간에 진화라는 주제는 회피되었다. 진화는 변증론 수업 시간에만 크게 다루었다. 나의 학부 전공은 과학 교육이었지만, 나는 수학만 열심히 했다. 논리적이고 통일성 있는 수학 체계가 마음에 들었고, 수학은 나의 기독교 신앙과 아무런 긴장을 빚지 않았다.

대학 졸업 후 아내와 나는 시에라리온에 있는 선교사 자녀들을 위한 학교에서 교편을 잡았다. 그 당시에 아프리카 오지에는 인터넷 카페도 휴대전화 서비스도 없었다. 그래서 땅거미가 지고 나면 등불을 밝히고 책을 읽는 것 외에는 딱히 소일거리가 없었다. 나는 학교 도서관에서 19세기 문학 서고를 문턱이 닳도록 들락거리면서, 톨스토이, 멜빌, 제임스, 그리고 내가 제일 좋아하는 도스토예프스키의 책들을 읽었다. 수학의 분석 도구가 문학의 위대한 사상을 만나자 철학을 공부하고 싶다는 욕구가 솟구쳤다.

그러다 보니 나는 대학원에서 과학 철학 수업들을 듣게 되었다. 그 수업 덕분에 비로소 진화의 과학을, 그것과 너무도 자주 한 묶음으로 취급되는 이념과 분리하여 바라볼 줄 알게 되었다. 진화의 증거 앞에서 나는 아무런 문제없이 진화를 긍정하게 되었다. 그러다 보니 내게는 그것과 관련하여 들려줄 흥미진진한 '방향 전환' 이야기가 없다. 하지만 성경의 권위와 영감을 인정하는 그리스도인으로서 나는 과학과 성경을 어떻게 조화시킬 수 있을지에 대해서 항상 확신이 있는 것은 아니었다. '성경은 명확하게…라고 말한다'는 식으로 진화를 반박하는 사람들의 주장은 나에게 먹혀들지 않았다. 내가 생각하기에, 이런 사람들은 그런 말을 할 때에 성경의 증언을 상당히 견강부회하였다. 그리고 그들의 '명확하게…라고 말한다'는 해석학적 접근법은 성경의 다른 부분들(예를 들어, 성경이 서로 다른 옷감을 섞어서 옷을 지어서는 안 되며 거룩한 입맞춤으로 사람들을 맞으라고 명백하게 말하는 부분) 때문에라도 완전히 폐기해야 한다. 하지만 나는 "성경은 다른 말을 하고자 의도하는 것이 분명합니다. 왜냐하면 자연 세계가 분명히 다른 증언을 하고 있거든요"라는 말 외에는 무슨 말을 해야 할지 알지 못했다.

리처드 도킨스는 다윈이 지적으로 충족된 무신론자가 되는 길을 열었다는 주장을 많이 써먹었다. 나는 그 주장을 가져다가 더 좋게 바꾸고 싶다. 월튼의 책을 읽으면서 나는 성경적으로 충족된 진화 창조론자가 될 수 있었다. 『창세기 1장의 잃어버린 세계』에서 나는 오늘날 우리의 문화적 관점에서 성경에 대해 생각하는 방법을 발견하였다. 이제 나는 구약 본문을 해석할 때 고대 근동 세계를 반드시 고려해야 함을 분명히 안다. 그리고 나는 우리가 성경을 진지하게 받아들이려면 더 넓은 문화적 맥락을 이해하기 위해 많은 연구를 해야 한다는 점에 수긍한다.

나는 수많은 교회와 많은 다른 기독교 단체에게 과학과 성경이라는 주제에 대해 강연을 해 왔다. 그러한 청중에게는 고대의 맥락을 더 잘 이해함으로써 바로잡을 수 있는 성경에 대한 오해의 구체적 사례를 보여 주는 것이 거의 언제나 도움이 된다. 이 점에서 나는 기본적으로 월튼의 말을 그대로 반복한다. 월튼이 든 사례들 중 하나는 꽤 최근에 발견된 중동의 고대 지구라트(성전 단지의 일부를 구성하는 커다란 피라미드 구조물)들에 관한 것이다. 이 발견은 창세기 11장의 바벨탑 이야기를 더 잘 이해할 수 있게 해 준다. 예전에 내가 바벨탑에 관하여 알던 내용은 주일 학교에서 들려줄 법한 수준에 머물러 있었다. 그 이야기에 따르면, 사람들은 하늘로 올라가기 위하여 바벨탑을 짓고 있었다. 나는 늘 이 부분에서 조금 혼란스러웠다. 왜냐하면 하나님이 그런 일로 염려를 하셨을 리 만무해 보였기 때문이다. 그것이 이룰 수 있는 목표기나 했을까? 하지만 그 바벨탑 이야기는 지구라트의 문화적 맥락에 대입될 때 훨씬 더 잘 해석된다. 바벨탑은 땅의 그 지점으로 하나님을 끌어내리기 위한 것이었다. 그것이 바로 고대 근동의 지구라트들의 목적이었다. 인간들의 이런 어이없는 노력을 보신 하나님은 그러한 문화적 기대들로부터 자신을 구별하신다. "내가 강림하여 너희 가운데 거하는 것은 이러한 방식으로 이루어지지 않는다. 나는 그런 부류의 신이 아니다."

이처럼 성경의 의미를 드러내는 문화적 맥락의 사례는 많이 있다. 이렇게 이해가 풍성해지면 성경과 진화에 관하여 더 건설적으로 논의할 수 있는 길이 열린다. '명백한 문자적 의미'를 결정적 해석으로 받아들이는 오류가 폭로되고, 성경에 대한 일치주의적 접근법들에 대한 경보가 발령된다. 일치주의에 따르면 우리는 현대의 과학적 개념을 성경 본문에 대입하여 읽어야 한다. 예를 들어서, 어떤 사람들은 창세기 1:20["물들은 생물을 번성하게 하라(bring forth, KJV)"]과 1:24["땅은 생물을 그 종류대로 내되(bring forth, KJV)"]을 진화 과학을 인정하는 것으로 몰아가기 원한다. 우리는 '내다'(bring forth)를 포함하는 구절들을, 고대 근동 사람들이 하나님이 자연 과정을 통하여 창조 행위를 하신다는 것에 관하여 아무런 문제를 느끼지 않았다는 증거로 여길 수 있을지도 모르지만, 이 구절들이 명백히 진화를 기술한다고 보는 것은 일치주의적 오류다. 다른 성경 구절들이 빅뱅이나 심지어는 태양 중심설을 기술한다고 보는 것도 마찬가지다. 고대 근동 사람들은 그러한 개념들을 알지 못했고, 하나님은 현대의 과학적 개념들을 고대의 성경 기자들에게 알릴 의도가 없으셨다. 성경 기자들에게 스스로를 드러내시고 자신의 뜻을 계시하실 때 하나님은 그들이 이해할 수 있는 말을 쓰셨다. 다시 한 번 말하지만, 본문을 올바르게 이해하려면 우리는 해당 본문의 배경이 되는 고대 사상 세계를 알아야 한다.

내가 이 점을 짚고 넘어갈 때 보통은 청중 가운데 절망감을 표현하는 사람이 있기 마련이다. 성경을 읽으려면 박사 학위가 필요할 것이라고 지레 겁을 먹는 것이다. 그래서 나는 성경 해석에 대해 추가로 두 가지를 명확히 하려고 한다. 첫째, 누구든지 매일 성경을 집어 들고 읽으면 유익을 누릴 수 있다. 우리 복음주의자들은 하나님이 성경을 통해 우리에게 말씀하신다고 믿는다. 하나님은 박사 학위를 가진 사람들에게만 말씀하지 않으신다. 하나님의 말씀은 우리 모두에 대하여 살아 있고 생명력이 있다. 그렇지만 우리는 우리의 귀에 맞추어진 음조로만 하나님의 음성을 듣기 쉽다. 그래서, 둘째로, 모든 믿음의 공동체는 성경을 더 잘 읽도록 도와줄 신뢰할 만한 성서학자들을 필요로 한다. 적어도 종교개혁 이래로 그리스도인들에게는 성경에 대한 개별적 해석 방법을 발전시키려는 경향이 있다. 더불어 나름의 교파를 형성하는 경향도 있다! 성경은 교회에게 주어진 선물이고, 교회는 공동체다. 그 공동체 안에서, 우리는 성경 해석과 관련하여 더 잘 훈련되고 더 능력이 뛰어난 사람들이 있다는 점을 인정해야만 한다. 그것은 우리가 의학과 자동차 수리라는 분야에서 전문가들의 의견이 존중되어야 함을 인정하는 것과 같다. 그래서 우리의 개별적 성경 해석에는 전문가의 인도가 정기적으로 필요하다.

나는 창세기 1장에 대한 월튼의 입장의 세세한 내용들 중 일부에 대해 구약학자들 간에 이견이 있다는 점을 알고 있다. 그리고 물론 그 외에도 전문가들의 의견이 분분한 성경 해석 이슈들은 많다. 내가 히

브리어 강의를 한 학기 들었다고 해서 이러한 이견들의 구체적인 면에 대하여 권위 있는 발언을 할 자격이 주어지지는 않는다. 하지만 나는 과학과 성경을 화해시키기 위하여 모든 면에서 월튼의 입장이 옳다고 주장하는 것이 아니다. 나는 단지 그의 책이 나에게 (그리고 많은 다른 사람들에게) 성경을 더욱 섬세하게 대하도록 안내해 주었다고 말할 뿐이다. 이러한 종류의 책은 또한 성경과 자연 세계를 둘 다 진지하게 받아들일 수 있다는 자신감을 내게 심어 주었다.

그 자신감은 과학과 기독교의 학문적 연구에 더 깊이 파고들 수 있는 허가서를 내게 발급해 주었다. 만일 결과의 기밀이 보장되는 설문조사에서 질문을 받았다면 나는 진화를 수용한다고 대답했을 것이고 또한 그리스도인이긴 하지만 내가 갖는 신념들의 함의를 붙들고 치열하게 씨름하지는 않았다고 대답했을 것이다. 그런 씨름의 결과 무엇을 맞닥뜨리게 될지 불안했던 모양이다. 월튼의 책을 읽고 바이오로고스를 발견하면서 나는 그러한 두려움에서 벗어나 진화적 창조 모델을 받아들이게 되었다. 그러나 내 마음속에서 그러한 혼돈은 고삐가 잡혔지만, 진화를 공개적으로 지지한 결과로 또 다른 종류의 혼돈이 일어났다.

진화를 반대하는 십자군들이 흔히 사용하는 논증들 중 하나는 그리스도인 학자들이 진화를 수용하는 까닭은 인정받고 출세하고자 하는 욕망 때문이라는 것이다. 이상하게도 그와 같은 주장은 내가 알고 있는 사실들 중 그 어떤 것과도 들어맞지 않는다. 세속적인 기관에서 일하는 그리스도인 학자들로서는 공공연하게 진화 창조론을 포용함으로써 얻을 것이 전혀 없다. 도리어 종교적 신념이 알려지면서 학자로서의 입지만 약화될 수 있다. 기독교 교육 기관에서 일하는 교수들은 진화 창조론자임을 밝힘으로써 경력이 끝장날 수도 있다. 나의 개인적 경험이 이를 뒷받침해 준다.

나는 17년 동안 보수적 기독교 대학에서 교편을 잡았고, 그 대학과 개인적으로 깊은 인연이 있다. 캠퍼스에 있는 건물 두 동이 나의 선조들의 이름을 따라 명명되었고, 나의 자녀들까지 포함하여 우리 가족은 3대가 그 대학을 다녔다. 나는 인기 있고 성공한 교수로 널리 알려져 있었다. 캠퍼스에서뿐만 아니라 대학 운영에 관여하는 많은 유력 인사들에게도 크게 인정받았다. 교수진에게 요청되는 것은 사도신경의 내용에 따른 상당히 포괄적인 신앙 진술서(예를 들어서, "하나님은 만물의 창조자이시며 유지자이시다")에 서명하는 것뿐이었다. 그리고 자연과학 분야뿐 아니라 종교와 철학 분야의 교수들 중에도 현재로서는 진화만큼 하나님이 세상을 창조하신 방식을 과학적으로 잘 기술하는 이론도 없다고 생각하는 사람들이 있었다. 내가 이것을 아는 이유는 우리가 그것에 대하여—보통은 숨죽인 목소리로 비밀리에—이야기를 나누었기 때문이다.

과학과 성경의 조화를 확신하게 되면서 나는 진화라는 주제에 대하여 더욱 드러내 놓고 말하기 시작했다. 나는 단 한 번도 학생들을 세뇌시키려 들지 않았다. 다만 성경을 믿는 그리스도인들이 진화의 과학을 어떻게 받아들일 수 있는지와 관련하여 증거를 제시하였을 뿐이다. 창조와 진화라는 화두를 (대학 당국의 승인을 받은 뒤에) 비판적 사고 수업 시간에 이용하기도 했다. 그 수업 시간에 나는 다양한 입장들의 장단점을 제시하고 그 입장들에 대해 주의 깊게 사고할 수 있도록 학생들을 지도하였다(어디까지나 비판적 사고를 연마하는 것이 목적이었으므로 이러한 수업 시간에 나는 나의 입장을 밝힌 적이 한 번도 없다). 이것에 대하여 몇몇 학부형들이 우려를 표명하였기 때문에, 대학 당국은 교수진과 관련 교단의 지도자들과 함께 기원에 관하여 더 폭넓은 대화를 시작하는 것을 신중하게 검토했다.

그로부터 2년 6개월 동안 나는 많은 관련 논의에 참여하였다. 그러는 가운데, 기원에 대하여 학문적으로 연구한 사람들과 교회 내의 실제적 사역의 영역에서 대부분의 세월을 보낸 교회 지도자들 사이에 패인 골이 얼마나 넓은지 사뭇 분명해졌다. 양편 모두 그 동기가 하나님과 교회를 충실하게 섬기겠다는 목적에 있었음은 분명하지만, 각각이 처한 상황에서 그 섬김이 어떠해야 하는지에 관한 이해는 극명하게 갈렸다. 그리스도에 대한 헌신과 신앙의 본질에 대한 확고한 신념이 우리에게 안전한 토대가 되어서, 그 토대 위에서 학생들과 교수들이 난제들을 공개적으로 토론하고 그렇게 함으로써 믿음을 더 심오하고 성숙한 차원으로 끌어올릴 수 있다는 것이 그 대학에서 우리가 믿는 바였다. 교회 지도자들은 그러한 종류의 질문들이 성경의 권위를 떨어뜨린다고 믿었다.

기독교 대학들은 실제로 홍보에서 이 문제와 관련하여 도전에 직면해 있다. 많은 보수적인 그리스도인 학부모들이 자녀를 보낼 학교를 고를 때 기원에 대한 대학의 입장을 주요 기준으로 삼게 되었다. 결국 소속 대학과 교단 내에서 오랫동안 긍정적 입지를 다져 왔음에도 불구하고 상황이 나에게 불리한 방향으로 흐르게 되었고, 대학 이사회는 교단이 기원에 대하여 내놓은 편협한 성명서를 채택하기에 이르렀다. 만일 내가 이 새로운 성명서를 대놓고 반대하지 않겠노라고 했다면 나는 대학에 계속 머무를 수 있었을 것이다. 그렇지만 나는 있던 자리에서 물러나 다른 곳에서 하나님의 왕국을 위해 나의 재능을 펼치는 편이 더 낫겠다고 느꼈다.

나의 이야기는 드문 경우가 아니다. 과학과 기독교 사이에는 긴장이 있어 왔고 앞으로도 있을 것이다. 특히 기독교 대학 캠퍼스에서는 그 긴장이 더욱 팽팽할 것이다. 나는 이 긴장이 교육받고 계몽된 교수들과 무지한 대중 사이의 긴장이라고 설명하는 것은 적절치 않다고 생각한다. 신념 구조는 복잡하게 얽힌 거미줄 같아서 다른 부분에 영향을 미치지 않으면서 어떤 한 부분을 떼어 내어 다른 것으로 대체하는 일은 불가능하다. 우리 문화에서 진화를 반대하는 목소리들이 뛰어난 말솜씨로 진화를 모든 형태의 악과 하나로 묶는 일을 워낙 능숙하게 해낸 덕분에, 단지 과학적 증거를 늘어놓는 것만으로는 진화 창조론을 받아들이도록 사람들을 설득할 수 없게 되었다. 사람의 신념 체계에 대한 함의들을 정리하는 일에는 시간이 필요하다. 그러나 나의 이야기는 성경과 자연 세계에 섬세하게 주의를 기울임으로써 그러한 함의들을 정리해 낼 수 있음을 보여 주는 증거다. 나는 진화 창조론이 기원을 이해하는 데에 있어서 신실하고도 복음주의적인 선택이 된다고 믿어 의심치 않는다.

16
실재의 진실한 해석

대니얼 해럴

대니얼 해럴(Daniel M. Harrell)은 미네소타 주 에다이나에 소재한 콜로니얼 교회(Colonial Church)의 담임 목사이며, 『자연의 증거: 진화는 어떻게 신앙을 고취하는가』(*Nature's Witness: How Evolution Can Inspire Faith*)의 저자다. 그는 보스턴 대학(Boston College)에서 발달 심리학 박사 학위를 취득하였고 오랜 세월 과학과 신앙의 대화 분야에서 왕성하게 활동해 왔다. 남부 사람으로 태어나 뉴잉글랜드 사람으로 살기로 선택하였으나 지금은 하나님의 뜻에 따라 미네소타 사람으로 살고 있다. 현재 미네소타 주 미니애폴리스에서 아내와 딸과 함께 살고 있다.

미국 남부에서 성장하면서 나는 점잖은 대화에서 진화가 주제가 되는 경우를 보지 못했다. 그리고 주님이 아시는 바와 같이, 교회에서는 결코 진화에 대하여 이야기하지 않았다. 그렇다고 딱히 우리 교회가 진화를 거부한 것도 아니었다. 자유주의 주류(mainline) 남부 교회들 중 하나였던 우리 교회에서는 집사님들이 예배와 예배 사이에 밖에 나가서 담배를 피워 물곤 하셨다. 단지, 사람이 원숭이의 후손이라고 인정하는 것은 지나치게 정곡을 찌르는 느낌이 있었던 것이다.

우리 교회는 그렇다고 해서 '성경을 철저히 믿는' 교회도 아니었다. 물론 우리는 크리스마스와 부활절을 지켰다. 그러나 매해 열리는 크리스마스 가장 행렬에서 가장 빛나는 스타는 단연 산타였고, 고난 주간의 가장 큰 행사는 토요일의 달걀 찾기였다. 그럼에도 불구하고 나는 늘 성경을 읽었다. 나의 성경책은 킹 제임스 성경으로서, 2학년 때 주일 학교의 사랑하는 버티 선생님께 받은 것이었다. 버티 선생님은 그 말씀들 안에 생명이 있고 내가 매일 그 말씀들을 꼭꼭 씹어 먹어야 한다고 말씀하셨다.

내가 대학에 진학할 무렵, 매일 성경을 읽은 덕분에 나는 진지한 그리스도인들로 구성된 어느 네트워크의 일원이 되었다. 그곳의 그리스도인들의 삶과 신앙은 하나로 섬세하게 얽혀 있었다. 그들은 윤리적인 면도 중시했다. 금주와 혼전 순결을 추구함으로써 평균적 대학생과 확연하게 구분되었다. 나는 가난한 이들에 대한 그들의 사랑, 지구에 대한 염려, 진정성(眞正性)에 대한 열정, 삶에 대한 단순한 사랑을 존경했다. 그 신실한 모임에 깊이 발을 들여놓으면서 나는 그들의 윤리와 열정의 바탕에 나름의 성경 해석이 있음을 발견하였다. 그들의 성경 해석은 하나님을 창조주로서 높이고 진화를 거부했다. 과학이 서술하는 세상—나이가 많고 무작위적이며 무자비하고 무의미한 세상—은 성경의 하나님이 만드신 세상일 리가 없었다.

과학적 증거를 피해 가는 것은 그리 쉬운 일이 아니었다. 나는 과학 필수 학점을 채우기 위하여 천문학을 선택하였다. 그렇게 하면 화석과 DNA가 발부하는 기소장을 피할 수 있으리라는 계산이었다. 그러나 별들은 거짓말을 할 줄 몰랐다. 우주는 나이가 수십억 년에 달했다. 심해지는 인지 부조화를 완화하려는 노력의 일환으로 교목님을 찾아갔는데, 내가 받은 처방은 '겉보기 연대'라는 꼼수였다. 목사님은 내게 하나님이 (아담과 하와를 다 자란 어른으로 창조하신 것과 마찬가지로) 이미 성숙한 상태의 세상을 창조하셨다고 말씀하셨다. 그리고 우주는 의도적으로 진짜 나이보다 더 오래되어 보이게 만들어졌다. 그 말은 매우 수상쩍게 들렸다. 하지만 내가 누구관대 주님의 신비로운 방법을 의심할 수 있단 말인가? 이 꼼수는 나의 인지 부조화를 완화시켰고, 심리학 전공자인 나는 인지 부조화의 경감이 얼마나 중요한지 잘 알고 있었다.

놀랍게도, 나는 신학교를 다니고 목회를 하고 심리학 박사 과정을 밟는 내내 나를 속일 수 있었다. 그런데 심리학의 내용이 내가 학부생일 때와는 많이 달라져 있었다. 인지적·행위적 **결과**의 관찰 및 통제에 대한 내용에서 뉴런과 뇌의 기능(즉, 인지와 행위의 원인을 관찰하고 통제하는 것)에 대한 내용으로 초점이 옮겨져 있었다. 당시의 심리학은 정보 처리 모델이 아니라 유기적·생물학적 모델을 채택하고, 생각과 행동의 생리학을 주요 연구 영역으로서 강조하였다. 마음의 생물학적 모델은 심리학과 인간 발달을 연결 짓는데, 인간 발달은 인간 진화와 얽히고설켜 있다. 만일 '마음'이나 '영혼'이라는 개념이 이제 와서는 대체로 물질적 뇌의 기능으로 이해된다면, 마음과 영혼이 의미하는 바는 도대체 무엇인가? 나는 목회자로서 그리고 사회 심리학자로서 느닷없이 이 질문을 마주하게 되었다.

진화는 여전히 교회에서 언급하기에는 부적절한 주제였고, 나는 내가 섬기는 대학교 교회의 대학생들이 내가 겪었던 것과 동일한 인지 부조화로 고민하지 않을까 걱정하기 시작했다. '겉보기 연대'라는 꼼수는 더 이상 먹혀들지 않았다. 그것은 과학적으로만 실패한 것이 아니라 신학적으로도 실패했다. 하나님을 의도적 기만자로 만들어 버리기 때문이다. 그것은 말도 안 되는 일이 아닌가.

과학과 기독교 신앙을 통합하기란 여간 힘겨운 일이 아니었다. 나는 왜 엔트로피가 타락의 결과인지 설교하고자 했다. 그러나 회중 속의 물리학자들이 즉각 나의 잘못된 생각을 고쳐 주었다. 에덴동산에 엔트로피가 없었다면, 박테리아와 벌레들이 우글거리며 아담과 하와의 턱 밑까지 쌓였을 것이다. 나는 니케아 신경(Nicene Creed)에서 쓰인 표현인 '태어난'(begotten)과 '만들어진'(made)의 차이를 들어서 어떤 사람과 그 사람의 클론이 다를 것이라는 주장도 펼쳐 보았다. 인간 예수가 다른 인간들과 다른 방식에 빗대어 볼 때, 자연적으로 탄생한 사람과 그 사람의 클론은 달라야 하지 않을까? 그러나 생물학자들이 나를 바로잡아 주었다. 어떤 사람의 클론은 유전학적으로 그 사람과 동일한 일란성 쌍둥이와 다를 바 없다.

그러한 나의 노력이 빚은 두 번째 실수는 용서가 넘치는 신도들 앞이 아니라 MIT 과학 컨퍼런스의 회의적인 청중 앞에서 저지른 것이었다. 나는 '종교의 목소리'를 낼 사람으로 그 컨퍼런스에 초청되었다. 내가 없었다면 그 컨퍼런스의 좌석들은 모두 저명한 교수들, 임상의들, 제약 회사 중역들, 국회의원들로만 채워졌을 것이다. 인간 복제는 당시에 매우 뜨거운 화두였다. 나는 복제 윤리를 토론하는 패널에 배정되었다. 방청석에는 빈자리가 없었다. 스포트라이트가 환한 빛을 비추어 무대를 달구었고 마이크 뒤로 네 개의 의자가 놓여 있었다. 그 좌석들 앞에 놓인 이름표들은 토론 참가자들을 간략하게 소개하고 있었다. **노벨 물리학상 수상자, 브라운 대학교 생물학과장, 펜실베이니아 대학교 생명 윤리학 교수, 그리고 별 볼 일 없는 목회자였던 나**. 사회자는 청중에게 환영의 인사말을 한 뒤 각 참가자에게 모두발언을 한 마디씩 해 달라고 요청하였다. 인간 복제에 대한 우리의 입장은 무엇인가?

요즈음 복제 동물은 인간들의 식탁에 주식(主食)으로 자주 오르고 있고, 의학 분야에서 줄기 세포 연구를 위해 인간 배아 복제를 허용하는 국가들도 있다. 체외 수정란을 이식하기 전에 이상 발달(abnormal development) 및 제한된 수의 질병과 관련한 검사를 이미 실시하고 있다. 아이비리그 기증자들이 내놓는 인간의 난자와 정자는 인터넷으로 입수할 수 있다(어쩌면 그런 정자와 난자로 태어나는 아기들은 훗날 하버드에 더 수월하게 들어갈지도 모르겠다). 그러나 발달 및 심리 관련 이유들 때문에 발달을 완전히 마친 인간 클론을 탄생시키는 것에 반대하는 도덕적 합의가 여전히 굳건하다. 거기에는 윤리학자들이 '혐오 유발 요인'(yuck factor)이라고 여기는 것도 있다. 당신 자신을 복제하는 것을 상상해 보라. 징그럽지 않은가.

그럼에도 불구하고, 토론에 참가한 생명 윤리학자는 옳다고 느껴지지 않는다는 이유만으로 복제가 비윤리적이라고 생각하는 것에 도전장을 내밀었다. 유전자를 복제하는 것이 무엇이 잘못이란 말인가? 당신의 몸은 매일 유전자 복제를 실행하여 새로운 세포 수백만 개를 만들어 낸다. 그것도 단지 당신의 피부 건강을 위해서. 그는 사람들이 체외 수정에 대한 혐오를 극복했듯이 언젠가는 그 역겨움을 극복할 것이라고 말했다. 그러고 나면 '시험관 아기'가 현재 정상적인 것으로 받아들여지는 것처럼 '대체용 아기'(replacement baby)도 정상적인 것으로 받아들여질 것이다.

'종교적' 반응을 내놓는 일은 나의 몫이었는데, 나는 니케아 신경을 근거로 한 유추로써 그 일을 해내려고 했다. 나는 부부의 사랑에 대한 선물로서 '태어난' 아이들은 개인적 취향에 맞춘 복제 산물로서 '만들어진' 아이들과 구별된다는 의견을 내놓았다. 복제된 아이가 재창조된 똑같은 아기를 의미한다면, 그것은 '대체용 아기'가 아닐 수도 있다. 클론은 유전자적으로 동일할 뿐이지 사람 자체가 복제된 것은 아니다. 클론은 자연적으로 생산된 자손과도 같을 수 없을 것이다. 왜냐하면 어머니를 복제하여 생산된 클론은 그녀와 동일한 쌍둥이 자매일 것이기 때문이다. 역겹지 않은가.

그때 어느 젊은이가 통로를 따라 걸어 나와 마이크 앞에 서서 물었다. "그렇지만 클론에게도 영혼이 있지 않을까요?"

이 지점에서 나는 죽을 쑤고 말았다. 나는 클론이 **자손**이 아니라는 논증을 펼칠 준비는 되어 있었지만, 클론이 **인간**이 아니라는 주장을 펼칠 준비는 해 놓지 않았었다. "그것은 신비이지요." 나는 회피적으로 대답했다. 무척이나 신학자답게 들리는 대답이었다.

내 옆에 앉아 있던 생명 윤리학자가 눈에 띄게 움찔댔다. 나보다 연배가 낮은 그는 승진하고 싶어 안달이 났는지 목사에게 결정타를 날리는 명장면을 연출할 기회를 엿보고 있는 것 같았다. "이런 일에 신비란 없습니다!" 그가 쩌렁쩌렁 소리쳤다. "인간은 인간입니다. 어떻게 존재하게 되었는지는 상관없습니다. 신경계도 호흡계나 소화계와 다를 바 없습니다. 영혼처럼 우스꽝스러운 것이 실제로 존재한다면, 클론에게도 당연히 영혼이 있어야겠지요. 왜냐하면 우리가 영혼이라는 말로 뜻하는 바가 무엇이든 그것은 모든 사람에게 똑같이 있을 테고, 클론도 사람이니까요. 영혼의 개념 자체는 자손 생산에 유리하도록 우리 조상들이 생각해 낸 잘못된 신념 그 이상도 그 이하도 아닙니다."

"음, 그것이 신비롭기 때문에…." 내 왼편에 앉아 있던 노벨상 수상자가 입을 떼며 나의 구원자를 자청하였다. "'영혼'이라는 말이 무엇을 의미하든 그것이 전적으로 신경학적 실체인 것은 아닙니다. 자연 선택에는 환경과의 상호 작용이 필요합니다. 문화와 공동체도 각자의 역할이 있습니다. 그것은 복잡한 문제입니다."

그리고 그것은 여전히 복잡한 문제로 남아 있다. 그 경험 이후 나는 진화와 기독교 신앙에 관한 것이라면 닥치는 대로 읽었고, 그러다가 그 주제에 대한 책까지 쓰기에 이르렀다(『자연의 증거: 진화는 어떻게 신앙을 고취하는가』). 그러다 보니 수많은 대화에 초청받았고, 그중 하나는 중서부 시골 지역에서 벌어진 대화였다. 그곳에서 나는 과학은 모두 잘못된 것이라고 확신하는 그리스도인들을 만났다. 성경이 어느 한 분야(지구의 나이)에서 틀렸다면 모든 분야(예수님의 부활)에서 틀렸어야 하리라. 이러한 논리의 맹점은 인간 이해의 단점을 제대로 설명하지 못한다는 것이다. 성경의 무오성에 대한 믿음은 우리 자신의 무오성을 보장하지 않는다. 이것은 과학에도 그대로 적용된다. 데이터의 과학적 관찰 결과는 논박이 불가할 수 있지만, 데이터의 과학적 **해석**은 언제나 논박될 수 있다. 철학적 해석과 신학적 해석에 대해서도 마찬가지다. 기독교 신앙과 과학 사이의 의견 차이는 해석의 차이로 이해되어야 하는데, 암석의 연대를 둘러싼 논쟁으로 흘러가거나 특정 유전자가 고대의 선행 인류로까지 추적해 올라갈 수 있는지에 대한 다툼으로 전개된다는 점이 우려스럽다.

진화에 대한 특정 해석이 기독교 신앙에 대한 그토록 떠들썩한 저항을 부추긴 것은 부당하다. 오히려 과학자들은 진화를 근거로 종교적 믿음을 적대적시하는 무신론자들의 주장에 발끈하는 것으로 알려져 있다. 진화론은 하나님의 존재에 아무런 관심이 없다. 기적과 부활과 영혼과 성경의 권위는 모두 과학적 조사의 영역 밖에 놓여 있다.

히브리서 기자는 "믿음은 바라는 것들의 실상이요 보이지 않는 것들의 증거니"(히 11:1)라고 주장한다. 이 말은 우리 눈에 보이는 실재가 전부가 아님을 뜻할 뿐이다. 이 말은 우리 눈으로 볼 **수 있는** 것을 무시해야 한다는 뜻이 아니다. 믿음은 환상이 아니다. 믿음은 사물들이 실제 존재하는 방식과 조화를 이룬다. '모든 진리는 하나님의 진리'이므로, 모든 진리의 추구 행위는—어떤 학문을 통하여 진리를 추구하든 상관없이—결국에는 하나님께로 우리를 이끌어 갈 것이다. 과학적 진보 앞에서 위협감을 느끼고 겁낼 것이 아니라 우리는 과학적 진보를 신학적 고려를 위한 새로운 풍광—탐험해야 할 새로운 산맥—으로 보아야 한다.

물론 나는 그 생명 윤리학자의 해석이나 태도를 탐탁지 않게 여겼다. 그렇다고 해서 그가 관련 사실들의 검증을 게을리했던 것은 아니다. 모든 진리가 하나님의 진리라면, 실재의 진실한 해석만이 신학적 이해의 버팀목이 되어 줄 것이다. 하나님이 자연 안에서 어떻게 활동하시는지에 관하여 잘못된 개념들을 고수한다면 하나님이 정말로 어떻게 활동하시는지에 대하여 그분을 찬양할 기회를 놓치게 될 뿐이다 [마크 놀은 『복음주의 지성의 스캔들』(The Scandal of the Evangelical Mind, 한국 IVP)에서 이 점을 분명히 했다]. 신학은 과학적 실재와 나란히 기능해야 한다. 그렇지 못할 경우 신학은 적실성을 결여할 뿐 아니라 지루해지고 만다.

목사로서 나는 관찰 가능한 실재와 무관하신 하나님에 대해서는 설교하고 싶지 않다. 만일 하나님이 우리가 살아가는 대로의 삶과 아무런 관련이 없으시다면, 윤리는 원칙이 아닌 효용에 따라서만 작동할 것이다. 만일 하나님이 도덕성과 아무런 관련이 없으시다면, 원칙은 임의적이고 이기적인 선호에 따라 결정될 것이다. 만일 하나님이 진화와 아무런 관련이 없으시다면, 진화의 가치 중립적인 주장들은 온갖 일탈 행위를 제멋대로 정당화할 것이다. 진화는 나치의 우생학을 정당화하는 데 인용되었다. 더 최근에는, 일부 진화 심리학자들이 강간이 자연적 행위일 수 있다고 제안하였다[프랭크 라이언(Frank Ryan)의 책 『다윈의 사각 지대: 자연 선택 너머의 진화』(Darwin's Blind Spot: Evolution Beyond Natural Selection)를 보라]. 실제 행위와 선택을 다루는 믿음과 가치의 체계 없이는 이런 것들을 논박하기가 어렵다.

나는 "땅과 거기에 충만한 것과 세계와 그 가운데에 사는 자들은 다 여호와의 것"(시 24:1)임을 믿는다. 신학은 과학적 발견을 단순히 참아 내는 차원에 그쳐서는 안 된다. 신학은 하나님이 손수 하신 일을 드러내는 과학적 발견을 경축해야 한다. 그리고 단순히 경축할 뿐 아니라 안전하게 지켜야 한다. 과학은 자만심에 빠져 권력과 돈을 위해 과학적 발견을 악용하고픈 유혹에 넘어가기 쉽다. 과학에게는 신학이 제공하는 가치관이 필요하다. 그래야 과학 연구가 창조 세계의 경이로움을 깨닫게 하고 인류의 필요를 충족시키는 역할을 해낼 수 있다.

17
영국인이 본 미국의 진화 논쟁

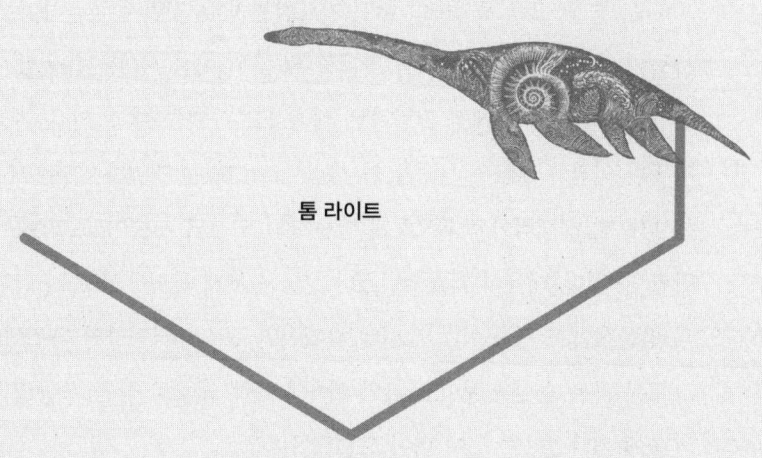

톰 라이트

톰 라이트[N. T. ('Tom') Wright]는 옥스퍼드에서 서양 고전학과 신학을 전공했고 70여 권의 책을 저술하였다. 20년 동안 신약학을 가르치고 16년 동안 영국 성공회에서 사역한 뒤 스코틀랜드로 옮겨 가서 세인트앤드루스 대학교(St. Andrews University)에서 신약학 교수로 재직하고 있다. 여가 활동으로 음악, 시, 골프 등을 즐긴다.

웨스트민스터 성당에서 일할 때 방문객들, 특히 미국인들에게서 가장 자주 받은 질문들 중 하나는 "정말로 여기에 찰스 다윈이 묻혀 있나요?"였다. 한번은 어느 방문객이 그 질문을 던졌을 때 나는 그녀가 저녁 예배 후 성당 안을 걸어온 경로에 눈길을 주며, "부인께서는 방금 다윈을 밟고 오셨습니다"라고 대답했다. "잘됐네요!"라는 힘이 들어간 답변이 돌아왔고, 이 반응은 그 방문객의 일면을 엿보게 해 주었다. 하지만 또 한 번은 다윈이 묻힌 곳을 지나가다 보니 꽃과 카드들이 소복하게 쌓여 있었다. 초등학교 학생들이 놓고 간 것이 분명했다. 그 꽃과 카드들이 보내는 메시지의 요지는 "다윈 선생님, 사랑합니다"였다.

나는 종종 그런 학생들이 어떤 가르침을 받은 것인지 궁금하다. 교사들이 서구 문화의 이야기를 들려줄 때 다윈 이전 시대를 음울함, 미신, 편견, 종교의 압제적 그림자로 채색하고 다윈을 행복, 자유, 지식, 따뜻한 인정의 새로운 시대를 연 사람으로 그리는 것일까? 그런 묘사는 다분히 선택적이고 과도하게 단순화된 역사의 서술이라고밖에 생각할 수 없다. 더욱이 웨스트민스터 성당은 세계 곳곳에서 온 수천 명의 방문객이 찾는 곳이다. 그런데 하필이면 주로 미국인들만 다윈에게 그토록 많은 관심을 보이고 그의 이름을 전투 구호로 삼는 가상의 편싸움에 기다렸다는 듯이 뛰어 드는 것일까?

나는 여기서 면책 선언을 짧게 하고 넘어가겠다. 나는 (미국인이라기 보다는) 영국인이고 (과학자가 아니라) 신학자다. 그러므로 이 논의에 관

• 이 글은 톰 라이트의 *Surprised by Scripture* (New York: HarperOne, 2104)의 'Healing the Divide Between Science and Religion'에서 발췌한 것이다. 허락을 받고 사용하였다. 『시대가 묻고 성경이 답하다』(한국 IVP).

한 한 외부인이다. 그러나 바라건대, 내부인보다 외부인의 눈에 더 선명하게 들어올 법한 점 세 가지를 내가 지적할 수 있을 것이다.

첫째, 나는 북미에서 과학과 종교의 논쟁이 수행되고 인식되는 방식이 지구상의 다른 곳에서 유사한 논쟁이 수행되고 인식되는 방식과 크게 다르다는 점을 지적하고 싶다. 둘째, 나는 이것이 최소한 부분적으로는 미국이 18세기 후반 이래로 사회적 자기 이해의 토대를 본질적이고도 명시적으로 에피쿠로스주의에 두었다는 사실에 기인한다는 점을 지적하고 싶다. 그리고 그런 까닭에 미국에서 과학과 종교의 대치가 교회 대 국가의 대결 혹은 종교 대 정치 대결 등과 유사하며 사실은 꽤 깊은 차원에서 그러한 대결 구도와 밀접하게 관련되어 있어서 이러한 주제들 중 하나를 다룰 때 다른 모든 것을 은연중에라도 건드리지 않을 수 없다는 점을 제언하고 싶다. 셋째, 그러한 이유 때문에, 그 근저를 이루는 세계관들에 대하여 과학과 종교에 대한 토론에서의 일반적 숙고 차원을 크게 뛰어넘는 철저한 재고가 필요하다고 제안한다. 이 점에서 성경 신학자의 더 심오한 기여가 도움이 되기를 희망해 본다.

우리 영국에서는 스콥스 재판(Scopes trial)• 같은 것은 결코 없었다. 그리고 보니, 1860년 6월에 당시 옥스퍼드의 주교였던 새뮤얼 윌버포스(Samuel Wilberforce)와 과학자 헉슬리(T. H. Huxley) 사이에 그 악명 높은 공개 토론이 벌어지긴 했다. 한 세대가 지나기도 전에, 이 논쟁의 이야기는 구전에 의해 살이 붙어서 어떤 모양새를 갖추게 되었

• 1925년에 미국 테네시 주에서 과학 교사 존 스콥스가 주의 자금 지원을 받는 학교에서 인간 진화를 가르치지 말라는 주의 법을 어겼다는 죄목으로 기소되었다.

다. 그 구전은 영향력이 매우 강력해서 오늘날 진실인 것처럼 받아들여지기에 이르렀다. 하지만 최근 연구에 따르면 그 구전의 생생한 묘사가 전하는 것처럼 실제 상황이 전개된 것은 아니었다.

그 구전에 따르면, 논쟁 중에 윌버포스가 헉슬리에게 그가 할아버지와 할머니 중 어느 쪽이 유인원의 혈통이라고 주장하는 것인지 물었다. 그러자 헉슬리는 지적 재능을 낭비하는 사람보다는 유인원의 후손이 되는 편이 낫다는 식으로 되받아쳤다고 한다. 하지만 이것은 전승의 이야기일 뿐이다. 얼마 전에 철학자 존 루커스(John Lucas)가 지적하고 스티븐 제이 굴드(Stephen Jay Gould)가 옹호했듯이, 불가지론자인 헉슬리가 교회의 도그마로부터 자유를 쟁취하기 위하여 크게 한 방을 날렸다는 이 이야기가 뿌리를 내리고 널리 퍼져 나간 때는 귀족층을 견제할 목적으로 정치적 입지를 다지기 위하여 안간힘을 쓰던 잉글랜드 중산층이 사람의 혈통과 도덕적 가치는 서로 무관하다는 관점에 특별한 관심을 보이던 시절이었다.

아울러 19세기 말에 과학계는 크나큰 변모를 겪었다. 과학이 (형편만 허락한다면) 누구나 참여할 수 있는 분야에서 훨씬 대단한 전문성이 요구되는 동업 조합처럼 바뀐 것이다. 진창에 빠져 꼼짝 못 하는 교회에 대하여 승리를 거두는 자유 과학(Free Science)이라는 그림은 윌버포스와 헉슬리 사건에 관한 주요 문건들 중 일부가 집필된 1890년대에 무르익어 가던 과학계의 독립적 분위기와 잘 어울렸다. 더욱 자유분방했던 1860년대조차도 그 그림과 그렇게 잘 어울리기는 어려웠을 것이다. 그러나 빅토리아 시대 후기에 그 일은 잠잠해졌고, 오늘날 영국에서 사람들 대부분은 교회가 몽매주의(夢昧主義, obscurantism)로 기우는 경향이 있고 과학이 도그마와 윤리의 족쇄로부터 우리를 해방시켜 주었다고 어렴풋이 생각할 뿐이다. 두 번의 무시무시한 세계 대전과 그 사이에 세계를 덮친 대공황은 훨씬 더 많은 근심거리를 사람들에게 안겨 주면서 자신들의 전통적 신앙의 뿌리에 의문을 제기할 사뭇 강력한 이유들을 제시했다. 그래서 앞서 짚어 본 요지를 반복하자면 오늘날 내가 느끼기에 영국에서는 과학이 하는 말 때문에 믿음을 저버리는 사람들은 거의 없다. 다른 이유로 신앙을 떠나거나 애초에 신앙이 없었던 사람들에게는 윌버포스와 헉슬리의 이야기뿐 아니라 더 옛날로 거슬러 올라가는 코페르니쿠스와 갈릴레오 같은 사람들의 이야기를 되풀이하는 것이 편리하겠지만 말이다.

하지만 미국에서는 스콥스 재판의 영향력이 어마어마했음이 분명하고, 그 충격파가 문화 속으로 드넓게 퍼지면서 양극단으로 첨예하게 편이 갈리는 대립이 가속화되었다. 그러한 대립이 미국과 같은 양상으로 광범위한 영향력을 발휘한 곳은 세계 다른 곳에서 찾아볼 수 없다. 나는 최근에 열서너 살 즈음에 무척이나 즐겨 읽던 경건 서적의 고전인 이소벨 쿤(Isobel Kuhn)의 『추구』(By Searching, 생명의말씀사)를 다시 읽었다. 쿤이 학생이었던 1930년대에, 그녀의 과학 교수들은 6일 창조를 글자 그대로 믿거나 (예수님과 기독교의 기원을 포함하여) 성경의 일부분이라도 믿는 사람은 누구를 막론하고 혹평하였다. 교수들과 동료 학생들은 과학이 곧 무신론이라는 입장에 굴복하라고 세차게 압력을 가하였다. 그리고 보통 그러하듯이 단순히 진솔하고 합리적인—또는 심지어 합리주의적인—공적 토론 외 훨씬 더 많은 일이 진행되었을 것이라고 의심해 본다. 근대주의 운동은 문화적으로나 정치적으로 한창

무르익었고, 창조에 대한 설명과 기적(특히 예수님의 기적)에 대한 믿음을 포함하여 기독교는 역사가 전진하면서 뒤에 남겨 놓은 전근대 세계의 일부분으로 치부되었다. 특히―강조하건대 이것은 외부인의 인식이다―20세기 전반부의 근본주의-근대주의 논쟁을 포함하는 미국 사회에서의 첨예한 문화적 편가르기는 그 뿌리가 적어도 1860년대의 남북전쟁까지 거슬러 올라간다.

이러한 배경을 알아야 1925년에 열린 스콥스 재판이 미국 전역에서 불러일으킨 어마어마한 관심을 이해할 수 있다. 검사 측은 세 번이나 대통령 후보로 선출된 윌리엄 제닝스 브라이언(William Jennings Bryan)이었고 이 대단한 쇼를 취재하기 위하여 기자들이 테네시 주 데이턴으로 구름처럼 몰려들었다. 스콥스 재판은 라디오로 전국에 방송된 미국 최초의 재판이었다. 하지만 스콥스 재판 자체가 과학과 종교의 대결을 유발한 것은 아니다. 스콥스 재판은 단지 과학과 종교의 대결에 첨예한 대립의 순간을 선사했을 뿐이다. 첨예한 대립의 순간이 야기하는 문제는 그 사건이 상징적 의미를 가지게 된다는 것이다. 고대나 현대의 순교자들의 죽음이나 고난이 그러하듯이 또는 내전이 실로 그러하듯이, 대립의 순간은 이쪽 또는 저쪽에 대한 충성심을 만들어 낸다. 당신은 당장 이러이러한 노선을 **선택해야만** 한다. 그렇게 하지 않으면 배신자로 낙인찍힌다.

스콥스의 변호인단을 대표했던 클래런스 대로(Clarence Darrow)는 오늘날 리처드 도킨스나 그와 동류인 이들의 저서를 즐겨 읽는 사람들에게 낯설지 않을 말을 했다. "우리의 목표는 아집에 사로잡힌 벽창호들과 무지렁이들이 미국의 교육을 좌지우지하지 못하도록 막는 것이다." 미 동부 해안에서 온 짐작컨대 세련된 도시인들이 테네시 주 시골 동네의 '멍청이들'과 '소작농들'과 '촌뜨기들'과 '무지렁이들'을 역겨움과 경악의 눈빛으로 바라보는 가운데, 멩켄(H. L. Mencken)이라는 언론계 중진은 그 재판이 문화를 가로지르는 주요 단층선에서 진행되었다고 가정하지 않는 한 도저히 설명하기 어려운 독설을 날렸다. 더욱 중요한 것은, 뒤이어 나왔던 스콥스 재판에 대한 이야기들이 반진화적 사고방식을 남부에서의 KKK단의 발흥과 연관 지었다는 사실이다. 그것이 역사로서 계속 유지될 수 있는지 여부는 요점이 아니다. 여기서의 골자는 미국 사회가 입게 된 크고도 고통스러운 상처—본질적으로는 과학과 종교에 대한 것이 아니고 미국의 통치, 노예제도의 정당성, 미국 흑인들의 사회적 위상과 관련된 상처—가 치유되지 않은 채 계속 곪다가 과학 대 종교 또는 (굳이 그렇게 부르고 싶다면) 진화 대 성경의 논쟁에 의해 더 악화되어 고통만 더해졌다는 것이다.

　세상의 다른 곳에서도 이 이슈들이 중요하게 다루어졌음에도 불구하고 내가 미국인들이 이와 관련하여 특히 어려운 시간을 보낸 것 같다고, 그때의 상황이 오늘날까지 이어지고 있다고 말하는 까닭이 바로 여기에 있다. 결국 흔히 지적되듯이 다른 곳에서처럼 미국에서도 중진급의 보수적 기독교 신학자들이 보기에 19세기의 발견들에 특별히 위협적인 요소는 없었다. 다른 많은 것에 대해서도 그렇듯이, 일찍이 지혜의 길을 선택할 수도 있었을 테지만, 아쉽게도 그런 일은 일어나지 않았다. 그 대신에 두 문화 사이에 전쟁이 문자 그대로 진짜 전쟁처럼 계속되었고, 그러는 가운데 양측의 입장은 완고해져만 갔다.

　새로운 양상으로 전개되는 이러한 문화 전쟁을 반영하는 미국의 현 상황 때문에, 이 이슈들은 그 어떤 나라에서보다 미국에서 특히 다루기가 까다롭다. 그러나 영국에서는 알리스터 맥그래스(Alister McGrath)나 존 폴킹혼 같은 과학자 겸 신학자들이 그 두 세상을 슬기롭고도 풍성하게 통합시키는 사고방식의 본을 명확하게 보여 준다. 그러면 과학에 문외한인 우리 대부분은 그러한 생각의 노선을 즐거운 마음으로 따른다. 그럴 때에 우리는 그 사고방식에 대한 충성을 자랑스럽게 알릴 필요나 왜 그 사고방식으로 전환했는지 설명할 필요를 느끼지 않는다. 이런 것은 우리 영국인에게는 중요한 문화적 이슈가 되지 못한다. 영국에서는 이런 것이 우려스러울 정도로 직접적인 정치적 함의는 갖지 않는다. 미국에서는 그런 일이 자주 벌어져서 염려스럽다. 분명 미국의 이슈들은 중요하다. 하지만 그 이슈들이 어떻게 더 큰 이슈들과 하나로 묶이는지를 들여다보는 것이 도움이 될 것이다. 그 이슈들을 둘러싼 뜨거운 열기 중 많은 부분은 그 이슈들 자체의 어려움이 아니라 함께 묶인 더 큰 이슈들로부터 나온다. 그리고 나는 단순히 "우리는 그 문제를 그런 식으로는 잘 보지 않습니다"라는 뜻으로 이 모든 말을 하는 것이 아니다. 내가 이 말을 하는 이유는, 다른 모든 사람이 그들의 문제를 공유하는 것이 **마땅하다**는 미국인들의 전제에 도사린 위험 때문이다. 북 아일랜드 벨파스트의 청소년 갱단에 대한 일화를 하나 소개하면서 글을 마무리하겠다. 그들은 길을 가던 인도 신사를 멈추어 세우고는 따지듯 물었다. "이보시오, 당신은 가톨릭이요, 개신교요?" 인도 신사가 대답했다. "난 힌두교요!" 그러자 그들이 재차 물었다. "좋아, 그러면 가톨릭 힌두교요, 아니면 개신교 힌두교요?"

그렇다면 나는 근본주의적 창조론자일까, 아니면 무신론적 과학자일까? 나는 이렇게 대답하겠다. "난 영국인이오."

18
개인적 진화

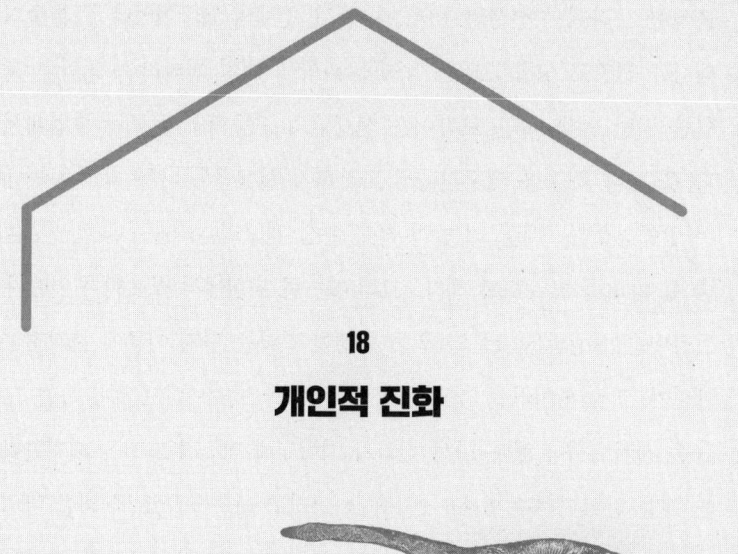

진화 과학과 기독교의 화해

저스틴 배럿

저스틴 배럿(Justin L. Barret)은 풀러 신학교의 발달 과학 스라이브 석좌 교수(Thrive Professor of Human Development)이며 이전에 교편을 잡은 적이 있었던 옥스퍼드 대학교(University of Oxford) 인류학과 연구원이다. 그는 아내와 함께 캘리포니아에 살고 있고, 장성한 두 자녀를 자신의 가장 위대한 발달 과학 업적으로 꼽는다.

불쌍한 브라이슨 선생님. 바로 내가 그 문제의 학생이었다. 근본주의 배경을 가지고 성경을 읽는 동시에 과학에 미친 괴짜라는 최악의 조합을 지닌 학생. 나는 브라이슨 선생님의 고등학교 동물학 수업에서 1등을 했다. 해부용 개구리들이 도착하자 선생님은 나를 따로 불러내어 말씀하셨다. "배럿, 너는 이 척수 손상 개구리(double-pithed frog)들 중 한 마리를 고르도록 해라." 그러고는 큰 교실에서 발표회가 열렸다. 브라이슨 선생님은 그분의 우등 학생이 진화는 **단지** 이론에 불과하고 게다가 그 이론이라는 것도 근본적 결함들을 지닌다고 주장하는 모습을 지켜보셔야 했다. 나는 진화가 기독교에 직접적 도전을 제기한다는 것을 알았다(혹은 안다고 생각했다). 그리고 나는 기독교에 대한 나의 충성심에 대해서도 잘 알고 있었다. 브라이슨 선생님은 다른 학생들이 발표할 때는 부정적 언급을 전혀 하지 않으셨지만, 나에게는 부드럽게 이의를 제기하셨다. 교실의 학생들은 나의 말에 혹하였고, 선생님은 그것이 불편하셨던 것이다.

생명의 세계에 매혹된 나머지 나는 생물학에 관한 것이라면 무엇이든 손에 잡히는 대로 읽었는데, 특히 분류학과 해부학을 좋아했다. 나는 방울뱀을 해부해서 끄집어낸 장기를 나를 돌보던 베이비시터들에게 자랑스럽게 보여 주었다. 집에서 모형 제작용 점토를 마련하여 장기 모형을 빚었다. 횡으로 절단된 신장이 특히 만족스러웠던 일이 기억난다. 나는 생명의 세계를 사랑했고 그 경이에 매료되어서 생물학자가 되고 싶었다. 그러다가 대학교 1학년 때에 마음을 바꾸었다. 심리학을 만난 것이다. 나는 하나님도 사랑했다. 그리고 성경의 권위에 대한 깊은 존경심을 부모님으로부터 물려받았다. 한번은 성경 본문을 이용하여 지구의 나이를 계산해 보았다. 성경과 과학이 갈등 관계에 있을 수 있다는 생각은 단 한 번도 한 적이 없었다. 나는 과학을 사랑했으나, 과학이 끊임없이 변화하고 잘못된 결론을 내리기도 한다는 점을 알고 있었다. 나는 성경이 가르치는 바에 대한 우리의 이해도 불완전하다는 것을 알고 있었다. 나의 신앙적 배경에 정교한 성경 읽기가 포함되지는 않았지만, 우리는 성경 말씀을 귀담아 들었다. 내가 어릴 적에 우리 가족은 아담과 하와가 역사적 인물이 아닐지도 모른다고 생각하진 않았지만, 아담과 하와와 그 자녀들이 지구상의 유일한 사람들은 아니었을 것이라고 생각했다. 가인이 동생을 살해한 대가로 추방된 뒤 죽임당할 것을 두려워했는데, 그는 도대체 누가 자기를 죽일지도 모른다고 생각했던 것일까? 아담과 하와와 동시대를 살아간 사람들이 있다면, 그들은 누구였고 어디로부터 온 것일까? 짐작하건대 하나님은 단 한 쌍의 인간이 아니라 많은 인간을 특별히 창조하셨던 것은 아닐까?

과학은 매력적이었고 권위가 느껴졌다. 그러나 내가 자라난 세상에서는 진화가 과학이 아니었다. 이념이고 선동이었다. 우리 가족이 출석했던 교회의 어린이 프로그램에서 나는 다음과 같은 가사가 들어 있는 노래를 배웠다. "나는 원숭이의 친척이 아니야/원숭이도 내 친척이 아니야/너의 조상은 어떤지 몰라도 우리 조상은 나무 사이를 날아다니지 않았어." 하지만 대학에서 동물학 수업을 들을 무렵, 나는 다른 메시지를 들을 마음의 준비가 되어 있었다. 어쩌면 하나님은 진화를 이용하여 인간이 생겨나게 하셨고, 어쩌면 그 가능성은 성경의 권위나 기본적 기독교 신학과 근본적으로 갈등을 빚지 않을 수도 있다고 생각했다. 나는 진화 과학에 대해 아직 확신의 단계까지 가지는 않았지만, 마음을 열고 들어 볼 의사는 있었다.

내가 언제 자연 선택에 의한 진화가 현재로서는 증거에 대한 가장 강력한 해석이라는 최종 결론에 도달하였는지 특정하기란 불가능하다. 그것은 점진적 과정이었고, 코넬 대학교에서 실험 심리학 석사 과정을 마치고 캘빈 대학에서 가르치기 시작할 즈음에는 그 과정이 이미 마무리되어 있었다. 하나님이 이루시는 진화라는 개념을 내가 전반적으로 수용하는 데 있어서 코넬 대학교의 논문 심사관들 중 한 명이 리처드 도킨스의 『눈먼 시계공』(The Blind Watchmaker, 사이언스북스)을 읽어 보고 의견을 제시하라고 요구했던 것이 어느 정도의 역할을 했을지 나는 생각해 보곤 한다. 나는 유신론에 대한 도킨스의 반박에 설득되었다는 말을 하려는 것이 아니다. 그 반대다. 그 당시에 나는 이미 종교 철학을 충분히 접한 상태여서 훌륭한 논증과 영리한 웅변을 구별할 줄 알았다. 어쩌면 그 덕분에 안심하고 진화 과학의 옷이 맞나 안 맞나 한번 걸쳐 보기로 결심했는지도 모르겠다. 진화를 통해 하나님을 이겨 보려는 기백 넘치는 시도가 실패한다면, 진화는 배고픈 사자가 아니라 한낱 집고양이에 불과할 것이다.

과학자들이 평범한 뼛조각들을 끼워 맞추어 공룡을 만들어 내거나 잘못된 방사성 탄소 연대 측정법에 의존하여 지구의 나이가 수억 년이라고 주장한다는 식의 음모론들은 내가 과학과 과학자들을 직접 알게 되면서 점점 더 어불성설로 다가왔다. 과학자들이 사소해 보이는 사안들에 대해서 공개적 다툼을 꺼리지 않는 정도, 시기와 경쟁이 개인적 진실성에 대한 무자비한 공격으로 이어지는 양상, 많은 과학자들의 맹렬한 독립성 등 어느 모로 보든, 널리 퍼진 음모론들은 도무지 설 자리가 없다. 설령 과학계가 믿음의 사람들에게 문젯거리를 안겨 주기 위하여 증거를 조작하기 원한다 할지라도 성공할 리 만무하다. 그리고 **그들**이 **우리**라는 사실에 주목해야 한다. 흔히 짐작하는 것보다 훨씬 더 많은 수의, 하나님을 경외하고 성경을 믿는 그리스도인들이 전문 과학자들의 반열에 포진해 있다.

내가 자연 선택에 의한 진화를 받아들이는 과정에서 나의 무신론자 교수님들과 동료들이 늘 도움이 된 것은 아니었다. 그들이 '무식한 근본주의자들'이라는 멸시를 쏟아 낼 때면 나는 반사적으로 발끈했다. 또 나는 그들 중 많은 이들에게는 진화 이론이 과학적 추론이 아닌 이념임을 보았다. 그리스도인이나 무신론자나 우쭐대면 꼴불견이기는 마찬가지다.

심리학을 연구하는 과학자로서 훈련받은 덕에 나는 심리 역동(psychological dynamics)이 어떤 식으로 진화론을 이해하고 믿는 것을 어렵게 만드는지 익히 알고 있었다. 이러한 심리 역동은 그리스도인들에게만 적용되는 것이 아니다. 진화를 가르칠 때, 다음과 같은 기초적 사실들에 대한 민감성을 지니는 것이 도움이 된다.

- 심원한 시간(deep time)은 이해가 쉽지 않다.
- 한 종류의 동물이 후대에 다른 종류의 동물이 된다는 개념은, 설령 그것이 사실일지라도, 대단히 반(反)직관적이고 전혀 그럴듯하게 들리지 않는다.
- 자연 세계와 그것이 겪는 과정들—진화를 포함하여—을 생각할

때 그것들이 방향성과 목적성을 가진다고 생각하기 매우 쉽다. 인간은 목적과 의미에 마음이 끌린다.

더욱이 그리스도인들이 진화 과학을 고려해 보라고 도전받을 때, 과학적 사실뿐 아니라 어느 편에 설지도 고려하라는 요구를 받는 일이 빈번하다. 당신은 누구 편이오? 이 그리스도인들이 자신들의 세계관을 가지게 된 데는 그럴 만한 이유가 있을 것이고 그 세계관이 진화에게 위협받을 수도 있다고 생각하는 데도 그럴 만한 이유가 있을 것이다. 인내와 이해가 필요하다.

나는 기독교와 진화 과학의 조화라는 목적지를 향해 걸었던 나의 긴 여정에 대해 감사한다. 그 여정은, 어떤 진화론에 대해서든ㅡ심지어 진화 창조론에 대해서도ㅡ불편하게 느끼는 그리스도인들이 반드시 비지성적이거나 순진하거나 완고하지는 않다는 점을 가르쳐 주었다. 그 여정은 또한 진화에 대한 선포들에 따라오는 부수적 가정들을 의심의 눈초리로 주의 깊게 취급해야 한다는 점도 가르쳤다. 반(反)유신론자든 보수적 그리스도인이든 상관없이 많은 사람들은 진화 과학이 방향성 없고 신이 없는 코스모스(cosmos)를 말한다고 여긴다. 일단 그러한 가정들을 버리고 나면, 진화 과학은 그리스도인이 인류, 창조 세계, 창조주를 신학적으로 더 명확히 이해하기 위해 쓸 수 있는 도구로서 제자리를 찾을 것이다.

19
어느 진화 창조론자의 진화

데니스 래머로

데니스 래머로(Denis O. Lamoureux)는 앨버타 대학교(University of Alberta)의 세인트 조셉 대학(St. Joseph's College)에서 과학과 종교를 가르치는 부교수다. 그는 치의학, 복음주의 신학, 진화 생물학이라는 세 분야에서 박사 학위를 취득하였다. 래머로는 『아담의 역사성 논쟁』(*Four Views on the Historical Adam*, Zondervana, 2013, 새물결플러스)을 공동 저술하였다.

진화 창조론은 진화에 대한 복음주의적 접근법이다. 진화 창조론은 성경적 신앙과 진화 창조가 보완적 관계라는 입장을 수용한다. 진화 창조론자들은 성부, 성자, 성령께서 지적인 설계를 반영하는 진화적 과정을 미리 정하셨고 유지하시며, 그 과정을 통해 우주와 인간을 포함하는 생명을 창조하셨다고 믿는다.

기원에 대한 이 기독교적 관점은 진화가 목적론적이라고 주장한다. 진화는 계획과 목적에 따른 자연 과정으로서 어떤 최종 목표—남자와 여자의 창조—를 향해 나아간다. 진화 창조론은 인간들이 선행 인류 조상들로부터 진화되어 나왔고 하나님의 형상과 인간의 죄가 신비로운 방식으로 점점 더 분명하게 드러나게 되었다고 주장한다. 무엇보다도, 진화 창조론자들은 예수님과의 개인적 관계를 누리고 있다.

나는 약 20년의 세월에 걸쳐 진화 창조론자로 진화되어 갔다. 대부분의 사람들이 그렇듯이, 기원에 대하여 심각하게 생각하기 시작하면서 나는 이분법의 함정에 빠졌다. 이것 아니면 저것이라는 사고방식은 기원에 대한 신뢰할 만한 관점은 두 가지밖에 없다고 나를 윽박질렀다. 진화 **아니면** 창조.

기원에 대한 이분법이 지닌 파괴적 힘이 처음 나타난 것은 내가 어느 공립 대학교 생물학과의 1학년 학생이었을 때였다. 내가 기독교 신앙에서 발을 빼는 데는 진화 생물학에 대한 개론 과목 하나로 충분했다. 4학년 즈음에 나는 무신론자가 되어 있었다. 그런데 나 같은 사례는 드문 것이 아니다. 많은 이들이 진화 앞에서 신앙을 떠났다. 많은 교회들이 세속적 대학교에서 생물학을 공부하는 젊은이들에 대해 수심이 깊은 것도 이해가 간다.

하나님의 은혜에 힘입어 그리고 우리 어머니의 기도에 대한 응답으로 나는 대학교 졸업 후 몇 년이 지난 뒤 기독교로 돌아왔다. 요한복음을 읽을 때 성령께서 나의 죄 많은 삶을 조명하셨다. 주님은 내가 그분의 조건 없는 사랑과 놀라운 용서를 깨닫게 해 주셨다. 기독교 신앙은 내게 넘치는 기쁨과 소망과 목적을 선사했다.

그렇지만 곧 기원에 대한 고약한 이분법이 내 인생에 재등장했다. 나는 정말로 좋은 교회에 출석하기 시작했다. 하지만 대부분의 교인들이 기원에 관한 한 이것 아니면 저것이라는 이분법적 사고방식에 갇혀 있었다. 그들은 진화론을 멸시하고, 진화론이 대학생들을 공격하는 사탄의 무기라고 주장했다. 주일 학교 청년부에서 나는 창조 과학(또는 젊은 지구 창조론)을 접하게 되었다. 그것은 기원에 대한 **유일무이한** 기독교적 관점으로 제시되었다. 우리 선생님들은 세상이 약 6천 년 전에 엿새 만에 창조되었음을 보이는 과학적 증거가 상당히 많다고 주장하셨다. 그들은 창세기 1장에 기술된 6일에 걸친 창조를 해석하는 경건한 방법은 글자 그대로 받아들이는 것이라고도 말씀하셨다. 나는 (내가 후에 진화 창조론이라고 부르게 될) 유신론적 진화론(theistic evolution)에 대해서도 경고를 받았다. 그리고 그러한 입장을 취하는 그리스도인들은 성경을 충분히 신뢰하지 않기 때문에 그리스도께 진정으로 헌신한 것이 아니라는 인상을 받았다.

주일 학교에 출석하면서 나는 진정한 그리스도인들은 젊은 지구 창조론자들이라고 굳게 믿게 되었다. 얼마 지나지 않아 나는 창조 과학에 완전히 빠져들었다. 젊은 지구 창조론에 대한 여러 세미나와 여름 학교에 참석하고, 진화론과 창조론 간의 논쟁에 참여하고, 우리나라에서 가장 저명한 창조 과학자들 중 한 명과 친구가 되었다. 나는 심지어「창조 과학의 대화」(Creation Science Dialogue)라는 학술지를 통해 반진화론적 관점을 공개적으로 옹호하였고, 기고문 중 하나에서는 이렇게 글을 맺었다. "나는 자신의 객관성에 자부심을 가진 사람이라면 누구에게라도 과학적 창조주의를 진지하게 고려하라고 도전하겠다. 과학적 창조주의는 당신의 인생에서 가장 중요한 연구가 될 것이다."[1]

나는 젊은 지구 창조론에 얼마나 헌신되어 있었는가? 나는 토론토 대학교(University of Toronto) 의과 대학을 첫해도 마치지 않고 그만두고는 창조 과학자가 되기로 결심하였다. 내 인생에서 할 수 있는 가장 중요한 일은 대학교들에 포진해 있는 사탄의 진화론자들을 공격하는 것이라고 믿었다. 그 전투에 대비하기 위하여 나는 복음주의 신학 박사 학위와 진화 생물학 박사 학위를 차례로 취득하기로 마음먹었다.

나의 신학 교육은 캐나다 브리티시컬럼비아 주 밴쿠버에 있는 리젠트 대학에서 시작되었다. 나의 전문 분야는 창세기 1-11장이었다. 학교에서의 첫날을 기록한 나의 일기를 보면 나의 목적이 나와 있다. "포부: 진화의 '이론'에 대해 완전하고도 절대적인 지옥을 선포한다." 그러나 이 큰 계획은 곧 신학을 공부하는 학생이라면 누구나 겪기 마련인 도전에 직면하게 되었다. 성경을 해석하는 것이 주일 학교에서 배운 것처럼 만만하지 않았던 것이다.

세상에서 가장 중요한 복음주의 신학자들 중 한 명인 패커 박사님

---

[1] Denis Lamoureux, "Philosophy vs. Science", *Creation Science Dialogue* vol. 8, no. 3 (1981): 3.

의 수업 중에, 나는 성경의 창조 기사가 "그림 언어(picture language)로 쓰인 것이 분명하다"라는 말을 들었다. 나는 그 전에 이미 그분의 유용한 책을 많이 읽었고, 내가 알던 사람들 중에는 그분의 유명한 저서인 『하나님을 아는 지식』(*Knowing God*, 한국 IVP)을 읽고 그리스도인이 된 사람들도 있었다. 창조 기사가 "그림 언어"로 쓰여 있다는 그분의 주장은 가히 충격적이었다. 대부분의 복음주의 그리스도인들이 그러듯이, 나는 창세기 1-2장을 읽는 가장 독실한 방법은 문자적 해석이라고 상정하고 있었기 때문이다. 그리고 나만 그런 것이 아니었다. 강의 후에 70명의 수강생들 중 약 50명이 강의실 앞으로 득달같이 몰려들어 패커 박사님께 이견을 표출했다. 말할 것도 없이 상당히 격앙된 대화가 오갔다.

이렇게 달아오른 적의로 인하여 과학과 기독교의 관계에 대한 과목 하나가 엉망이 되어 버렸다. 수강생들 대부분이 젊은 지구 창조론자들인 가운데, 우리는 우리의 교수님인 로런 윌킨슨(Loren Wilkinson) 박사님을 무자비하게 공격했다. 어느 날 수업 후에 나는 교수님을 좁은 복도에서 몰아세우면서 단도직입적으로 젊은 지구 창조론에 대한 그분의 생각을 물었다. 교수님은 직설적으로 대답하셨다. "그건 오류라네." 나는 지금도 그 '오류'라는 단어에 내가 얼마나 흔들렸는지 기억한다.

학기 마지막에 윌킨슨 박사님은 나를 지그시 응시하며 말씀하셨다. "데니스, 나는 걱정이 많이 된다네. 자네는 젊은 지구 창조론을 버리는 날이 온다면 예수님에 대한 신앙마저 저버릴 텐가?" 어이쿠! 나는 웅얼거리는 소리로 더듬거렸을 뿐 제대로 대답하지는 못했다. 그 질문은 가치 있는 질문이었다. 내 마음 깊은 곳에서는 주님이 세상을 어떻게 창조하셨는지에 대한 나의 관점보다 나와 예수님과의 관계가 훨씬 더 중요하다는 것을 알고 있었기 때문이다.

같은 반 학생들과 내가 그토록 마음이 힘들었던 까닭은 패커 박사님과 윌킨슨 박사님이 우리가 성경에 대하여 고수하던 매우 중요한 가

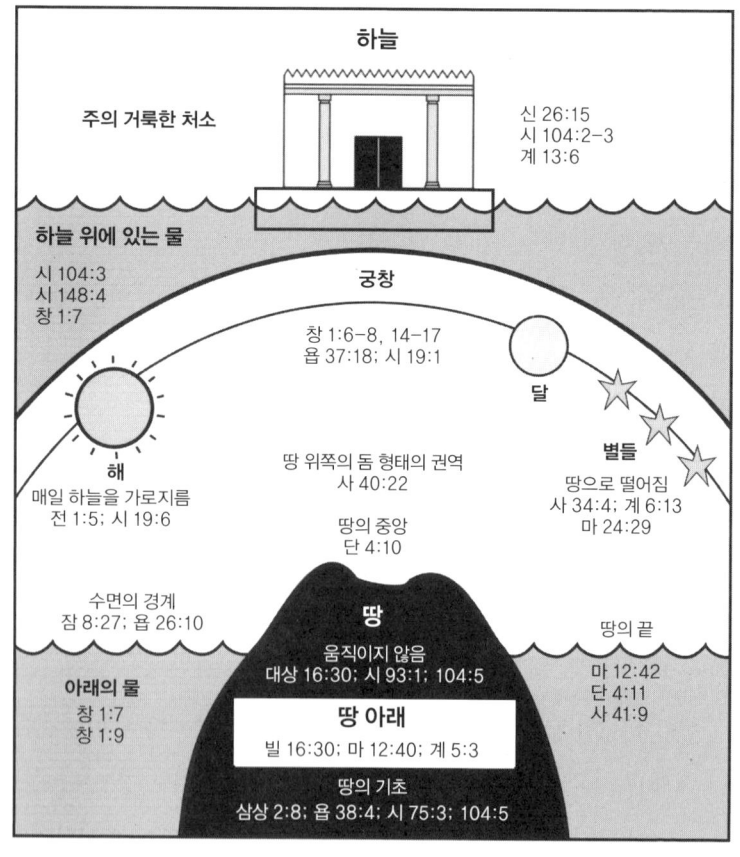

그림 1. 3층 구조의 우주

정에 도전하셨기 때문이다. 우리는 하나님이 성경에서 현대 과학적 사실들 일부를 계시하셨다고 가정했다. 이것은 '일치주의' 또는 '과학적 일치주의'라고 알려져 있다. 그러나 신학 교육을 받으면서, 나는 성경에 나오는 물리적 세계에 대한 진술이 고대 사람들의 자연에 대한 이해를 반영한다는 사실을 점점 더 뚜렷하게 보게 되었다. 달리 말해서, 성경은 고대 과학을 준용한다.

창세기 1장에 나오는 하늘의 창조를 예로 들어 보겠다. 창조의 둘째 날에 하나님은 궁창을 만들고 물들을 나뉘게 하고 위쪽에 하늘의 바다를 창조하신다. 창조의 넷째 날에 창조주께서는 해와 달과 별들을 궁창에 두신다. 고대의 현상학적 관점에서 볼 때, 이것은 세상의 구조와 정확히 일치한다. 푸른 하늘은 그곳에 든든한 구조로 떠받쳐진 수역(水域)이 있는 것 같은 인상을 준다. 해와 달과 별들은 그 천상의 바다 바로 앞의 궁창에 자리한 것 같다. 사실 그림 1에서 묘사된 3층 구조의 우주는 고대 근동 세계의 최상의 과학을 반영하고 성경 전체에서 나타난다[더 자세한 내용은, 나의 저서 『나는 예수님을 사랑합니다 그리고 진화를 옹호합니다』(*I Love Jesus and I Accept Evolution*), 특히 pp. 43-70를 참고하라].

내가 신봉했던 과학적 일치주의에 도전장을 던진 창세기 1장의 특징은 하나 더 있었다. 그것은 창세기 1장이 고대 시가의 형태를 띠고 있다는 사실이었다. 그림 2에서 드러나듯이, 창세기 1장의 창조 기사는 한 쌍의 판이 병렬로 나열되는 구조로 되어 있다. 창조의 첫 사흘 동안 하나님은 우주의 경계를 그으시고, 나머지 사흘 동안 천체와 생물들로 그 세상을 채우신다. 이 두 판 사이에 몇 가지 평행적 대응 관계들이 등장한다. 예를 들어 보자. 첫날에 하나님이 행하신 빛의 창조는 넷째 날에 그분이 궁창에 해와 달과 별들을 두시는 행위와 대응한다. 성경 **안에** 등장하는 이와 같은 증거 앞에서 나는 성경이 과학 책이 아니라는 결론에 도달하게 되었다.

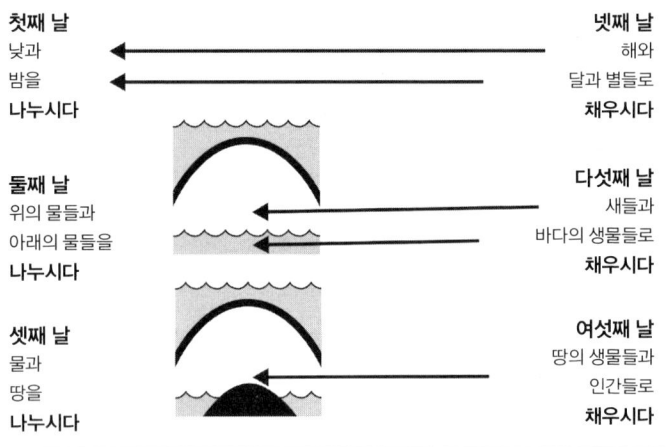

그림 2. 창세기 1장에 등장하는 병렬 관계

우리 신학 교수님들은 하나님이 성경 기자들에게 어떻게 영감을 불어넣으셨는지 새롭게 이해하는 방식을 나에게 소개해 주셨다. 하나님은 고대 사람들에게 자신을 계시하기 위하여 그들의 수준으로 몸을 낮추셔서 그들이 자연을 이해하는 방식을 이용하셨다. 다시 말해서, 성령께서는 성경의 하나님이 전 세계의 창조주시라는 무오한 영적 진리를 전달하실 도구로 고대 과학을 사용하심으로써 고대 사람들의 눈높이에 맞추셨다.

복음주의 신학 박사 과정을 마친 뒤 나는 이(齒)와 턱뼈의 진화를 전문적으로 연구하는 박사 과정을 시작하였다. 그때 나는 과학적 일치주의가 성경의 특징을 반영하지 못한다는 점은 인정했지만, 진화가 완전히 허튼소리이고 진화를 지지하는 증거가 전혀 없다는 믿음만큼은 여전히 굳건했다. 나는 진화가 거짓임을 밝힐 과학적 증거를 조용히 수집할 작정이었다. 학위 과정을 마친 뒤, 진화를 격파할 책을 쓰고 여러 대학교에 포진한 진화론자들을 공격하는 작업을 시작하리라.

3년 6개월 동안 기원에 대한 다채로운 반진화 이론들을 통해 관련 과학 증거를 해석하기 위하여 최선의 노력을 기울였지만, 마침내 나는 진화 생물학을 공부한 거의 모든 사람들이 얻게 되는 결론에 도달하고 말았다. 진화의 과학적 증거는 **압도적이다**. 과학계에는 진화에 대한 논쟁이 없고 진화와 경쟁하는 이론도 없다. 사실 퓨 리서치 센터(Pew Research Center)가 2009년에 과학자들을 대상으로 실시한 조사에 따르면, 응답자의 97퍼센트가 인간을 포함하는 생물들이 진화 과정을 통해 만들어졌다는 사실을 수용했다.[2]

주일 학교 청년부에서 지질학 기록에 전이 화석 같은 것은 존재하지 않는다고 배웠지만, 진화 교육의 초기부터 나는 진화가 참임을 가리키는 전이 화석을 수도 없이 많이 보게 되었다. 전이 화석의 존재를 처음 알았을 때 내가 충격을 받았음은 말할 것도 없다. 나는 이 과학적 증거를 부인할 수 없었다. 내 마음을 바꾸어 놓은 화석의 예를 몇

---

[2] "Public Praises Science; Scientists Fault Public, Media", Pew Research Center (July 9, 2009), 37. www.people-press.org/files/legacy-pdf/528.pdf.

가지 들어 보겠다.

파충류는 '포유류형 파충류'라고 불리는 일련의 전이적 동물들을 거쳐 포유류로 진화하였다. 이 용어가 사용된다는 사실은 전이 화석들이 존재한다는 증거가 된다. 그림 3은 단순한 원뿔 모양이던 파충류의 이빨이 복잡하게 특수화된 포유류의 이빨로 진화하는 사례 몇 가지를 보여 준다. 파충류의 이빨은 동물을 물어 죽이는 역할을 잘하

초기 파충류
2억 9천만 년 전

포유류형 파충류
2억 7천만 년 전

포유류형 파충류
2억 5천만 년 전

초기 포유류
2억 1천만 년 전

그림 3. 파충류에서 포유류로의 이빨 진화. 로버트 캐롤(Robert L. Carroll)의 『척추고생물학과 진화』(Vertebrate Paleontology and Evolution, New York: W. H. Freemand and Company, 1988), pp. 196, 365, 386, 406, 408에 기초하여 브레이든 바(Braden Barr)가 다시 그렸다.

지만 씹는 데는 쓸모가 없다. 반면 포유류의 어금니는 가장자리가 날카로워서 먹이를 자르고 중요한 영양소를 더 많이 뽑아낸다.

214면의 그림 4는 파충류에서 포유류로의 턱뼈의 진화를 보여 주는 전이 화석 몇 개를 제시한다. 파충류와 포유류는 턱관절의 뼈가 완전히 다르다. 이 점은 질문을 낳는다. 턱의 진화는 어떻게 진행되었을까? 동물이 먹고 살려면 턱관절이 잘 기능해야 한다. 포유류형 파충류에서 그 질문에 대한 답을 찾을 수 있다. 턱관절을 두 개나 가진 포유류형 파충류들도 있었다! 그런 포유류형 파충류는 원래 파충류가 갖는 턱관절과 새롭게 진화한 포유류의 턱관절을 모두 가졌다. 턱관절을 쌍으로 가진 포유류형 파충류는 전이 화석이 정말로 존재한다는 증거다.

나는 진화에 대한 연구와 더불어 발생학 연구도 병행하였다. 다양한 생명체들의 발생에 관여하는, 정교하게 조율된 화학 반응들이 이루는 놀랍도록 복잡한 집합은 경이롭기까지 했다. 이러한 과학 앞에서 나의 영혼은 경이감으로 가득 찼고, 생물들이 창조주의 지적 설계를 반영한다는 나의 믿음은 한층 더 굳건해졌다. 시편 19:1은 "하늘이 하나님의 영광을 선포"한다고 노래한다. 내가 살을 붙여 1절의 나머지를 노래한다면, 수정란에서 배 발생을 거쳐 성체가 되는 과정은 "그의 손으로 하신 일을 나타내는도다!"라고 할 수 있을 것이다.

내가 진화론과 발생학을 연구하는 가운데, 주님은 나에게 이 두 가지 과학의 매우 중요한 유사점을 보게 하셨다. 그리스도인으로서 나는 하나님이 우리를 어머니의 태에서 배 발생이라는 **하나님의** 자연 과정을 이용하여 창조하셨음을 믿는다. 그리스도인들은 우리의 창조주께서 하늘에서 내려와 발생 중인 우리의 몸에 온전한 팔이나 다리를 척척 갖다 붙이는 기적을 행하신다고는 믿지 않는다. 이것도 진화

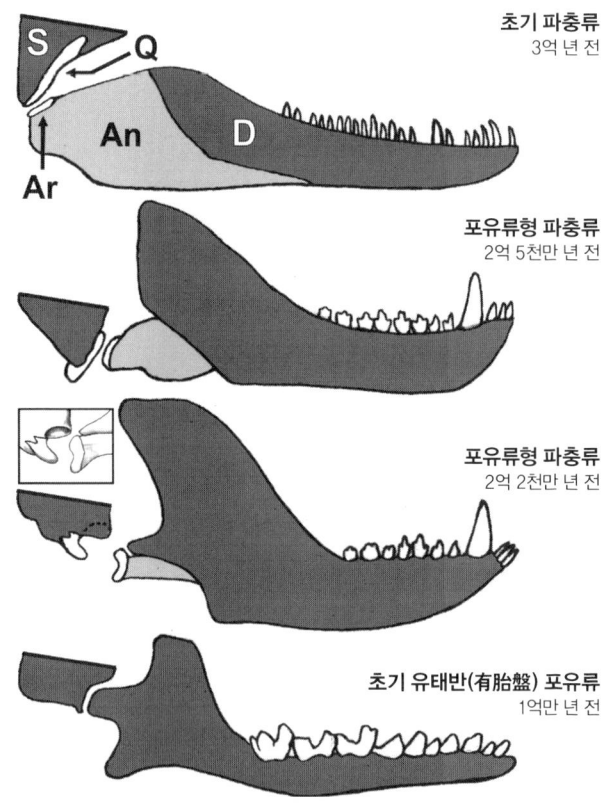

그림 4. 파충류에서 포유류로의 턱 진화. An=angular bone(각골, 角骨), Ar=articular(관절골 關節骨), D=dentary(치골, 齒骨), Q=quadrate(방골, 方骨), S=squamosal(인상골, 鱗狀骨). 캐롤의 『척추고생물학』 p.366, 382, 390에 기초하여 앤드리어 드미트래쉬(Andrea Dmytrash)가 다시 그렸다. 아래턱은 케니스 로즈(Kenneth D. Rose)의 『포유류 시대의 서막』(The Beginning of the Age of Mammals, Baltimore: John Hopkins University Press, 2006), p. 92에 기초한 것이다.

의 과정을 통해 이루어진다. 하늘에서 내려와 지구상에 생물들을 턱턱 놓아두는 기적을 행하시는 대신에, 하나님은 모든 생물을 진화라는 **하나님의** 자연 과정을 이용하여 창조하셨다.

하나님의 창조 행위와 관련하여 배 발생과 진화 간의 유사점을 발견하면서 나는 진화에 대한 두려움으로부터 완전히 벗어났다. 과학은 하나님의 창조 세계와 그분이 창조하신 진화를 포함하는 모든 자연적 과정에 대한 연구라는 점이 확실하게 보이기 시작했다. 나는 과학이 기독교의 원수이기는커녕 실은 하나님의 선물로서, 그분의 영광을 선포하고 그분이 어떻게 우주와 (우리를 포함하는) 생명체들을 만드셨는지를 드러낸다는 사실을 깨닫기 시작했다.

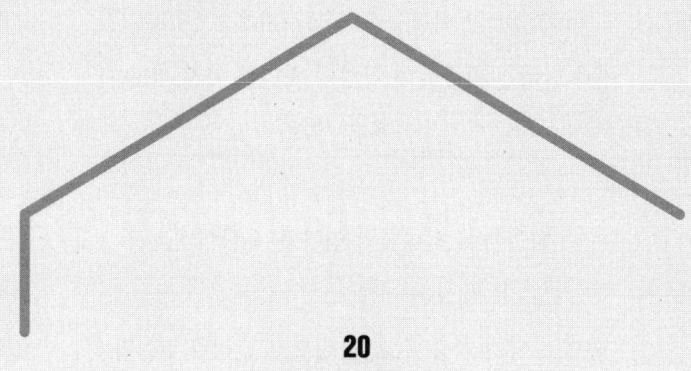

20
별들의 가르침

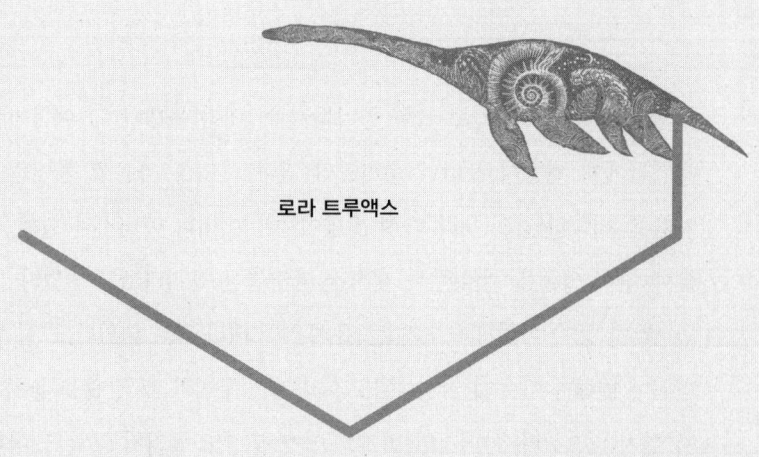

로라 트루액스

로라 트루액스(Laura Truax)는 시카고에 있는 러샐스트리트 교회(LaSalle Street Church)의 담임 목사다. 러샐스트리트 교회는 문화적·사회적 이슈들과 기독교 신앙과의 소통을 위해 오랜 세월 노력해 왔다. 트루액스는 2016년 현재 너그럽게 사는 법에 대한 책을 쓰고 있다(이 책은 2017년에 Eardmans에서 *Love Let Go: Radical Generosity for the Real World*라는 제목으로 출간되었다―역주).

> 너희들이 그 사람들을 침묵시키려고 한다면,
> 내가 말하건대 돌들이 찬양의 소리를 외칠 것이다!
> 누가복음 19:40

> 하늘들이 하나님의 영광을 속삭이네!
> 온 세상은 기쁨으로 소리치네.
> 숲으로 달려가 춤 추고, 들판으로 달려가 뛰놀자.
> 그리고 노래하자! 하나님의 영광을 노래하자!
> 마티 하우건(Marty Haugen)

 남실바람조차 그 무겁고 습한 공기를 걷어 내지 못했다. 그 여름밤은 모기들에게 맨살이 드러난 우리들의 팔과 다리를 마음껏 물어뜯을 자유를 허락하였고, 우리 다섯 꼬맹이들은 어머니 아버지와 함께 풀숲에 누워 먹물을 끼얹은 듯 새까만 밤하늘을 올려다보고 있었다. 지난 몇 년 동안 이렇게 규모가 큰 유성우는 내린 적이 없었다. 그날 밤 더위나 벌레가 아무리 극성이어도 아버지는 우리가 그 장관을 놓치기를 원치 않으셨다. 아버지의 귀에는 어떤 불평도 들리지 않았고, 아버지의 얼굴은 어떤 염려의 기색도 띠지 않았다. "우리는 7월에 플로리다 중부에 있어! 너희들은 낙원에 살고 있는 행운아들이야."

 "그만 떠들고 집중하자! 저기! 바로 저기 10시 방향이야! 별이 보이니? **별들이 보여?**" 남동생과 나는 꼼지락거리기를 멈추고 밤하늘을 뚫어져라 올려다보기 시작했다.

우리가 그 별들을 보았을까? 우리는 그 광경을 놓칠 수 없었다. 머리 위로 담요처럼 펼쳐진 칠흑 같은 하늘을 벗어난 별들이 필사적으로 도망쳐 내려오는 것처럼 보였다. 마치 마법이 펼쳐지는 것 같았다.

우리는 몇 시간을 그 자리에 머물렀다. 우주의 추격전이 막을 내릴 때까지. 그러고 나서 우리는 오래된 홑이불들과 베개들을 질질 끌며 왔던 길을 따라 들판을 가로질러 집으로 돌아왔다. 그 후 며칠 동안 남동생은 공중에 모래를 뿌려 대며 별똥별들이 떨어지던 그 밤을 재현하려 했다.

무신론자였던 아버지는 그날 밤 우리가 본 것을 설명해 주셨다. 아버지는 설명에 소질이 있으셨다. 언제나 그렇듯이, 우리들은 집중해서 듣고 배웠다. 내게 늙은 별과 어린 별에 관하여 처음 가르쳐 주신 분도, 왜 어떤 별은 깜빡이는데 어떤 별은 늘 흔들림 없이 우리를 내려다보는지를 처음 가르쳐 주신 분도 우리 아버지였다. 아버지는 「사이언티픽 아메리칸」(Scientific American)이라는 잡지를 읽고 (그것을 상당히 단순화하여) 내게 '암흑 물질'(dark matter)에 대한 새로운 이론을 이야기해 주셨다. 우주가 어떻게 팽창하고 있는지, 우리의 초기 인간 조상들이 어떤 식으로 우리와 다르게 생기고 다르게 걸었는지를 이야기해 주셨다.

성장하면서 아버지가 해 주신 설명은 기억에서 흐릿해졌다. 아버지는 최선을 다해 설명해 주셨지만, 어린 나의 마음은 그 모든 세세한 면면을 고스란히 간직하기에는 역부족이었다. 그러나 그날 밤 그 들판에서 느꼈던 경외심을 자아내는 장엄함과 경이로움은 내 마음속에 깊이 뿌리를 내렸다. 내가 느끼기에, 인간의 호기심과 탐색의 추구에는 근본적으로 고상하고 진실한 무언가가 있었다. 우리 주변에는 온통 영광스러운 우주적 마법이 있었다. 나는 그것만큼은 확신했다.

시편 기자는 "하늘이 하나님의 영광을 선포하고…날은 날에게 말하고 밤은 밤에게 지식을 전하니"(시 19:1, 2)라고 적었다. 히브리어 본문 전체에 걸쳐서 하나님의 사람들로부터 흘러나올 법한, 강요되지 않은 찬양의 자유—하늘을 올려다보거나 산을 바라볼 때 저절로 나오는 예배의 탄성—가 느껴진다. 당시 사람들이 매우 초보적인 방식으로 이해했던 대로의 자연 세계는 놀라움과 즐거움이 펼쳐지는 곳이었다. 그들을 둘러싼 세계, 곧 **실재 자체**는 전능하신 하나님의 현현이었다.

실재—**존재하는 바**(what is)—와의 소통과 교류는 이스라엘 왕국 시대에 선한 왕의 특징들 중 하나였다. 그 실재가 과부들에 대한 처우이든 외세의 위협이든, 민족 지도자들은 그들이 처한 상황의 실재를 정확하게 규정하지 못한다면 많은 것을 잃게 되어 있었다.

야외 장막 부흥회에서 그리스도인이 되었을 때 나는 예수님이 **내가 알던** 세상에 어떻게 들어오셨는지를 듣고 큰 감동을 받았다. 예수님은 꽃과 나무, 바람과 물을 이용하여 성부 하나님의 진리를 생생하게 표현하셨다. 예수님은 학업 때문에 스트레스를 받는 내게 먹이를 찾아다니는 새들을 보게 하셨고, 고등학교에서 친구들의 인기를 바라며 속앓이를 하는 내게 들판에서 수고 없이 자라는 백합화들의 빛나는 우아함을 떠올리게 하셨다. 예수님은 내 주변 도처에 있는 생명을 알고 계셨다. 예수님은 이론적 문제를 다루기 위하여 오지 않으셨다. 예수님은 나의 세상의 실재 속으로 들어오셨다. 나보다 앞서 셀 수 없이 많은 사람이 말했듯이, 그리스도의 성육신은 하나님이 **시간과 공간의 이 세상** 속에서 자신을 현현하신다는 사실에 한층 더 무게를 실었다.

내가 지난 30년 동안 예수님을 따라 인생길을 걷는 동안, 하나님과 과학에 대한 나의 이해 방식을 정립해 준 확신 두 가지가 있다. 첫째, 나는 창조적이신 우리 하나님의 세계가 광활하고 영화로움을 확신한다. 둘째, 나는 유대-기독교 신앙이 반드시 **존재하는** 바와 왕성하게 교류해야 한다고 굳게 믿는다.

내가 대학생일 때 젊은 지구 개념이 교회 공동체에 파고들기 시작했다. 어떤 친구들은 젊은 지구 모델이 진화와 우주선(宇宙線)에 기초한 연대 측정의 늘어나는 증거가 사실일 리 없음을 증명한다고 들떠서 선언했다. 처음부터 나는 그리스도인들의 이러한 반응이 과학을 통해 밝혀지는 실재와 불일치한다고 생각했다.

그뿐만이 아니다. 젊은 지구 논증은 내가 하나님과의 관계에서 경험한 끝없는 확장성(ever-expansiveness)과 부합하지 않아 보였다. 창세기에 기술된 족보의 세대 수에 비추어 보건대, 또는 창세기 1-11장에 대한 해석학적 렌즈들 중 하나에 의하면 지구의 나이가 고작 수천 년밖에 되지 않음이 확실하다는 논변들을 읽을 때, 우리의 창조주에 대한 나의 경이감, 경외감, 영광스러운 신비감은 커지기는커녕 작아졌다. 무엇보다도, 하나님의 말씀—대다수의 그리스도인들에게 있어, 주변 탐색의 지속적 추구 및 실제 삶과 관련하여 해석되고 실천되는 성문화된 말씀—에 대한 단 하나의 완고한 이해의 틀 안에 전능자를 감히 가두려고 하는 인간의 오만 앞에서 나의 마음은 점점 불편해졌다.

성 아우구스티누스는 말했다. "선하고 진실한 그리스도인은 진리는 어디에서 발견되든 주님께 속함을 깨달아야 한다."[1] 신실한 그리스도인들은 탐사를 피하거나 탐구의 추구를 멀리할 필요가 없다. 내 생각에 창조주께서는 그분의 백성이 우주의 경이에 이끌리고 몰입하며 기뻐할 때 즐거워하실 것임이 분명했다. 주님은 이 세상이 '심히 좋다'고 선포하셨고, 그로부터 지금까지 수많은 세대에 걸쳐 남자들과 여자들은 질문을 던지고 지식을 추구하고 우리 주변에 펼쳐지는 풍요로움 앞에서 겸허히 고개를 숙였다.

화학, 물리학, 생물학을 비롯한 학문의 세계가 확장되면서, 그리스도인들이 우리 주님을 예배하고 경배하는 어휘에 새로운 지식과 정립된 과학적 진실을 통합시키는 새로운 방법을 찾는 일이 어느 때보다 중요하게 느껴진다.

그리고 지금 이 시대는 얼마나 풍성한 때인가. 인간 생명의 기원과 심지어 우주 자체의 기원과 연대 측정에 대한 우리의 이해가 과학의 렌즈를 통해 점점 더 분명해지고 있다. 우리는 이제 허블 망원경이 보여 주는 이미지들을 통해 새로운 방식으로 우주 공간의 광활함을 볼 수 있게 되었다. 우리 은하의 저 너머로 펼쳐지는 우주 세계들과 놀랍도록 섬세하게 세공된 보석 같은 성운에 매료된 세계 각처의 사람들이 아마추어 천문학자의 길로 들어서고 있다.

다시 그리고 또다시, 자연이 드러내는 하나님이 하시는 일의 경이와 영광을 대면할 때마다 사람들은 이 새로운 지식의 핵심조차 더욱

---

1   Augustine, *On Christian Teaching* 2.18, Oxford World's Classics, trans. R. P. H. Green (Oxford: Oxford University Press, 1997), 47.

심오한 신비와 갈망의 끝자락에 있을 뿐임을 깨닫고, 차오르는 흥분과 새로운 이해의 세찬 물결 속에서 내면 깊은 곳에서 목마른 만족감(unsatisfied satisfaction)을 느낀다. 나는 하나님이 이 겸허한 탐구심이 우리 모두에게서 타오르기를 원하신다고 믿는다.

예수님은 찬양하는 사람들의 입을 막아 버린다면 돌들이 소리쳐 하나님을 찬양할 것이라고 말씀하셨다. 지금 그 일이 일어나고 있는 것 같다. 우주의 경이가 우리 눈앞에 펼쳐지고, 인간의 유전 암호와 진화의 시작에 대한 지식이 늘어나면서 인간 기원의 길고도 복잡한 이야기가 점점 더 명확해지고 있다. 지금은 인간을 포함하는 모든 창조 세계가 우리 앞에 펼쳐지는 것들과 교류하면서 감탄과 기쁨의 소리를 외칠 때다.

현재 과학계에서 터져 나오는 흥분의 외침이 하나님의 사람들의 입술에서도 터져 나오고 지식의 진보가 찬양과 예배의 또 다른 순간으로 이어진다면 얼마나 신나겠는가.

어쩌면 교회는 신앙과 과학의 이분법이 참되지 않다는 것과 과학적 진보의 많은 부분이 하나님의 신비에 언어와 해석의 옷을 입힌 또 다른 표현일 뿐이라는 것을 이해할지도 모른다. 이러한 진보는 살아 계신 하나님에 대한 경외심이나 경이감을 감소시키지 않는다. 오히려 이러한 진보는 시편 기자에게 제공했던 것, 즉 날이 날에게 말하고 밤이 밤에게 전했던 말을 이해하는 법을 오늘날 우리에게 제공한다. 이 이해가 궁극적으로 우리를 데려가는 곳은 우리의 모든 지식이 우리를 데려가는 바로 그곳, 즉 손수 지으신 모든 것으로 인해 기뻐하시는 창조주를 예배하는 자리다. 하나님께 영광을 돌릴지어다.

21
그래서 진화를 믿는다는 겁니까?

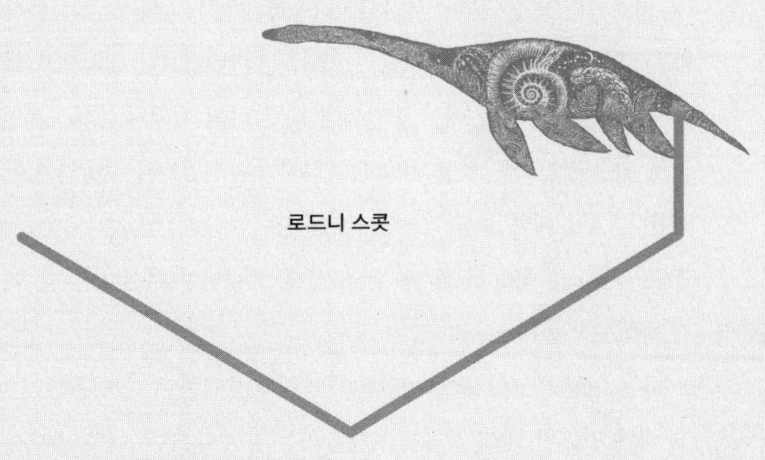

로드니 스콧

로드니 스콧(Rodney J. Scott)은 25년 넘게 재직한 휘튼 대학에서 생물학을 가르치고 있다. 그는 미국 기독 과학자 협회(American Scientific Affiliation)의 회원이며, 2012년에는 풀브라이트 장학생으로서 코스타리카에 머물렀다. 로드니와 아내 도나에게는 장성한 딸과 아들—저닌과 필립—이 있다. 로드니와 도나는 여행과 야외 활동을 즐긴다. 그들은 영국 성공회 교회인 세이비어 교회(Church of the Savior)에 다닌다.

"그래서 진화론을 믿는다는 겁니까?" 내가 늘 받는 질문이다. 학생들로부터, 학부형들로부터, 친구들로부터, 동료들로부터. 나는 이렇게 대응하고 싶은 유혹을 받는다(그리고 솔직히 그런 적이 없지 않다). "아니요, 나는 예수님은 믿지만 산타클로스는 믿지 않아요. 하지만 저는 제가 진화를 '믿는지' 여부를 자문조차 하지 않습니다. 그것은 질문 자체가 어불성설이기 때문이지요." 나에게 '…을 믿는다'(believe in)라는 말은 '…에 대한 신심을 가지고 있다'라는 말과 매우 유사하다. 나는 진화의 이론이 사람이 신심을 가질 수 있거나 가져야 하는 대상이 될 수 없다고 생각한다. 하지만 나의 교묘한 회피성 대답에서 빠진 것이 있는데, 어떤 사람들은 진화론에 **대한 가정**들 앞에서 믿음이 흔들린다는 바로 그 사실이다. 그래서 상황이 허락할 때면, 교묘한 대답으로 미꾸라지처럼 빠져나가는 대신 진화론에 대한 나의 이해와 그리스도인으로서 내가 갖는 신념들을 어떻게 조화시키게 되었는지 설명하려고 노력한다. 그럴 때면 보통 (긴 대화 끝에) 간단한(그렇지만 내가 보기에 심오한) 두 가지 명제로 귀결하게 된다. 첫째, 하나님이 하셨다. 둘째, 어떻게 하셨는지는 나도 정말 모르겠다.

나는 어떻게 그와 같은 깨달음의 자리에 도달할 수 있었을까? 그리고 내가 진화에 대해 정말로 '믿는' 바는 무엇일까? 이러한 질문들에 대해 대답하기 전에 내가 걸어온 신앙 여정과 지적 여정을 간략하게 그려 볼 필요가 있다. 이 두 여정은 내 인생 전체를 통틀어 대략적으로 평행을 이루며 이어졌다.

내가 기억하기에, 과학과 신앙의 통합 문제를 처음 탐색한 때는 여섯 살 무렵이었다. 나는 어머니께 물었다. "하나님이 아담과 하와만 만드셨다면, 아담과 하와의 아들들은 누구랑 결혼한 거야? 설마, 누이들이랑 한 건 아니지? 우웩!" 어머니는 답을 하지 못하셨고, 나는 아직도 그 질문에 관하여 성에 차는 답변을 얻지 못했다. 하지만 나는 아이다운 방식으로 앞서 말한 두 가지 명제를 적용해서 이 지적 위기를 극복했다. 하나님은 인간을 창조하신 분임이 확실하다. 그렇지만 그것을 믿는 신심을 가지기 위해 모든 것에 대한 답을 얻어야 하는 것은 아니었다. 어쨌든 어머니는 모든 것을 설명하지는 못했지만 성경의 이 이야기를 믿으시는 것으로 보였다.

나의 신앙 여정에서 중요한 두 번째 단계는 대학에 다닐 때 찾아왔다. 나는 스스로를 그리스도인이라고 여겼지만, 나의 신앙은 지적 문제에 대한 나의 사고방식은커녕 나의 삶의 방식에도 그다지 큰 영향을 미치지 못했다. 그러다가 신앙에 대한 나의 접근법을 영원히 바꾸어 버린 두 가지 일이 일어났다. 첫째, 어느 순회 전도자가 캠퍼스에 나타났다. 나는 그의 이름도 교파도 기억하지 못하지만 그가 던진 질문은 나를 고뇌에 빠뜨렸다. "오늘밤 죽는다면, 어디에서 영원을 보내게 될지 확실히 아십니까?" 갖가지 이유로 인하여, 나의 삶은 그 질문에 마음이 열릴 수밖에 없는 상태였다. 그는 나와 내 친구 톰—둘 다 생물학 전공자였다—에게 또 다른 질문을 던졌다. "어떻게 진화 같은 것을 믿습니까? 진화라고 불리는 무작위적 과정이 아니라 하나님이 창조자이신 것을 모르겠습니까?"

내가 이 질문들을 기억하는 데는 두 가지 이유가 있다. 첫째, 진화론적 설명이 합리적으로 들리긴 했지만, 나는 이 명백한 갈등이 내가 신앙에서 한 걸음 더 나아가는 데 방해가 되도록 내버려둘 수 없었다. 둘째, 나는 이 갈등이 내 친구 톰이 동일한 신앙의 발걸음을 떼는 일을 더 어렵게 만들었음을 인지하였다. 톰은 뼛속까지 생물학자였고 그의 반응은 매우 부정적이었다. 그가 보기에 그리스도인이 되는 것은 '뇌의 스위치를 내려야' 한다는 의미였고, 생물학에 관한 한 그는 자신의 뇌를 도저히 끌 수 없었다. 대학 졸업 후 톰과 연락이 끊겼고, 그 후 어떻게 되었는지 소식을 듣지 못했다. 하지만 나는 톰이 내가 보기에는 불필요한 선택을 놓고 갈등하다가 그리스도 안에서의 생명을 놓쳐 버렸을 것만 같아서 몹시 슬프다.

대학을 다닐 때 내 신앙을 결정했던 두 번째 일은 내가 IVF 소속 학생들과 친구가 된 것이었다. 이 친구들은 그리스도인들이었고 절대로 종교를 삶의 다른 부분들과 별개로 취급하지 않았다. 그들은 성경을 읽고 삶에 적용하기 위해 노력했다. 그리고 내게 어떻게 "진화 같은 것"을 믿느냐고 질문하는 대신에, 나를 그들의 삶 속으로 받아들였고 내게 사랑을 보여 주었다. 앞서 말한 순회 전도자는 나의 영원한 목적지에 대해 생각하게 해 주었고, 이 친구들은 지금 여기에서 살아가고 싶은 삶의 본을 보여 주었다. 그 결과 나는 내 인생을 하나님께 헌신하게 되었다.

대학원에 들어간 뒤에도 나는 '성경 교회'(Bible church)라는 모임에 출석하면서 하나님에 대한 나의 헌신을 계속 키워 나갔다. 그곳에서 나는 여러 소모임을 통해 다른 그리스도인들을 만나고 기독교 신앙에 대한 책과 글을 읽었다. 그때는 내가 놀라운 영적 성장을 이룬 시기였던 동시에 약간의 영적·지적 혼란을 겪은 시기이기도 했다. 내가 선택한 직업인 생물학이 신앙과 어떻게 관련되는지와 관련하여, 나는 혼란스럽고 부정적인 메시지를 많이 접하였다. 감사하게도 하나님은 내게 척을 멘토로 붙여 주셨다. 척은 과학과 신앙을 관련짓는 일에 개입되는 수다한 복잡성 중 일부를 내가 이해하도록 도와주었다. 척은 과학과 신학 둘 다 인간의 노력과 시도로 이루어지고 그러다 보니 둘 다 결함이 있기 마련이며 이러한 결함이 겉보기 갈등을 낳을 수 있다고 내게 가르쳐 주었다. 그러나 그는 또한 두 학문의 연구 대상인 창조 질서와 성경이 둘 다 하나님의 작품이고 그러므로 궁극적으로 서로 조화로울 수밖에 없다고 설명해 주었다.

대학원을 마친 뒤 나는 직업이 필요했다. 여러 기관에 이력서를 넣었고 네 군데서 면접 통지를 받았다. 그중 한 곳이 휘튼 대학이었다. 어려서는 휘튼에 대해서 아는 바가 전혀 없었지만, 복음주의 세계에 발을 들여놓은 뒤로는 이런저런 이야기를 들었다. (내가 듣기에) 휘튼은 '기독교 대학계의 하버드'였다. 면접에 앞서 다소 주눅 들기도 했고 솔직히 내가 자격 요건을 충족시키지 못한다는 불안감도 있었지만 결국 그 일자리를 얻게 되었다. 면접을 돌이켜 보면 나는 전문성이 결여된 대답을 몇 차례 내놓았음에도 **불구하고** 면접을 통과했다. 특별히 또렷이 기억나는 질문과 대답이 있다. 행정 이사 한 명이 나에게 인간과 기타 유인원 사이에 존재하는 수많은 생리학적 유사성을 어떻게 설명할 수 있는지 질문하였다. 나는 진화에 대한 짧은 논문에서 보았던 이야기에 기초하여 이 질문에 대응하였다. 나는 그 행정 이사에게 폭스바겐 비틀과 포르쉐 로드스터를 만든 사람이 동일인이며[물론 그 사람은 포르쉐(Porsche)다] 그가 첫 포르쉐를 만들기 위하여 폭스바겐의 부품들을 사용했던 것을 아느냐고 되물었다. 그 행정 이사는 그런 사소

한 것까지는 몰랐지만 나의 이야기와 그의 질문 사이의 연결성을 이해했다. 그리고 이렇게 좋은 인상을 준 덕분에 나는 면접이라는 가시방석에서 곧 풀려날 수 있었다. (이 이야기는 그 당시만해도 설득력이 강했다. 나중에 설명하겠지만, 게놈 프로젝트들이 선사하는 통찰로 인해 이제는 그 설득력이 약해졌다.) 그날 이후로 지금까지, 나는 배우며 가르치기를 계속했고, 생물학에 관하여 그리고 과학과 신앙의 관계에 관하여 조금 더 많이 알게 되었다.

그런데 휘튼에서 일을 시작한 지 얼마 지나지 않아서 그곳에서의 나의 경력에 결정적인 순간이 찾아왔다. 그때 나는 내가 진화와 관련하여 '믿는'(believe about) 내용 때문에 (또는 내가 진화와 관련하여 확신하지 못하는 내용 때문에) 직업을 잃을지도 모른다고 생각했다. 그 순간은 드웨인 릿핀(Duane Litfin) 박사가 휘튼 대학의 새로운 학장으로 취임했을 때 찾아왔다. 릿핀 박사는 자신의 새로운 책무를 진지하게 받아들였고, 휘튼 대학에서 성경이 여전히 높은 권위를 확고히 누리게끔 하고자 했다. 무엇보다도, 릿핀 박사는 휘튼의 과학 분야 교수진이 진화에 대하여 믿는 내용도 알고 싶어 했다. 과학 교수진과 여러 차례 토론을 한 뒤, 릿핀 박사는 인간 기원에 대한 여러 가지 신념에는 가능한 선택지가 다양하게 있고 그 선택지들 중 일부는 휘튼의 신앙 고백과 부합하지 않는다는 결론에 이르게 되었다. (휘튼의 신앙 고백과 잘 부합하는) 스펙트럼의 한쪽 끝에는 인간 기원에서 진화가 어떠한 역할도 하지 않았다는 관점이 놓여 있었다. (휘튼의 신앙 고백에 부합하지 않는) 스펙트럼의 다른 한쪽 끝에는 인간 기원에 대한 성경의 진술이 어떤 식으로도 사실적이지 못하다는 관점이 놓여 있었다. 나는 그 중간 즈음에 서 있었다. 솔직히 나는 하나님이 어떻게 인간을 창조하셨는지 확실히 안다고 말할 수 없었고, 나의 관점이 휘튼의 신앙 고백과 부합하지 않는 것으로 간주될까 봐 걱정하였다. 조마조마한 상황은 한동안 지속되었다. 하지만 럿핀 박사는 자신의 입장을 명확히 밝히고 교수들이 하나님이 어떻게 창조하셨는지에 대해 확신하지 못할 수도 있다는 가능성을 인정하였다.

휘튼에서 이러한 사건들이 일어난 것은 1990년대 초반이었고, 오늘날의 세상을 기준으로 볼 때 1990년대는 고대 역사에 속한다. 특히 인간 기원에 대한 논쟁에서 더욱 그러하다. 그때 이후로 두 가지 사건이 새로 전개되면서 풍광이 극적으로 바뀌었다. 첫째, '게놈 프로젝트들'이 인간과 다른 생명체들 사이에 존재하는 놀라운 유전적 유사성을 부각시켰다. 둘째, [리처드 도킨스, 대니얼 데닛(Daniel Dennett), 샘 해리스(Sam Harris) 같은 저술가들이 이끄는] 신무신론자들(New Atheists)이 발흥하면서 과학과 신앙은 전쟁 중이며 과학이 그 전쟁에서 이기고 있다는 개념이 부활하였다.

게놈 프로젝트들이 낳은 주된 결과는 인간과 다른 생명체들 사이의 유사성을 예전처럼 대강 설명하고 넘어갈 수 없게 되었다는 것이다. 예를 들어, 이제 문제는 더 이상 단순히 인간과 침팬지 사이의 생리적 유사성에 대한 것이 아니라, 유전자 서열의 놀라운 동일성에 대한 것이 되었다. 내가 입사 면접에서 이 차의 부속품을 가져다가 저 차를 만드는 것에 빗대어 들었던 비유는 이제 무의미해지고 말았다. 95퍼센트의 (유전적) 부품이 동일하다는 사실이 알려졌기 때문이다. 그렇게 엄청난 수의 구성 요소들이 동일하다 보니, 상황은 자동차 제작자가 두 대의 각기 다른 자동차를 만들어 내는 것이 아니라 작년의 구형 모델을 가지고 올해의 신형 모델을 내놓는 것과 더 유사해 보인다. 더 나아가, 유전적 유사성 중 많은 부분이 돌연변이로 인하여 기능성을 상실한 것으로 보이는 유전자들, 즉 주류 과학계가 진화의 유물로 해석하는 유전자들에서 발견된다.

나는 최근 학생들과 나눈 몇 번의 대화에서 신무신론자들의 영향을 뼈아프게 경험했다. 그 학생들은 (자신들이 참이라고 여기는) 과학적 발견과 종교의 주장을 더 이상 동시에 수용할 수 없었기 때문에 자신들이 믿음을 잃었다고 말했다. 그 학생들이 도킨스 같은 사람들의 영향을 언급했든 하지 않았든(실제로 몇몇 학생은 그들의 이름을 입에 올렸다), 그와 같은 저술가들의 논변은 그들이 속한 문화적 환경의 일부를 구성하게 되었다. 이 저술가들의 주장은 설득력 있지만 많은 독자들이 놓치는 점이 있는데, 그것은 그들이 (**자연 세계**를 연구하는) 과학의 권위를 **초자연적인** 것을 믿는 믿음이 비합리적이라는 주장을 펼치는 일에 잘못 사용하고 있다는 점이다. 나는 이 학생들을 보며 대학 친구 톰에게서 느꼈던 슬픔을 느꼈다. 그들이 그릇된 선택의 기로에 서서 갈등하다가 결과적으로 신앙을 저버렸다는 사실에 마음이 무너져 내렸다.

그리하여 이 모든 것이 나를 세워 놓은 자리는 어디이며, 결국 나는 진화에 대하여 무엇을 믿는가(believe about)? 이 질문에 대한 나의 일차적 반응은 앞서 설명하였던 나의 기본 전제 두 가지를 반복하는 것이다. 하나님이 그 일을 하셨다. 그리고 어떻게 하셨는지 나는 정말로 모르겠다. 이 두 마디의 말은 간략하고 단순하지만, 나의 신앙과 생각을 결정하는 주요 생각 몇 가지를 요약해 준다.

첫 번째는 신앙에 대한 생각이다. 하나님이 그 일을 하셨다. 내가 이 명제를 믿는 이유는 과학이 그것을 증명했기 때문이 아니라 내게 신앙이 있기 때문이다. 나를 둘러싼 세상에서 나의 눈에 들어오는 것이 나를 신앙으로 이끌 수 있겠지만, 그 어떤 과학적 발견도 나의 신앙의 정당성을 보여 주지 않는다. 바로 그런 까닭에 신앙이 신앙이라고 불리는 것이다.

나의 두 가지 전제를 뒷받침하는 두 번째 생각은 신학과 과학은 서로 다르지만 동등하게 타당한 세상의 이해 방식이라는 것이다. 둘 다 인간이 하는 일이기에 이따금 잘못된 결론에 도달하거나 표피적 갈등을 유발한다. 하지만 신학(성경의 연구)과 과학(창조 세계의 연구)은 각기 다른 면에 초점을 맞추기는 하지만 결국 하나님의 일을 다루는 까닭에 그 둘의 궁극적 답은 마땅히 화합하게 될 것이다.

끝으로, 그 두 가지 명제는 과학과의 상호 작용에서—특히 진화론과 관련하여—교회가 수행해야 할 구체적 역할에 대해 말해 준다. 교회의 주된 역할은 하나님을 영화롭게 하는 것이다. 그렇게 하는 하나의 중요한 방법은 그분이 창조 세계 안에서 하신 일을 알아보고 그것에 대해 이야기하는 것이다. 교회의 또 다른 역할은 하나님의 창조 세계를 아끼고 돌보는 것이다. 그러려면 그 창조 세계를 잘 이해해야 한다. 이 두 가지 역할 모두 그리스도인들이 하나님의 뜻을 행하는 방식의 하나로서 과학을 포용해야 함을 알게 해 준다. 교회의 세 번째 역할은 사람들을 하나님과의 화목의 자리로 이끄는 것이다. 비록 확연하게 드러나지는 않지만, 여기에서도 과학의 수용이 필요하다.

나는 진화와 관련된 논쟁으로 인하여 교회로부터 멀어진 사람들을 많이 안다. 그렇지만 개인적으로 아는 사람들 중에 진화를 거부하라는 설득을 받아들인 것이 기독교를 받아들이는 계기가 되었다는 사람은 없다. 진화 이론이 세상이 어떻게 존재하게 되었는지에 대한 무신론적 설명을 지지하는 일에 이용될 수는 있겠지만, 진화론은 그런 무신론적 관점을 요구하지 않는다. 진화론의 거부가 왜 기독교 신앙의 리트머스 테스트가 되어야 하는가? 그리스도인들인 우리가 진화에 **대하여** 무엇을 믿는지에 관하여 합의를 이룰 때가 왔다. 하나님이 그 일을 어떻게 하셨는지에 대한 합의를 도출하는 것(그런 일은 결코 일어나지 않을 것이다!)이 아니라, 진화가 받아들일 만한 선택지라는 데 합의해야 할 것이다.

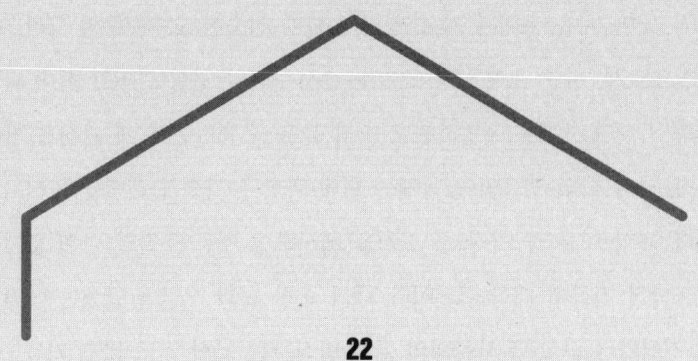

22
진화하는 창조 세계의 영

오순절주의 신학자의 의견

아모스 용

아모스 용(Amos Yong)은 선교학 연구 센터(Center of Missiological Research)의 소장이며 풀러 신학교에서 신학과 선교학을 가르치는 교수다. 그는 수십 권의 책을 저술하거나 편집하였다. 그는 아내와 세 자녀, 손주와 함께 서던캘리포니아에서 살고 있고, 패서디나에 신설된 사중복음(Foursquare) 교회인 더 브리지(The Bridge) 교회에 출석하고 있다.

기적, 구마, 치유, 표적과 기사, 영적 은사에 친숙한 오순절주의 그리스도인으로서, 나는 오랫동안 오순절-은사주의의 영성 그리고 현대 과학과 기술의 세계를 설명하는 신학적 틀을 구축하는 일에 관심을 가졌다. 나와 나의 믿음의 공동체는 현대 과학과 기술의 혜택을 누리고 있다. 과학 이론 중 가장 큰 도전을 제시하는 것은 두말할 나위 없이 생물학적 진화에 대한 이론이다. 내가 속한 교회 모임들 안에는 여전히 진화가 오순절-은사주의의 삶의 방식과는 말할 것도 없고 기독교 신앙 전반과 양립할 수 없다는 믿음이 널리 자리 잡고 있다. 나는 이 이슈를 재고하기 전에 여러 가닥으로 얽힌 문제들을 풀어야 했다.

첫째, 수사적(修辭的) 차원의 문제가 있다. 한편으로는 보수적 그리스도인들이 신앙과 과학 사이의 '전쟁'에 대해 말한다. 다른 한편으로는 삶에 대한, 심지어 종교에 대한 모든 위대한 질문이 과학으로 설명될 수 있다고 상정하는 ('신무신론자들' 전체를 포함하는) 상습 반대자(naysayer)들의 긴 역사가 있다. 이 전쟁 이론이 끈질기게 잔존하는 데는 여러 가지 이유가 있다. 크게는, 상습 반대자들이 과학의 데이터와 해석을 자신들의 물질주의 철학 및 자연주의 철학의 전제들과 혼동하기 때문이다. 내가 이 깨달음을 얻은 것은 대학원 공부를 시작한 지 얼마 되지 않아서였고, 이 일을 계기로 나는 진화에 대한 과학적 증거를 들여다보기 시작했다.

둘째, 나는 일반인들이 '진화'라고 부르는 대상이 실은 과학자 그룹들 사이에서도 의견이 분분한 개념이라는 점을 알게 되었다. 그렇다고 해서, 모든 생명 형태의 공통 조상을 포함하는 진화 발생의 주요 계통들에 대한 확고한 의견 일치를 찾아볼 수 없다는 말은 아니다(이것에 대해서는 잠시 후에 더 자세히 설명할 것이다). 하지만 진화적 변화의 메커니즘에 관한 많은 질문이 여전히 논쟁거리가 되고 있다. 물론 과학은 질문에 답하기 위한 탐색에 의해 추동된다. 그렇다면 나 같은 종교인들과 신학자들이 할 일은 무엇일까? 이 문제들을 계속 추적하고 연구에 대한 이론적 틀을 탐색하고 이러저러한 가정을 숙고하는 과학자들을 관심 있게 주목하는 것이리라. 그렇게 하는 가운데 우리는, 자신의 철학적 해석을 과학 데이터에 덧씌우려 드는 기존의 무신론자들 및 신무신론자들과 정면으로 마주해야 한다. 동시에 우리는 과학자들에게 그들의 연구를 우리의 신학적 고백에 맞추라고 요구하는 데 지극히 신중해야 한다.

그러나 과학은 우리에게 무엇을 말하는가? (대학에서 과학 과목을 몇 개 수강한 것이 사실이지만) 나의 과학 지식은 고등학교 과학 교육 수준을 크게 벗어나지 않음을 솔직히 인정한다. 그럼에도 나는 나로 하여금 주류 과학의 연구와 진화에 대한 가정들을 지지하게 만들 만큼 설득력 있는 증거 세 가지에 대해 이제부터 말하고자 한다.

(1) 지구와 우주의 나이에 대한 증거는 부정할 수 없다. 우주의 가장 먼 곳에 있는 별들의 빛이 1초당 298,048킬로미터의 속력 또는 1시간당 10억 7,200만 킬로미터의 속력으로 우리를 향해 온다. 그 속력을 은하들 사이의 거리를 측정한 결과와 결합하여 계산하면, 시간적으로 120억 년 전까지 거슬러 올라가게 된다는 데는 의문의 여지가 없고, 이는 우주의 나이가 최소한 그 정도라는 것을 암시한다. 특정 동위 원소들의 붕괴 속도가 확정되어 있고 그에 따르면 일부 운석들과 기타 외계 유래 표본들의 나이가 약 45억 년이 된다. 우리는 지

구도 그 정도 나이를 먹었을 것이라고 가정한다. 게다가 퇴적층, 판 구조, 대륙 이동, 화석 광상(化石鑛床)에 대한 지질학 연구들은 오랜 지구를 추가로 확증한다.

이러한 과학적 데이터를 감안하는 몇 안 되는 젊은 지구 관점들조차 내게는 설득력 있어 보이지 않는다. 하나님은 아주 오래된 모양새를 갖춘 지구와 우주 전체를 약 만 년 전에 또는 심지어 2분 전에 (그 전에 일어난 사건들에 대한 우리의 기억까지 포함해서!) 만드실 수도 있었을 것이다(왜 안 되겠는가?). 그렇지만 신(神)의 사기극이라 할 만한 이러한 가정에 대해 젊은 지구 옹호론자들이 내놓는 신학적 변명은 옹호해 줄 여지가 없는 것으로 보일 뿐이다.

(2) 두 번째 증거는 다양한 생명체의 지리적 분포에 대한 것이다. 설령 화석 기록에 아쉬운 점이 많다 하더라도(나 같은 과학 문외한들은 전이 형태가 왜 더 많이 발견되지 않는지 설명하는 논변들에 대해 시큰둥한 반응을 내놓을 뿐이다), 호수들과 섬들의 지리적 고립 및 대륙 이동은 식물들과 박테리아와 여러 동물 종을 포함하는 다양한 형태의 생명체가 세계 여러 곳에서 번성해 왔다는 우리의 이해에 통일성을 더한다고 생각한다. 그 생명체들의 발생은 오랜 지구의 시간 구조와 일치한다. 더욱이 다양한 생태적·기후적·지리적 틈새 환경에서의 생물 다양성에 대한 세세한 연구를 통해 추적되는 생명의 확장 패턴은 진화의 구조 안에 놓일 때 비로소 이해가 된다.

(3) 인간이 관련된 공통 조상의 문제에 대해 생각할 때 가장 최근의 증거이자 어쩌면 가장 중요한 증거는 인간 게놈 프로젝트의 결과가 진화를 지지하는 것으로 보인다는 점이다. 인간은 인간과 가장 가

까운 친척인 침팬지와 유전자 서열의 95-99퍼센트를 공유한다. 뿐만 아니라, 우리는 길고 긴 세월에 걸친 많은 유전자의 계통을 추적할 수 있을 정도로 세대 간에 유전 정보가 어떻게 변하는지에 대하여 충분히 알고 있다. 유전자 서열에서의 놀라운 유사점들도 진화 가설 안에서 비로소 설명이 된다. 다양한 형태의 선행 인류와 그들 간의 가능한 관계들을 가리키는 증거도 유전 과학, 인지 과학, 인류학 등 다수의 학문에 걸쳐 일관성과 통일성을 가진다.

  광범위한 학문들-한편으로는 천문학, 지질학, 동물학, 고생물학, 또 다른 한편으로는 신경 생물학, 문화 인류학, 언어 인류학, 사회 심리학-로부터 나오는 엄청난 데이터를 함께 고려할 때, 주류 과학계가 폭넓게 이해하는 바대로의 진화 이론은 타당해 보인다. 이번에도 필요한 모든 데이터를 얻었다거나 모든 것을 알아내었다는 말은 아니다. 그렇지 않다. 그리고 이론을 계속 시험하는 것이야말로 과학적 연구의 본질적 특징이다. 그런데 진화가 설명하는 모든 것을 설명하고 진화가 설명하지 못하는 어떤 것들까지 설명하는 또 다른 이론이 등장할 때까지, 현대 과학(특히 응용 과학)의 다른 많은 영역들-공학, 의학, 교통, 정보 기술 등등-에서의 진보는 포용하면서 굳이 지구의 나이와 생물학적 진화에 관한 주류 과학계의 합의는 거절할 이유가 없다.

  성경을 소중히 여기는 그리스도인으로서 나는 어떻게 성경이 과학이 우리에게 말하는 바와-보완적이지는 않더라도-양립 가능한지 이해해야 한다. 특히, 나는 성서학자들의 연구에 의지할 것을 강력히 권고한다. 그러면 왜 창세기의 고대 담화를 (현대의) 과학적 설명으로서가 아니라 역사적·문화적 맥락에서 읽어야 하는지 이해할 수 있을 것이다. 이제 나는 성경이 하나님이 세상을 창조하셨다는 **사실만**을 확언하고 그 일이 **어떻게** 일어났는지에 대한 상세한 내용은 과학이 채워 넣는다고 확신한다. 물론 여기서도 곤란한 문제가 전부 해결되었다는 말은 아니다. 예컨대, 진화 이론과 관련하여 아담과 하와에 대해서는 어떻게 생각해야 하는가? 나는 성경 연구 분야에서의 발전이 우리의 이해를 넓혀 주기를 기대한다.

끝으로, 나는 오순절주의 신학자로서, 지난 10여 년 동안 학문적 노력의 일부를 과학적인, 심지어 진화적인 세상에서 성령 충만하게 살아가는 것의 의미를 이해하는 데 바쳤다. 나는 내가 모든 답을 가지고 있다고 말하는 것이 아니다. 이것은, 오순절주의와 은사주의의 대학과 대학교들에서 이러한 중요한 문제들을 숙고하는 많은 동료들과 함께 대화하고 연구하고 생각하도록 내게 동기를 부여해 준 여러 가지 이유들 중 하나이기도 하다. 그런데 이제 내 눈에는 예수 그리스도와 성령을 통해 타락한 세상을 죄로부터 구원하기 위하여 일하시는 하나님의 역할 그리고 우주와 지구의 진화적 역사의 과정을 인도하시는 하나님의 역할 사이에서 완전히 화해 불가능한 갈등이 보이지 않는다. 하나님의 영은 믿음의 눈을 가지고 하나님의 통치가 오기를 고대하는 이들을 위해 기적적·구속적 사역들을 계속 성취하신다. 그래서 나는 하나님의 치유를 기대하면서 기도하는 동시에 수술받을 준비를 할 수 있다. 성령께서는 직접 치유하실 수도 있고 수술을 통해 병을 낫게 하실 수도 있다.

생명의 진화를 감독해 오신 하나님은 그리스도와 성령 안에서 개인적으로 우리를 찾아오시는 바로 그 하나님이시다. 이런 태도를 갖고 해결 불가능한 문제가 없다고 보는 복음주의 그리스도인들과 오순절주의 그리스도인들을 지금까지 많이 만났다. 그리고 그들은 그러한 입장의 가능성과 유용성에 대한 나의 믿음을 북돋우어 주었다. 하지만 오순절주의 내에서 이 대화가 시작된 지 얼마 되지 않았다. 그래서 나는 앞으로 일어날 많은 일에 대해 큰 기대를 품고 있다.

23
두 권의 책 + 두 개의 눈 =
기독교 증거를 위한 필수 요소 네 가지

리처드 달스트롬

리처드 달스트롬(Richard Dahlstrom)은 작가(*Colors of Hope: Becoming People of Mercy, Justice, and Love*), 회의 연사, 성경 교사이자 시애틀에 있는 베다니 공동체 교회 (Bethany Community Church) 담임 목사다. 여가 시간에는 '창조주의 음성이 또렷이 들리는(!)' 캐스케이드 산맥에서 아내와 함께 스키와 등산을 즐긴다.
블로그 주소: http://stepbystepjourney.com

최근에 교회에서 어떤 부부와 이야기를 나누었다. 그들은 대학에 다니는 딸이 집에 들렀을 때 일어난 매우 중요한 순간에 대해 이야기했다. 이 지역에서 줄곧 기독교 학교만 다니다가 집을 떠나 먼 곳에 있는 기독교 대학교에 진학한 그들의 딸은 그곳에서 과학 과목을 듣다가 진화에 대한 사려 깊고 합리적인 설명을 처음으로 접하였다. 그리고 진화가 성경의 창조 기사와 모순되기는커녕 조화를 이룰 수 있다는 강력한 증거들에 대해서도 듣게 되었다.

완전한 진공 상태에서 이 새로운 가르침이 주어졌다면 그 자체의 내적 통일성이 그대로 견집(堅執)되면서 마음이 평화로웠겠지만, 젊은 지구를 옹호하고 반진화론적 입장을 견지하는 훈육 배경을 지녔던 그녀는 크나큰 충격에 휩싸이고 말았다. 그녀는 어느 오후에 부모님을 만나서 대학교에서 무엇을 배우고 있는지 설명하였다. 커피 잔 위에 한동안 머무르던 침묵을 깨며 그녀가 말했다. "이것 말고 교회가 내게 거짓말을 한 것이 또 있나요?"

부모의 입장에서는 딸이 자발적으로 그러한 대화의 시간을 요청한 것이 고마울 따름이었다. 18세에서 35세는 미국 교회에서 가장 급속하게 줄어드는 연령층이다. 그 연령대의 많은 사람들이 신앙과 과학의 충돌로 인하여 신앙을 등지고 만다. 한쪽은 지적 진실의 길이고 다른 한쪽은 신앙의 길로 보이는 갈림길을 만들어 버린 것은 아무래도 교회인 듯하다. 수많은 사람들이 교회가 의도치 않게 만든 그 양자택일의 기로에 서서 고민하다가 신앙을 떠나 버린다. 이러한 선택의 가장 큰 비극은 그 갈림목이 하나님이나 성경이 건설한 것이 아니라 종교주의자들이 닦아 놓은 것이라는 데 있다.

교회가 어떻게 이 지경까지 왔는지는 이 에세이의 범위를 벗어나는 것이다. 내가 교회사 학자로서 글을 쓰고 있는 것은 아니기 때문이다. 나는 과학자로서 글을 쓰고 있는 것도 아니다. 그래서 DNA, 진화, 지구의 나이에 대한 지질학적 증거에 관한 상세한 내용도 이 에세이의 범위 밖이다. 나는 생물학, 물리학, 의학, 고고학, 천문학 등 인류에게 알려진 여러 다양한 과학 영역을 공부하는 대학생들이 넘쳐나는 활기찬 도시에 있는 교회의 목사로서 이 글을 쓴다. 이 학생들은 우리의 미래다. 그리고 그들에게 그리스도의 임재를 경험하게 하라는 부름을 받은 우리가 사역을 수행하면서 따라야 할 대상은 예수님이지 종교 지도자들이 아니다. 예수님은 종교 지도자들이 "무겁고 거추장스러운 짐을 묶어 다른 사람들의 어깨에 지운다"(마 23:4, NIV)는 진실을 폭로하면서 그들과 수시로 부딪히셨다. 이와 대조적으로, 예수님의 짐은 가볍다. 예수님을 따르는 자들은 "이 본질적인 것들보다 더 무거운 짐을 지우지 않는 것"(행 15:28, NASB)이 중요하다고 생각했다. 예수님의 본보기와 초기 교회의 가르침으로부터, 우리는 하나님께 받아들여지기 위한 전제 조건으로서 이것저것—그리스도께서는 결코 요구하신 적이 없었던 것들—을 '하나님의 이름으로' 사람들에게 요구하게 되기가 무척 쉽다는 점을 깨달아야만 한다. 우리가 그렇게 한 까닭에 사람들이 떠난다면, 그들이 거부하는 것은 복음이 아니다. 그들은 복음의 엉성하게 왜곡된 모습을 거부하는 것이고, 우리는 그에 대한 심판을 피할 수 없을 것이다.

사람들을 그리스도께로 초대할 때, 우리는—목사든 교사든 청소년 지도자든 또는 부모든—조심해야 한다. 자칫 잘못하면 사람들을 그리스도께 초대하는 것이 아니라 우리가 만들어 낸 종교 체계로 초대하게 될 수도 있다. 우리는 복음의 인식 방법과 관련하여 중심 원칙 두 가지를 받아들임으로써 거짓의 담을 쌓는 일을 피할 수 있다.

1. 하나님은 두 권의 책을 통해 말씀하신다

시편 19, 104편, 로마서 1, 10장 그리고 욥기와 예수님의 비유들은 하나님이 성경을 통해서뿐만 아니라 창조 세계를 통해서도 말씀하심을 분명히 한다. 하나님은 모든 사람들이 '핑계하지 못한다'라고 분명하게 말씀하신다. 왜냐하면 하나님의 성품의 증거를 모든 사람들이 볼 수 있기 때문이다.

특히, 바울은 "그[하나님]의 보이지 않는 것들 곧 그의 영원하신 능력과 신성이 그가 만드신 만물에 분명히 보여 알려졌나니 그러므로 그들이 핑계하지 못할지니라"(롬 1:20)라고 선언한다.

우리는 로마서 1장에 나오는 이 말씀이 모든 시대의 모든 사람에게 적용된다고 믿는다. 거기에는 21세기 과학자들도 포함된다. 망원경으로 별을 연구하는 사람들과 현미경으로 작은 분자를 연구하는 사람들이 기원에 관하여 유사한 방향을 가리키는 결론에 독립적으로 도달한다면, 우리는 귀를 기울여야 한다. 그렇게 하지 않는다면 우리는 불가피하게 대체 과학(代替科學)이라는 우리만의 하위문화를 만들어 내게 되고, 그것은 한 분야의 학문에서가 아니라 천문학에서 지질학까지 그리고 화학에서 생물학까지 아우르는 사실상 거의 모든 과학 분야에서 물살을 거스르며 헤엄치게 된다.

나는 과학의 문외한으로서 수십 년 동안 그러한 대체 과학을 소비하면서 아주 젊은 지구를 가리키는 증거를 주워들은 대로 앵무새처럼 되풀이했다. 달에는 먼지가 거의 없다, 빛의 속도는 느려지고 있다, 지층은 격변들이 단속적(斷續的)으로 발생하면서 짧은 시간에 걸쳐 생겨났을 수도 있다, 전이 형태는 없다 등등.

학부에서 음악과 건축을 공부한 목사로서 나는 그러한 선언들을 확인하거나 부인할 만큼의 역량을 갖추지 못했다. 그러나 나는 그것들을 긍정했다. 왜냐하면 그 선언들은 그리스도의 신실한 추종자들은 모두 기원에 대하여 그렇게 믿는다는 암묵적 이해를 그 바탕에 깔고 '예수님의 이름으로' 제시되었기 때문이다.

'물론 그게 옳지'라고 나는 생각했다. 사실 다른 관점을 접한 적이 없었다. 하위문화에는 강력한 자기 준거성이 퍼지게 된다. 폐쇄적 모임 안에 머무르면서 자기 자신과 생각과 신념이 같은 사람들하고만 이야기를 나누다 보면, 우리는 우리들의 관점만이 진리라는 확신을 갖게 된다.

그 후 나는 도시로 이사하게 되었고, 거기서 부활하신 예수님도 믿고 진화도 믿는 그리스도의 사려 깊은 추종자들을 만났다. 그들이 부활하신 예수님을 믿는 이유와 진화를 믿는 이유는 동일했다. 넘쳐나는 증거! 새롭게 사귄 이 친구들은 생명이 존재하기 위해 필요한 조건들('우주의 미세 조정'이라고 불리는 것)이 무작위성 이상의 무언가를 가리키는 증거를 제시함을 내가 이해하도록 도와주었다. 프린스턴 대학교 (Princeton University)의 고등 연구소(Institute for Advanced Study)의 전직 물리학 교수이자 현존하는 가장 뛰어나고 흥미로운 천체 물리학자들 중 한 명인 프리먼 다이슨(Freeman Dyson)은 이렇게 말했다. "우주와 그 설계의 면면을 들여다보면 볼수록 어떤 의미에서 우주가 우리가 올 것을 미리 알고 있었음이 분명하다는 증거를 더 많이 발견하게 된다!"¹ 이것은 창조 세계라는 책이 어떻게 창조주를 가리켜 보게 만드는지의 한 예에 불과할 뿐이다.

2. 두 개의 눈: 겸손과 상호 의존은 예수님의 성품과 조화된다

진화에 대한 과학적 증거가 아무리 강력하다 할지라도 창세기의 담화와 진화가 명백하게 모순되는 것으로 보이는 바람에, 질문들과 이견들이 곧바로 뒤따르게 된다. "진화가 죽음을 전제로 하지만, 아담과 하와의 범죄 전에는 죽음이란 것이 없었다." "인간은 흙으로부터 직접 지음을 받았다." 이 두 가지 외에도 하나님과 그분의 말씀을 사랑하는 사람들이 진화를 받아들이는 데 방해가 되는 이유는 많다. 이른바 문자적 해석법 또는 통전적 해석법 아래 교육을 받은 사람들은 어느 본문이든 보이는 대로의 문자적 의미가 최상의 성경 해석 방식이라고 믿는다.

그러한 방법에 동의하는 사람들 중에 성경의 모든 말씀에 그 방법을 적용하는 사람은 아무도 없다. 예컨대, '태양이 떠오른다'는 말의 문자적 의미에도 불구하고, 우리는 태양이 글자 그대로 떠오른다고 믿지는 않는다. 과학적 발견은 보이는 대로의 문자적 해석을 재고할 것을 강력히 요구했다. 결국 교회는 세상을 뒤따라가면서 지구가 태양 주위를 공전하고 스스로의 축을 중심으로 자전도 한다는 사실에 동

---

1 Freeman Dyson, *Disturbing the Universe* (New York: Harper & Row, 1979), 250.

의했다.

이것은 성경과 창조 세계라는 두 권의 책을 읽고 있는 우리가 직면하는 현재 진행형 도전의 일례다. 이 두 권의 책을 읽을 때 우리에게 필요한 것은 겸손이다. 성경과 관련하여, 겸손은 중요하다. 왜냐하면 역사가 우리에게 그릇된 성경 해석으로 빠지기가 얼마나 쉬운지 거듭 보여 주기 때문이다. 노예제도, 식민주의, 집단 학살의 정당화가 그 예다.

예수님도 당대의 종교 지도자들의 잘못된 성경 해석을 준엄히 꾸짖으셨다. 예수님은 "너희가 성경에서 영생을 얻는 줄 생각하고 성경을 연구하거니와"(요 5:39)라고 말씀하신 후에 그들이 실제로 영생을 얻기 위하여 그분께 나아오기는 꺼린다고 질책하셨다. 그들에게 성경은 일종의 규정집이나 법률 같은 것이 되어 버렸다. 그들의 경직된 성경 해석은 어찌나 왜곡되었던지 그들은 마침내 그들이 고대하던 메시아를 죽이고자 음모를 꾸미는 지경에 이르렀다. 다시 말해서, 그릇된 이해의 길로 빠지기는 쉽고, 바로 그런 까닭에 겸손이 필요한 것이다.

무엇보다도, 겸손은 우리가 모든 것을 알지 못한다는 현실을 받아들임을 뜻한다. 성 아우구스티누스는 『창세기의 문자적 의미』(*The Literal Meaning of Genesis*)라는 책에서 목회자들과 신학자들이 자신들의 권위의 범위를 넘어서서 주제넘게 의견을 내세우는 위험에 대해 경고한다.

보통은, 그리스도인이 아닌 사람도 땅과 하늘…에 대하여 아는 바가 있고 그는 이성과 경험을 바탕으로 한 확신을 가지기에 이 지식을 유지한다.

이제, 그리스도인이 성경의 의미를 전달한다고 생각하면서 이러한 주제들에 대해 말하는 허튼소리를 불신자가 듣는 것은 불명예스럽고도 위험한 일이다. 그리고 우리는 모든 방법을 동원하여 그러한 당혹스러운 상황을 방지해야 하는데, 그러한 상황에서 사람들은 그리스도인의 엄청난 무지를 드러내면서 비웃는다.…그들이 자신들이 잘 아는 분야에서 그리스도인이 그릇된 이해를 가지고 있는 것을 보고 그 그리스도인들이 우리의 책들(성경책—역주)에 대하여 어리석은 의견을 내세우는 것을 듣는다면, 그들은 그들이 경험과 이성의 빛으로부터 배운 사실에 대하여 그 책들의 지면이 거짓으로 가득 차 있다고 생각하게 될 터인데, 그렇게 되면 죽은 자들의 부활, 영원한 생명에 대한 소망, 하나님 나라에 대한 사안들과 관련하여 어떻게 그들이 우리의 책들을 믿을 수 있겠는가?[2]

자연 과학과 해석학(성경을 해석하는 과학)은 둘 다 겸손과 상호 의존의 자세를 가지고 서로 배울 때 제일 잘 수행된다. 겸손과 상호 의존이 풍성해야 상대 학문에 대한 상호 이해와 인정을 통해 각자의 학문 분야에서 더욱 선명한 그림을 그릴 수 있다. 겸손과 상호 의존이 부족하면 영혼 없는 물질주의에 빠지거나 자연 과학의 발견들과 끊임없이 마찰하는 근본주의에 발목을 잡힐 것이다. 하나님이 성경과 창조 세계라는 두 권의 책을 통해 말씀하시겠노라고 밝히신 세상은 물질주의와 근본주의 중 그 어떤 것과도 어울리지 않는다.

최근에 나는 비행기에서 우연찮게 어느 천문학 교수 옆자리에 앉

---

2   Augustine, *The Literal Meaning of Genesis* 1,19,39, Ancient Christian Writers (Mahwah, NJ: Paulist Press, 1982), 42-43.

게 되었다. 나는 천문학자는 아니지만, NASA의 '오늘의 천문 사진' (Astronomy Picture of the Day) 웹사이트에 아침마다 들른다. 아침 경건 시간에 우리 우주의 광대함을 스스로에게 상기시키기 위해서다. 그러다 보니 천문학 교수를 만난 김에 물어볼 것이 많았고, 우리는 비행 시간 대부분 동안 우주의 팽창과 빅뱅을 비롯한 우주의 놀라운 신비에 대하여 이야기를 나누었다. 그는 나보다 연배가 높았으나 여전히 호기심이 왕성하였고, 배우면 배울수록 자신이 모르는 것이 얼마나 많은지를 더 많이 깨닫게 된다고 말했다.

비행기가 착륙하려고 하강하기 시작할 때, 그는 나에게 직업이 무엇인지 물었다. 내가 목사라고 말하자 그는 눈을 반짝이며 말했다. "우리는 서로가 필요해요. 목사님과 저 말입니다!" 그는 이어서 과학이 결코 밝히지 못할 것이라고 생각되는 답들을 어떻게 신학이 제시하는지에 대하여 그리고 그 반대의 경우에 대하여 이야기하였다. "두 권의 책이지요!" 나는 진심으로 동의하면서 말했다. 그러고는 성경이 하나님을 가리키는 창조 세계에 대하여 말하는 바를 설명하였다.

소망 넘치는 풍성한 대화였다. 우리는 이 세상에서 그런 대화를 더 많이 나누어야 한다. 그러려면, 우리는 창조 세계와 성경이라는 두 권의 책이 모순되지 않는다고 믿어야 하고, 그 두 권의 책이 서로 소통하게 해야 한다. 그러면 우리가 하나님의 형상으로 지음받았기 때문에 갖게 된 호기심과 창의력이 발동되면서 사람들로 하여금 '예수님의 이름으로' 발견하고 창조하고 치유하고 또 더 많은 것을 하게 해 줄 것이다. 그러한 패러다임은 기쁨으로 그리스도를 따르는 이들이 편협한 하위문화—신앙과 이성의 거짓된 이분법이 너무도 많은 사람들에게 넘을 수 없는 장벽이 되어 버리는―로 도피하는 대신 여전히 깨진 상태이긴 하지만 영광스러운 세상에서 소망의 존재가 되는 일에 온전히 몰두하게 해 줄 것이다.

24
쉬운 답에 안주할 것인가, 그리스도 안에서 안식을 누릴 것인가

캐서린 애플게이트

캐서린 애플게이트(Kathryn Applegate)는 바이오로고스의 프로그램 디렉터다. 캘리포니아 주 라호이아에 위치한 스크립스 연구소(The Scripps Research Institute)에서 계산 세포 생물학(computational cell biology) 박사 학위를 취득하였다. 텍사스 출신인 캐서린은 남편과 두 자녀와 함께 미시간에 살고 있다. 가족 모두 PCA(Presbyterian Church in America) 소속 장로교회에 출석하며 열심히 신앙 생활을 하고 있다.

교회의 연례 여신도 수련회에서 좋은 친구 둘 사이에 앉아 소파에 편안하게 몸을 맡기고 있으니 정말 행복했다. 강사는 상담에 대한 성경적 접근법을 설명하고 있었다. 그녀는 특히 우리 여성들이 받은 돕고 양육하는 은사를 강조했다. 강사는 "우리는 생명을 주는 자들입니다"라고 말했다. "이것은 에덴동산까지 거슬러 올라갑니다. 세상은 남자와 여자의 차이점을 지워 버리기 원하고 하나님의 형상 담지자로서의 우리의 지위를 제거하기 원합니다." **아멘.** 나는 속으로 말했다. "우리의 이야기는 창조의 이야기입니다." 그녀는 말을 이어 갔다. "**세상**은 우리가 어떻게 지금 여기에 있게 되었다고 말합니까?" 여러 목소리가 일제히 답한다. "진화요!" 나는 한숨지으며 그곳에 있던 다른 생물학자와 눈을 맞추었다. 그녀도 나처럼 실망한 표정이었다.

나는 여전히 그 교회를 사랑한다. 남편과 나는 다른 지역으로 이사할 때까지 그 교회에 출석했다. 나는 그 교회 지도자들이 성경과 예배를 중시하는 것이 정말 좋았다. 공동체의 삶과 세상을 섬기는 삶을 강조하는 것도 좋았다. 그리고 감사하게도, 기원에 대한 견해는 서로 달랐지만, 담임 목사님과 장로님들은 과학과 신학의 조화를 추구하던 나를 언제나 지지해 주셨다. 그러나 앞서 말한 여신도 수련회의 경험이 보여 주듯이, 생물학자로서 성경을 믿는 교회를 다니는 것이 늘 쉬운 일은 아니다. 내 생각에 그리스도인이 아닌 생물학자가 그와 같은 환경 속에서 그리스도인이 되는 것은 더더욱 어려울 것 같다.

내가 처음부터 진화론을 받아들였던 것은 아니다. 사실 나는 오랫동안 그것이 참이 아니라 거짓이길 바랐다. 내게는 진화가 그저 그리스도인이 아닌 사람들을 위한 창조 이야기처럼 느껴졌다. 많은 사람들이 진화 과학을 무신론적 세계관을 지지하기 위하여 사용하는 것이 사실이다. 그러나 나는 과학을 이해한다고 해서 반드시 무신론을 신봉하게 되는 것은 아님을 알게 되었다.

나는 텍사스의 중심부에서 자라났고, 그곳은 바이블 벨트(Bible Belt)*의 중심부에 있었다. 어렸을 때 나는 자연 공부를 좋아했고 툭하면 나무를 타거나 나비를 잡거나 우리 할아버지의 낡은 현미경으로 온갖 것을 들여다보았다. 나는 하나님과 성경도 사랑했다. 아홉 살 되던 해 여름 캠프에서 그리스도를 믿게 되었고, 성경 구절을 외우고 가족과 함께 교회에 출석하는 일에 많은 시간을 할애했다. 나는 강아지 터피에게도 복음을 들려주고 또 들려주었다. 예수님은 터피의 죄를 위해서도 죽으셨음이 분명해!

십대 때에는 과학과 신앙에 관련된 문제에 대해서 자주 생각하였다. 한번은 아버지께 '위대한 질문'의 목록을 들이밀었다. 그 목록에는 "블랙홀의 이면에는 무엇이 있을까?"에서부터 "하늘나라에서는 어떤 활동들을 하는가?"까지 다양한 질문이 나열되어 있었다. 그럼에도 불구하고 나는 대학을 가기 위해 집을 떠날 때 나의 신앙에 도전이 될 새로운 생각들의 폭격에 대비되어 있지 못했다. 루이지애나 주 슈리브포트에 있는 센테너리 대학(Centenary College)은 남부의 진정한 보석으로서 감리교에 뿌리를 둔 작은 인문 과학 대학이다. 풍부한 지적 환경에서 다른 그리스도인들과 교제할 기회가 많이 있었다. 하지만 많은 대학생들이 그러하듯이, 나는 예배나 캠퍼스 사역 모임에 진지하게

* 보수적 기독교 성향이 강한 미국 남부 지역.

몸담는 것을 아주 쉽게 피했다. 이러한 '무소속 상태'는 나의 신앙 생활에 외로움과 고립을 초래하였다.

대학 1학년 때 나는 성경 연구 수업을 들으면서 창세기의 첫 몇 장과 소름 돋도록 유사한 고대 창조 이야기들에 대해서 배웠다. 또한 신약성경에 포함되지 않은 많은 글이 있있고, 초기 교회가 어떤 책들을 포함시킬지 결정했다는 것도 배웠다. 그리고 전에는 결코 내 눈에 띄지 않았던 본문상의 비일관성도 많았다. 어떻게 나는 이런 것들에 대해 단 한 번도 들어 본 적이 없단 말인가? 성경이 **어떻게** 존재하게 되었는지 그리고 분명 인간의 개입이 많았음에도 불구하고 어떻게 우리는 여전히 성경이 **하나님의** 말씀이라고 말하는지 질문할 생각을 그 전까지는 단 한 번도 한 적이 없었다. 이렇게 명백한 문제들을 헤쳐나가는 데 필요한 지략이 전무한 상태에서 나의 신앙은 기초부터 무너져 내리는 것 같았다. 한편, 내가 아는 많은 그리스도인들이 반(反)지성적이거나 위선적인 사람들로 보였다. 거기에는 나도 포함되었다. 나는 아침마다 성경 읽는 습관을 지속했고 거의 매주 교회에 출석하였지만(어떤 때는 뒷줄에 앉아서 완고한 회의를 마음에 품고 귀에 들리는 모든 것을 분석하였다), 나는 기독교에 대하여 심각한 의심을 떨칠 수 없었다.

나는 생물리학(生物理學)을 전공하기로 마음먹었고, 결국에는 수학도 추가로 전공하기로 했다. 나는 과학에 소질이 있었고, 과학의 우아함과 아름다움에 매료되었다. 그러나 나는 나의 연약한 신앙의 관에 마지막 못을 박을 것만 같은 한 분야는 피했다. 그것은 진화였다. 캠퍼스에서 어느 생물학 교수님은 다윈과 진화론을 공공연하게 옹호하셨다. 부끄러운 이야기지만, 당시 나는 그녀가 적그리스도일지도 모른다는 생각을 한두 번 한 것이 아니었다.

4학년 마지막 학기에, 주님은 내게 선물을 하나 주셨다. 나는 영어학과의 젊은 강사 선생님의 집에서 진행되는 성경 공부에 참석하기 시작했다. 그 학기에 선생님과 나는 자주 만나서 커피를 마셨다. 나는 4년 동안 답을 찾지 못했던 질문들로 선생님을 괴롭혔다. 선생님은 내가 처음 만난, 그리스도에 대한 깊은 사랑 그리고 학문과 엄밀한 사고에 대한 열정을 동시에 지닌 사람이었다. 하나님은 선생님을 통해 내 삶에서 강력하게 역사하시면서 내 신앙의 회복을 도모하셨다.

신학적 지식과 과학적 지식에 대한 왕성한 식욕을 가지고 스크립스 연구소에서 대학원 과정을 밟기 위하여 캘리포니아에 도착했다. 세포의 내부 뼈대라 할 수 있는 세포 골격(cytoskeleton)의 역학을 공부하기 위하여 계산 세포 생물학 연구실에 들어갔다.

나의 연구가 진화에 직접 초점을 맞춘 것은 아니었지만, 진화라는 주제는 늘 나를 따라다녔다. 나의 성장기에 젊은 지구 창조론이 내 문화의 일부였던 것처럼 말이다. 거의 매일 진화 과학에 관한 나의 무지를 마주하면서, 나는 진화에 대한 공부를 시작하기로 결심했다. 이 무렵의 나는 기독교가 진리라면 가장 까다로운 질문들도 견뎌 낼 수 있으리라고 확신하고 있었다. 그렇지 못한 기독교라면 나는 그 일부가 되기를 원치 않았다.

그래서 나는 다양한 관점의 책들을 읽기 시작했다. 2006년에 세계적으로 유명한 유전학자인 프랜시스 콜린스가 『신의 언어』를 출간하였다. 그 책에서 콜린스는 자신이 무신론에서 기독교로 급격하게 회심한 일에 대해 서술하고 진화에 대한 강력한 증거를 다수 제시하였다.

책장을 넘기면서 내 머릿속에서 많은 것이 제자리를 찾았고 나의 마음은 기쁨으로 차올랐다. 그 책이 나의 모든 질문에 대해 답을 제시한 것은 아니지만(알면 알수록 질문은 늘어날 뿐이다), 나는 정신적으로, 영적으로 쉴 곳을 찾았다. 이것도 하나님이 주신 선물이었다.

그러고 나서 몇 달 동안 나는 콜린스의 진화 창조론의 관점을 공유하는 사람들과 관계를 맺게 되었다. 그들은 하나님의 선한 창조의 비밀을 드러내고 그분을 더 잘 예배하도록 돕는 과학을 사랑했다. 그러나 그들은 성경도 사랑했고 난해한 부분은 대충 넘어가는 법이 없었다. 그리고 무엇보다도 그들은 교인들이 과학에 대해 무슨 말을 하든 상관없이 그리스도의 교회를 사랑하였다. 나는 고향집에 온 느낌이었다.

그로부터 몇 년의 세월이 흘렀고, 나에게는 아직 많은 질문이 있다. 어떤 질문들은 과학에 대한 것이고 어떤 질문들은 신학과 성경 해석에 관한 것이다. 과학에 대한 질문 하나는 무작위적 돌연변이에 따른 자연 선택이 진화에서 어느 정도의 비중을 차지하는가다. 이 질문은 진화 생물학에서 열띤 다툼의 대상이 되고 있다. 이 지점에서 많은 그리스도인들이 의아해할 것이다. 그도 그럴 것이, 우리는 과학자들이 진화가 사실이라고 말하는 소리를 너무 자주 들었기 때문이다. 다툼이 **없는** 부분은 인간을 포함하여 지구의 모든 다양한 생명체가 공통의 조상을 가진다는 것이다. 확실히, 많은 관계에 대하여 자세한 연구가 더 진행되어야 하지만, 인간이 다른 종들과 공통의 생물학적 조상을 가진다는 것은 부인할 수 없는 사실인 것 같다. 특히 지난 20년 동안 밝혀진 다양한 종류의 유전적 증거로 보건대 더욱 그렇다. 하지만 진화를 추동해 온 구체적 과정들에 대해서는 아직 탐구가 진행 중이다.

인간과 다른 종들이 공통 조상을 가진다는 개념은 즉각 성경 해석에 관한 여러 질문을 낳는다. 진화를 받아들이면 인간 기원에 대한 창세기 기록을 거부해야 하는 것 아닌가? 인류의 최초의(그리고 유일한) 부모로서의 아담과 하와에 대한 전통적 이해와 진화를 조화시키기는 매우 **어렵다**. 그러나 진화 과학은 아담과 하와가 역사적 인물인지에 대하여 침묵한다. 단지 단 두 사람만이 이 땅 위를 걸었던 시간은 없었다고 말할 뿐이다. 어쩌면 아담과 하와는 하나님과 언약의 관계를 맺은 최초의 두 사람일지도 모른다. 아브라함과 모세와 다윗과 엘리야와 성경의 거의 모든 인물에게 그러셨던 것처럼 하나님은 때가 차자 어떤 목적을 가지고 그 두 사람을 불러내셨을 수도 있다. 하나님은 아담과 하와와 언약을 맺으셨고, 그 둘은 죄에 빠짐으로써 그 언약을 깼다. 그들이 우리의 대표였던 까닭에 그들의 죄가 우리의 죄가 되었다.

나는 많은 구약학자들이, 심지어는 보수적인 학자들까지 아담과 하와가 역사적 인물이 **아니라고** 생각할 이유가 충분하다고 느낀다는 점을 안다. 나는 그들의 그러한 의견을 존중한다. 내 생각에 그들이 옳든 옳지 않든 복음이 위태로워질 일은 없다. 기독교는 예수님의 역사적 삶, 죽음, 부활에 의지하며, 예수님이 십자가에서 치르신 희생이 우리를 죄에서 구속하였다.

나는 심원한 시간과 고난에 관해서도 질문이 있다. 인간은 20만 년 정도 전에 출현하였다. 20만 년이라고 하면 아주 오랜 시간처럼 들리지만 우주의 나이가 138억 년이라는 말을 듣는 순간 그것은 찰나로 느껴진다. 인간이 존재하기 전의 시간에 하나님은 무엇을 하고 계셨을까? 나는 모른다. 하지만 나는 하나님이 창조 세계를 보며 즐거워하고 계셨을 것이라고 상상한다. 그리고 바울은 정확히 무슨 의미로 로마서 8장에서 피조물이 허무한 데 굴복하도록 되었고 하나님의 자녀들이 나타날 때까지 탄식한다고 말한 것일까? 나는 많은 그리스도인의 생각과 달리 모든 고통, 죽음, 고난이 인류의 타락한 상태에서 기인한다고 말하기는 어렵다고 생각한다. 거기에는 두 가지 이유가 있다. 첫째, 화석 기록을 보면 분명하듯이, 물리적 죽음은 인간이 존재하기 훨씬 전인 생명이 등장할 때부터 있어 왔다. 죄가 개입되기 전에 우리가 받은 문화 명령(creation mandate)의 일부는 땅을 정복하는 것이었다(창 1:28). 정복이 필요했다는 것은 하나님의 계획의 일부로서 태초에 자연 세계에 어느 정도의 무질서가 존재했음을 암시한다. 둘째, 죽음이 끝내는 격파되어야 할 우리의 원수인 것은 확실하지만, 성경은 죽음과 고난이 종종 구속의 결과를 낳기 위해 이용된다고 말한다. 예수님은 어떤 사람이 날 때부터 눈이 먼 것이 누군가의 죄 때문이 아니라 "하나님이 하시는 일을 나타내고자 하심"이라고 선언하셨다(요 9:3). 바울은 우리가 환난 중에 즐거워해야 하는데, 이는 환난이 인내와 연단과 소망을 낳기 때문이라고 말한다(롬 5:3-4). 실제로, "우리가 잠시 받는 환난의 경한 것이 지극히 크고 영원한 영광의 중한 것을 우리에게 이루게" 한다(고후 4:17). 그리고 무엇보다도, 그리스도의 십자가는 인간이 처음 죄를 범했을 때 세워진 대안에 따른 우주적 정화 작업이 아니었다. 그것은 태초부터 예정되었다(행 2:23). 우리가 이러한 심오한 신비의 깊은 곳까지 완전히 이해하는 날은 오지 않을 수도 있지만, "모든 죽음이 죄의 결과"라는 말이 너무 쉬운 답변이라는 점은 분명하다.

진화는 하나님의 섭리에 따라 지구가 생명체들을 내놓는(창 1:24) 우아하고 아름다운 수단이었다. 침팬지와 공통 조상을 가진다는 생각에 나는 조금도 기분이 상하지 않는다. 오히려 나는 하나님이 모든 생명체 중에서 인간을 선택하여 하나님의 형상을 담지하게 하시고 그분의 자녀가 되게 하셨다고 생각할 때 마음이 겸허해진다. 나는 그리스도인들이 창조 질서의 구조 안에서 드러나는 하나님이 하신 일의 증거를 거부하지 않고 창조주이신 놀라운 하나님을 경배하게 될 날을 손꼽아 기다린다.

25
안전한 곳

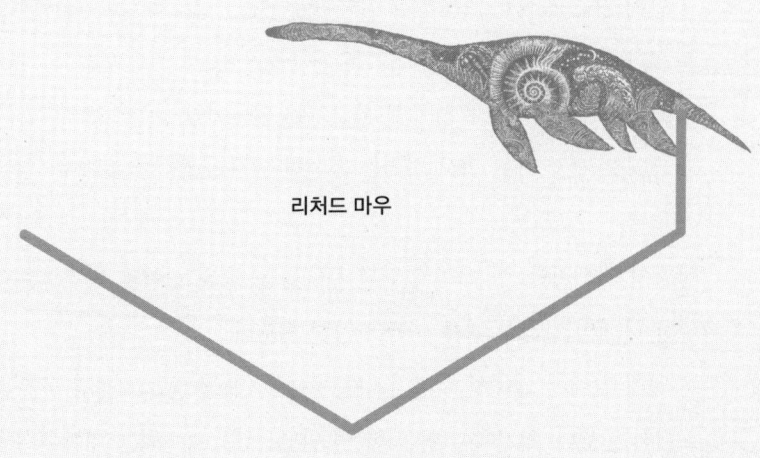

리처드 마우

리처드 마우(Richard J. Mouw)는 풀러 신학교에서 '신앙과 공적인 삶'(faith and public life)을 가르치는 교수이며, 풀러 신학교 총장으로 20년을 섬겼다. 풀러 신학교로 오기 전에 그는 캘빈 대학에서 철학을 가르쳤다. 2007년에 프린스턴 신학교는 그에게 '개혁 신학 및 공공 생활에 대한 공헌을 기리는 아브라함 카이퍼 상'(Abraham Kuyper Prize for Excellence in Reformed Theology and Public Life)을 수여하였다.

나는 뉴저지에 있는 큰 공립 학교를 다녔다. 생물학 같은 학문들을 공부하면 직면하게 될 도전에 나를 대비시키기 위해 누군가가 내게 책 한 권을 주었다. 1938년 어드만스 출판사(Eerdmans Publishing Company)가 출간한 그 책은 『아메바에서 사람까지의 원숭이 마일리지』(Monkey Mileage from Amoeba to Man)라고 불렸다. 그 책의 내용은 별로 기억에 남아 있지 않다. 하지만 고등학교에서 내가 속했던 근본주의 성경 공부 모임에서 익힐 것을 권장했던 짧은 시 한 편은 기억에서 사라지지 않았다. 그 시는 다음과 같다.

한때 나는 길쭉하고 날씬한 원숭이였다네.
그다음에 나는 꼬리를 집어넣은 개구리였지.
그다음에 나는 열대 나무에 사는 개코원숭이였지.
그리고 지금 나는 박사 학위를 소지한 교수라네.

상상이 가겠지만, 이 시는 관련된 문제들을 붙들고 힘껏 씨름하는 치열한 사색의 자리로 나를 이끌고 가지 못했다.

열네 살에서 열여섯 살까지 나는 여름마다 근본주의 성경 공부 캠프에서 일했다. 거기에서 형을 한 명 만났는데, 그는 휘튼 대학에서 공부하고 있었다. 그는 1954년에 출간된 버나드 램(Bernard Ramm)의 『과학과 성경의 대화』(The Christian View of Science and Scripture, 한국 IVP)라는 책을 발견했다. 램은 2차 세계 대전 후에 신복음주의 운동을 이끈 위대한 지도자들 중 한 명이었다. 그 책에서 램은, 내가 한 번도 들어 보지 못했던 방식으로, 전 지구적 홍수를 믿는 것과 관련된 문제들을 논했다. 복음주의자로서 그는 젊은 지구 창조론에 대한 두 가지 대안을 제시한다. 한 가지는 (요즘은 많은 사람들이 진화 창조론이라고 부르는) 유신론적 진화론이고 다른 한 가지는 그가 점진적 창조론(progressive creationism)이라고 부른 것인데, 그는 후자를 선호했다. 그는 하나님이 진화하는 인간에게 영혼을 불어넣으셨다는 식의 구체적 기적들을 통해 여러 다양한 지점에서 개입하신다는 이해를 선호했다. 형과 나는 우리 나이대의 아이들이 「플레이보이」(Playboy)를 읽는 비밀스러운 방식으로 그 책을 읽었다. 우리는 그 책을 종이 가방에 넣고 몰래 숲으로 들어가 서로에게 큰 소리로 읽어 주었다. 그 책과 그 독서 경험은 관련 사안들에 대한 영구적 이해의 틀을 내게 형성해 주었다.

한참 후에, 캘빈 대학에서 교수로 재직할 때 나는 버나드 램을 연사로 초청하였다. 우리는 몇 시간 동안 함께 이야기를 나누었다. 그의 책이 내게 얼마나 큰 영향을 미쳤는지 말해 준 뒤 그에게 물었다. "그 책을 쓴 것을 후회한 적은 없으신지요?" 왜냐하면 그 책은 대단한 논란을 불러일으켰고, 많은 공격을 받았으며, 많은 사람들이 그가 정말로 그리스도인이기나 한지 의심을 품었기 때문이다.

"오, 아니요." 그는 말했다. 나는 그다음에 그가 한 말을 결코 잊지 못할 것이다. "그 모든 비난을 치를 만한 가치가 있었습니다. 내 학생 중에 그 누구도 나와 함께 공부한 뒤 하버드로 가서 신앙을 잃을 일은 없을 것임을 알았기 때문이지요. 그 책에서 제기한 종류의 이슈들과 씨름할 기회를 주지 않았더라면, 이야기가 달라졌을 겁니다."

우리는 이 문제들과 고통스럽게 씨름하는 우리의 다음 세대를 보고 있다. 우리 자신이 그 문제들과 씨름해야 한다. 그러나 나는 이 씨름이 더 큰 과업이라는 확신도 가지고 있다. 이 씨름은 기독교 공동체에 속한 과학자들과 다른 학자들의 과업이다. 이것은 기독교 대학 및 신학교의 총장들과 학장들 및 기타 관련자들의 과업이다. 이것은 목회자들에게 던져진 질문이기도 하다. 여기서 영성의 문제는 어떻게 다루어져야 하는가? 그 심장부에는 우리에게 제기된 영적 도전들이 있다. 그것과 씨름하는 일은 호락호락하지 않고, 그래서 우리에게는 안전한 공간이 필요하다. 이것은 모든 부류의 목회 지도자들과 학계 지도자들에게 쉽지 않은 씨름이다. 이 문제들이 까다로운 데는 신학적 이유도 있다. 나는 예컨대 아담의 역사성에 대한 질문에 관해서는 아직 흡족한 답을 찾지 못했다. 나는 사도 바울이 한 말을 꽉 붙들고 싶다. 그는 한 사람으로 인하여 죄가 세상 속으로 들어왔고 한 사람으로 인하여 우리가 죄 많은 상태로부터 구원을 받았다고 말했다. 나는 여전히 이 문제와 씨름하는 중이다. 하지만 나는 기꺼운 마음으로 탐색에 나서는 다른 그리스도인들과 함께 탐구에 전념할 수 있는 안전한 공간이 필요하다.

개인적 경험으로 볼 때 학계에서 지도자 위치에 있는 사람들에게 이것은 힘든 일이다. 풀러 신학교의 한 교수가 지적 설계 운동의 한 측면을 비판하는 글을 쓴 적이 있는데, 이것이 어느 부유한 기부자의 심기를 건드렸다. 이 기부자는 풀러 신학교와 지적 설계 운동의 지도자 몇 명을 함께 지원하고 있었다. 그 글을 쓴 교수의 종신 재직권 심사가 다가오자, 그 돈 많은 기부자는 내게 전화를 걸어 말했다. "교수진이 승인한다 해도 총장님이 거부권을 행사하실 수 있다는 것을 압니다. 이 교수에게 종신 재직권을 부여하신다면, 저는 앞으로 풀러 신학교에 한 푼도 기부하지 않을 것입니다." 그런 말을 하는 사람들은 과거의 어느 시점에서 적은 돈을 기부했을 수는 있으나 그 액수가 크지 않은 것이 보통이다. 이 경우에는 그렇지 않았다. 그 기부자의 누적 기부액은 수백만 달러에 달했다. 내게는 달리 할 말이 없었다. "죄송합니다만, 정 그렇게 느끼신다면 다른 신학교를 찾아서 기부하셔야 할 것 같습니다." 그런 말을 하기란 여간 어려운 일이 아니다. 그리고 그런 결정도 어렵기는 마찬가지다. 그러나 우리는 기꺼이 그런 결정을 내려야 할 뿐 아니라, 아예 그런 결정을 내릴 필요가 없는 신학적·영적 환경을 조성하기 위해 노력해야 한다.

종교개혁 시대의 위대한 신앙 고백들 중 하나는 벨기에 신앙 고백(Belgic Confession)이다. 벨기에 신앙 고백은 "우리는 하나님을 두 가지 방법으로 안다. 첫째, 우주의 창조와 보존과 통치에 의해서다. 이 우주는 크고 작은 모든 생명체가 수많은 글자를 대신하는 가장 우아한 책으로서 우리 눈앞에 펼쳐지고 하나님의 보이지 않는 것들, 즉 그분의 능력과 신성을 묵상하는 자리로 우리를 이끈다"라고 선언한다.[1] 어떻게 하면 우리는 복음주의 신자들이 하나님의 창조를 경축하도록 할 수 있을까? 어떻게 하면 우리는 지구의 나이가 수백만 년일 수도 있고 우주의 나이는 수십억 년에 달할 수도 있다는 사실과 인간이 하등한 형태의 생명체로부터 진화했다는 사실에 복음주의 신자들이 영적으로 **흥분하게** 할 수 있을까?

꼭 해야 할 말이 있는데, 나는 아직 창조의 첫 닷새에 대한 훌륭한

---

1   Belgic Confession, Article 2, in *The Creeds of Christendom, with a History and Critical Notes*, vol. 3, ed. Philip Schaff (Grand Rapids: Baker Books, 1996), 384.

설교를 들어 보지 못했다. 나는 많은 사람들이 첫 닷새를 언급하면서 그 닷새가 글자 그대로 닷새라고 말하는 것을 들었다. 하지만 설교자들이 그 첫 닷새에서 영적 또는 신학적 기쁨을 이끌어 내는 것을 들은 적은 거의 없다. 나는 창세기 1장의 해당 본문에 나오는 창조의 첫 닷새를 경축하고 싶다. 앤 라모트(Anne Lamott)는 기도에는 기본적으로 세 가지 종류밖에 없다고 말했다. 도움의 요청, 감사의 표현, 그리고 "우와!"라는 감탄.[2] 창조에 관한 한, 우리는 "우와!"라는 감탄의 기도를 훨씬 더 많이 드려야 하고, "우와!"라는 감탄의 설교가 훨씬 더 많이 필요하다.

하나님이 깊이 아끼시는 것—하나님이 사랑하며 기뻐하시는 것—의 면면을 설명할 때 우리들만, 즉 하나님이 지으신 인간이라는 생명체만 그 대상이 아니라는 사실을 명확히 하는 것이 중요하다. **하나님이 창조 세계 전체를 사랑하신다**는 것은 상당히 근본적인 명제로서, 이 점은 우리가 성경에서 하나님에 대해 읽는 내용에 비추어 볼 때 꽤 명백하다고 생각한다. 시편 104편은 이 주장에 대한 좋은 증거다. 그것은 하나님의 창조 능력과 선하심에 대해 귀띔을 해 주면서도 인간에 대해서는 별말을 하지 않는다. "내 영혼아, 여호와를 송축하라. 여호와 나의 하나님이여, 주는 심히 위대하시며 존귀와 권위로 옷 입으셨나이다. 주께서 옷을 입음같이 빛을 입으시며 하늘을 휘장같이 치시며"(시 104:1-2). 그 뒤로 산양도 나오고 소도 나오고 생수의 샘도 나오지만, 인간에 대해서는 거의 언급하지 않는다. 끝부분에 가서야

---

2 Anne Lamott, *Help, Thanks, Wow: The Three Essential Prayers* (New York: Riverhead Books, 2012).

사람이 매일 일하고 이런저런 것을 해야 한다는 사실이 나온다. 그러나 인간에 대한 말은 매우 적다. 골자는 하나님이 인간 아닌 피조물들도 기뻐하신다는 것이다.

하나님이 만물을 주권적으로 다스리시고 그분이 그 통치를 인정하고 실행하도록 우리를 부르셨다는 사실은 창조 기사에서 매우 뚜렷하게 나타난다. 인간이 등장하기 전의 창조 세계와 하나님 사이에는 많은 일이 일어났다. 설령 닷새뿐이라고 하더라도, 그날들은 하나님이 창조 행위를 하신 온전한 날들이었다. 하나님이 "있으라"라고 말씀하시자 그 일이 이루어진 것이 전부가 아니다. 하나님은 심사숙고하셨다. 하나님은 기뻐하셨다. 하나님은 빛을 불러 존재하게 하시고는 "좋구나"라고 말씀하셨다. 나는 그분이 한동안 빛이 얼마나 좋은지 감상하셨다고 생각한다. 그리고 나서 하나님은 바다와 마른 땅을 분리하시고 "좋구나"라고 말씀하셨다. 하나님은 식물을 창조하시고 "좋구나"라고 말씀하셨다. 그리고 나서 그분은 해와 달을 창조하시고 "좋구나"라고 말씀하셨다.

나는 하나님이 생명체들을 창조하시는 장면이 특히 좋다. 하나님은 물들을 내려다보시고는 말씀하셨다. "저 물들이 생명체로 채워질지라. 생명이 떼를 지어 있게 될지라." 그러자 그대로 이루어졌다. 하나님은 각양각색의 벌레들과 물고기들이 헤엄쳐 다니는 물들을 내려다보시고는 "좋구나"라고 말씀하셨다. 기뻐하셨다. 그리고 끝으로, 하나님은 인간을 창조하셨는데, 인간에게 처음 하신 말씀은 "이 세상을 더 잘 돌보아라"였다.

하나님은 인간이 아닌 창조물에도 마음을 쓰신다. 그래서 우리 모두가 알고 사랑하는 놀라운 성경 구절인 요한복음 3:16이 이렇게 말하는 것이다. "하나님이 세상을 이처럼 사랑하사." 거기서 '세상'이라고 번역된 단어는 '코스모스'(kosmos)로서, 창조된 질서를 일컫는다. "하나님이 '코스모스'를 이처럼 사랑하사 독생자를 주셨으니 이는 그를 믿는 자마다 멸망하지 않고 영생을 얻게 하려 하심이라." 이 구절에 뒤따라 나오는 구절은 매우 중요하다. "하나님이 아들을 '코스모스'에 보내신 것은 '코스모스'를 심판하려 하심이 아니요 그로 말미암아 '코스모스'가 구원을 받게 하려 하심이라." 우리는 이 개념을 깊이 연구해야 한다.

나는 이 이슈와 관련하여 나의 가톨릭 친구들로부터 제법 많은 것을 배웠다. 친한 친구들 중 한 명은 마가렛 오가라(Margaret O'Gara) — 나에게 복된 추억이 된 그녀는 약 1년 전에 사망하였다 — 인데, 토론토 대학교의 세인트마이클스 대학(St. Michael's College)에서 신학을 가르쳤다. 마가렛과 나는 미네소타 주 칼리지빌에 있는 교회 일치 및 문화 연구소(Institute for Ecumenical and Cultural Research)에서 가톨릭-복음주의 대화에 대해 함께 연구하며 8년이라는 세월을 보냈다. 마가렛은 복음주의를 이해하기 위해 진짜 많은 노력을 기울였다. 어느 밤 마가렛과 나를 포함한 두 명의 복음주의자가 저녁 식탁에 둘러앉아 있었는데, 마가렛이 이렇게 말했다. "나는 복음주의를 정말로 존경해 마지 않아요. 거기에는 분명 나를 끄는 무언가가 있어요. 그렇지만 도저히 이해할 수 없는 것이 하나 있는데 바로 창조에 대한 거예요. 왜 당신네 복음주의자들은 문자적 의미의 창조에 그토록 매달리는 거지요?" 그래서 우리는 창세기가 그리는 만물의 창조자로서의 하나님에 대해 깊은 관심을 가지는 사람들에 관한 일을 설명하려고 노력했다. 우리는 잘못 이해하는 복음주의자들도 있다고 설명했다. 때로는 그 이슈에 대해 그릇된 방향으로 나아갈 수도 있지만, 우리에게 문제를 진지하게 접근하겠다는 심오한 욕구가 있다고도 말했다. 그러자 마가렛은 이렇게 말했다. "당신네 복음주의자들은 하나님이 느리시다는 것을 깨닫지 못하는 건가요?"

나는 우리가 그 점 때문에 어려움을 겪고 있음을 깨달았다. 우리는 즉각적 회심을 원한다. 어릴 적 우리 교회에서 어떤 사람이 간증을 했던 것이 기억난다. 그는 말했다. "1948년 8월 3일에 무신론자였던 저는 이 교회로 걸어 들어왔습니다. 그리고 10분 후 바로 이 자리에서"—그는 그 자리로 걸어갔다—"그 일이 일어났습니다. 제가 예수 그리스도 안에서 새로운 생명체가 된 것입니다." 가슴 뭉클한 간증이었다. 그리고 우리는 일이 빨리 진행되면 정말로 좋아한다. "말하고는 내 것이라 주장하라"(name it and claim it)*—이것도 문제의 또 다른 일면이다. 우리는 즉각적 치유를 원한다. 우리는 느린 하나님이 불편하다. 그렇지만 하나님은 느리시다.

이 도전 앞에서, 나는 노터데임 대학교(University of Notre Dame)에서 수십 년 동안 철학을 가르쳤던 에넌 맥멀린(Ernan McMullin) 신부가 1991년에 「기독교 학자의 비평」(*Christian Scholar's Review*)에 실은 에세이를 읽었을 때 얼마나 기뻤는지 모른다. 나는 그 에세이에서 정말 멋진 단락을 만났다. 맥멀린 신부는 아일랜드 출신 신부로서 과학

• 번영 신학에서 자주 쓰는 표현이다.

철학 분야에서 매우 저명한 학자다. 그는 수백 년을 넘는 세월에 걸쳐서 "셀 수 없이 많은 종(種)이 번성했다가 사라졌[고] 우리들 안에 그 흔적을 남겼다"고 확언한다. 그는 성경이 하나님이 "그리스도의 오심을 위하여" 세상을 예비하시는 것을 "아브라함에서 아담까지 거슬러 올라가면서" 보여 준다고 말한다. 그러고는 "자연 과학이 이제 우리에게 그 이야기를 무한한 시간만큼 거슬러 올라갈 수 있도록 해 준다고 제안하는 것"이 지나친 확장인지 묻는다. 그 질문에는 다음과 같은 멋진 글이 뒤따른다.

> 그리스도가 인간 본성을 취하셨을 때, 그분을 마리아의 아들로 만든 DNA는 아담을 훌쩍 넘어서 상상할 수 없을 만큼 오래된 고대의 천해(淺海)까지 거슬러 올라가는 더 먼 고대의 유산과 그분을 연결시켰을 수도 있다. 그러므로 성육신 안에서 단순히 인간의 본성만이 신성과 결합한 것이 아니다. 덜 직접적인 방식으로 그러나 절대 덜 실재적이지 않은 의미로, 자신들이 알지 못하는 사이에 길고 긴 세월에 걸쳐 인간의 출현을 위해 길을 닦은 수많은 유기체들도 신성과 결합했을 수 있다.[3]

맥멀린 신부의 말은 영감을 불러일으킨다. 이것은 창조 세계에 대한 우리의 이해를 증진시키는 주제다. 상상할 수 없을 만큼 오래된 고대의 천해에서 시작된 긴 과정은 시간 낭비가 아니었다. 그것은 날개 안에 치유를 품고(with healing in his wings)• 오실 분을 위한 준비 과정이

---

[3] Ernan McMullin, "Plantinga's Defense of Special Creation", *Christian Scholar's Review* 21, no. 1 (1991): 79.

었다. 왜냐하면 하나님이 그 아들을 '코스모스'에 보내신 것은 '코스모스'를 심판하려 하심이 아니요 그로 말미암아 '코스모스'가 구원을 얻게 하려 하심이었기 때문이다. 그 치유는 구세주께서 돌아오셔서 "보라, 내가 만물을 새롭게 하노라"(계 21:5)라고 선언하실 때에야 완수될 것이다. 그분이 우주적 변환의 행위 가운데 새롭게 하실 것은 그분의 DNA에 들어 있는 것과 갈보리의 십자가로 지고 가신 것 모두다.

우리는 이와 같이 극도로 중요한 이슈를 토론할 수 있는 안전한 장소를 십자가 아래에 마련해야 한다.

- KJV의 말 4:2에서 나온 표현이다.

바이오로고스 재단
과학과 기독교에 대한 바이오로고스의 책들

바이오고로스는 하나님의 창조 세계에 대한 진화론적 이해를 제시하면서 교회와 세상에게 과학과 성경적 신앙 사이의 조화로움을 바라볼 것을 청합니다. 이 사명을 더 잘 감당하고자, 바이오로고스는 미국 IVP와 손잡고 '과학과 기독교에 대한 바이오로고스의 책들'(BioLogos Books on Science and Christianity)이라는 시리즈를 통해 학술 논문에서 교과서 및 개인적 이야기까지 다양한 도서를 출간합니다.

이 시리즈를 통해 나오는 책들은 이 분야의 비전문가에서 학자에 이르기까지 다양한 독자층에 걸친 그리스도인들에게 호소력을 발휘할 것입니다. 저자들이 다루는 과학과 신앙에 대한 주제들은 다채롭지만, 그들이 진화 창조론이라는 관점을 지지한다는 점에서는 한결같습니다. 진화 창조론은 하나님이 지구에 생명 다양성을 선사하신 방법에 대한 과학적 설명으로서 진화가 현재로서는 최상이라는 견해를 견지합니다. 이 시리즈의 저자들은 신실한 그리스도인들인 동시에 자기 분야에서 명망 높은 학자들입니다.

편집 위원회
데니스 앨리그잰더, 패러데이 연구소 명예 이사
캐서린 애플게이트, 바이오로고스 프로그램 디렉터
데보라 하스마, 바이오로고스 대표
로스 해스팅즈(Ross Hastings), 리젠트 대학 목회 신학 부교수
트렘퍼 롱맨 3세, 웨스트몬트 대학, 성서학 로버트 건드리 석좌 교수
로잰 센션(Roseanne Sension), 미시간 대학교 화학 교수
짐 스텀프(대표), 바이오로고스 편집장
www.ivpress.com/academic
biologos.org

옮긴이 **안시열**은 서울대 사범대 졸업, 서강대 경영대학원 MBA 과정 수료 후 한국외국어대 통번역대학원을 졸업했다. 지학사, 한국네슬레, 인터브랜드 코리아 등에서 다양한 경력을 쌓았으며, 통번역대학원 졸업 후 다국적 기업에서 인하우스 통번역사로 근무했다. 현재 출판 번역 네트워크 '사이에'의 위원으로 전문 번역가로 활동하고 있다. 옮긴 책으로는 『언스크립티드』를 비롯하여 『두려움이 인생을 결정하게 하지 마라』, 『원 위크 마케팅』(이상 토트), 『생각의 속도로 실행하라』(지식노마드), 『프루스트는 신경과학자였다』(공역, 지호), 『광장에 선 하나님』(한국 IVP) 등이 있다.

진화는 어떻게 내 생각을 바꾸었나?

초판 발행 2019년 3월 25일

엮은이_ 캐서린 애플게이트·짐 스텀프
지은이_ 리처드 마우 외
옮긴이_ 안시열
펴낸이_ 신현기

펴낸곳_ 한국기독학생회출판부
등록번호_ 제313-2001-198호(1978.6.1)
주소_ 04031 서울시 마포구 동교로 156-10
대표 전화_ (02)337-2257 팩스_ (02)337-2258
영업 전화_ (02)338-2282 팩스_ 080-915-1515
홈페이지_ http://www.ivp.co.kr 이메일_ ivp@ivp.co.kr
ISBN 978-89-328-1695-1 03230

ⓒ 한국기독학생회출판부 2019

책값은 뒤표지에 있습니다.
무단 전재와 복제를 금합니다.